新时代高质量发展丛书

绿色金融

——基于福建省的实践与探索

陈 娜 ◎ 著

Green Finance:
Practice and Exploration Based on Fujian Province

本书得到以下项目资助：

2016年应用性专业群——现代区域金融服务人才培养专项（CSFJ16099）

2020年福建师范大学协和学院创新团队"金融创新与中国经济高质量发展研究"项目（JSPX20199）

2021年福建师范大学协和学院学术著作——绿色金融（JSEX21096）

2021福州市社会科学规划一般项目"福州加快发展绿色经济产业的研究"（2021FZC28）

经济管理出版社

ECONOMY & MANAGEMENT PUBLISHING HOUSE

图书在版编目（CIP）数据

绿色金融：基于福建省的实践与探索 / 陈娜著. —北京：经济管理出版社，2022.7

ISBN 978-7-5096-8600-3

Ⅰ.①绿… Ⅱ.①陈… Ⅲ.①金融业—绿色经济—研究—福建 Ⅳ.①F832.757

中国版本图书馆 CIP 数据核字（2022）第 128811 号

组稿编辑：王光艳
责任编辑：魏晨红
责任印制：黄章平
责任校对：曹　魏

出版发行：经济管理出版社
　　　　　（北京市海淀区北蜂窝 8 号中雅大厦 A 座 11 层　100038）
网　　　址：www. E-mp. com. cn
电　　　话：(010) 51915602
印　　　刷：北京市海淀区唐家岭福利印刷厂
经　　　销：新华书店
开　　　本：720mm×1000mm /16
印　　　张：18.5
字　　　数：301 千字
版　　　次：2023 年 6 月第 1 版　　2023 年 6 月第 1 次印刷
书　　　号：ISBN 978-7-5096-8600-3
定　　　价：88.00 元

前　言

2020 年 9 月 22 日，习近平主席在第七十五届联合国大会一般性辩论上发表重要讲话，宣布中国力争于 2030 年前实现碳达峰，努力争取 2060 年前实现碳中和。中国的碳达峰碳中和战略不仅是全球气候治理、保护地球家园、构建人类命运共同体的重大需求，也是中国高质量发展、生态文明建设和生态环境综合治理的内在需求。基于这一背景，福建省人民政府出台了《福建省绿色金融体系建设实施方案》，确立生态文明这一核心主旨和"绿水青山就是金山银山"的重要思想，依托三明、南平省级绿色金融改革试验区建设，持续推进绿色金融产品和服务创新。在"双碳"目标下，绿色时代呼唤绿色金融，福建省需未雨绸缪，为实现碳达峰碳中和目标做出切实贡献，与国家的低碳发展战略同频共振，最终实现经济向高质量发展模式转型。

本书从经济可持续发展理论的角度出发，通过规范分析与实证分析相结合的方法，推演出绿色金融产品实施的必然性。本书以福建省建立绿色金融多元化（包括信贷、保险、债券、基金以及碳权益交易市场等）的支持体系为主线，主要介绍以下三个方面的内容：第一，健全绿色金融发展工作机制；第二，积极推进绿色金融产品创新，包括绿色技术创新的金融支持、林业碳汇发展的金融服务以及环境保护权益融资模式创新，完善绿色信贷发展长效机制，运行绿色金融专业系统；第三，为探索净零碳排放城市提供"三明样板、南平样板"，先行先试创建绿色、低碳、创新型省级绿色金融改革试验区。

本书期望为从事绿色经济建设和研究的同行、各大高校、政府职能部门、金融机构相关工作人员以及积极践行"碳达峰碳中和"承诺的普通民众提供理论参考，用以弘扬科学精神、提升人文素养、服务人民群众、建设文化强省等。在本书的写作过程中,中国绿色金融领域的各位同仁提出了宝贵建议,福建师范大学协和学院、福建师范大学经济学院对本书的出版提供了资金、人力、资源等方面的大力支持,学生助理黄聪慧、黄美琳及陈以晴帮助整理了相关资料,在此深表谢意!

目　录

第一章

"双碳"目标，顶层设计，统筹规划

现阶段，福建省乃至中国仍有大量的传统高污染行业，尤其是钢铁、煤炭等碳密集行业面临着严峻挑战，转型发展面临着巨大的资金缺口。从宏观经济来看，在"双碳"目标下，中国面临的转型压力更大，资金需求缺口更突出。中国承诺的时间仅有约30年，远远短于发达国家所用的时间（通常为40~70年），这需要我国为此付出艰苦卓绝的努力。发达国家均是在完成工业化之后实现碳达峰，然后走绿色转型道路的，碳达峰时间明显早于我国。美国、英国、法国的碳达峰时间分别为2007年、1991年、1991年，德国在1990年之前已碳达峰。而我国尚处在工业化进程之中，2020年工业占我国GDP的比重仍高达30.81%，且传统的高耗能、高污染的工业占比较高。为了在碳达峰之后30年内实现碳中和的转变，我国的产业结构、能源结构都需要对应发生深刻的转变，且必须在较短的时间内完成调整升级，因此我国面临的转型压力将更大。各大产业的结构升级、各行业需要解决转型发展的技术路线调整等实际问题，均面临着在短时间内需要落实解决的实际压力。实现碳中和、实现可持续发展，需要我国各方面的协同努力。

绿色金融可以支持绿色产业和项目融资，但资金用途受到了诸多限制，如绿色债券所募集资金必须使用到绿色项目上，而传统行业通常缺乏专门的绿色项目因而难以通过绿色债券等方式实现融资。《绿色债券支持项目目录（2021年版）》与国际标准对标、总体产业认定从严，虽然扩大了绿色债券的支持项目类型，但仍不足以支撑范围更广的传统行业的技术改造项目建设提档升级等的融资需求。传统行业的转型发展需要有新的融资工具和金融产品予以支持，这就需要转型金融予以专项支持。

中国正处于"稳增长、调结构"的攻坚阶段，绿色发展与生态文明建设被提升到前所未有的国家战略高度。然而根据预测，在环境污染外部性尚未完全内部化的情况下，如何抑制污染性投资、吸引足够的社会资本配置到绿色产业，并充分发挥政府资金的撬动作用，是中国实现可持续发展所面临的重大挑战。2016年，中国人民银行、财政部等七部委联合印发的《关于构建绿色金融体系的指导意见》（以下简称《指导意见》）标志着服务于绿色发展目标的金融供给侧结构性改革正式启动。自此，中国的绿色金融一改之前的碎片化发展状态，开始以新的形式被纳入政策和监管框架。

从行业层面来看，"双碳"目标对我国经济转入高质量发展阶段提出了新要求，在2060年远期碳中和目标下，我国的化石能源占比必然需要降至较低的合理比例，而我国富煤、贫油、少气的能源禀赋，以及一直以来以煤为主力的能源结构，使短期内市场对部分化石能源行业，以及使用化石能源的部分行业的未来发展产生了一定的悲观预期或不确定性，因此此前属于支持范畴的化石能源清洁利用类型项目已被《绿色债券支持项目目录（2021年版）》剔除。事实上，"双碳"目标是要实现我国社会经济的可持续发展、能源结构的低碳化，既要保障经济发展，又要保障能源安全和低碳环保。在"双碳"目标下，传统行业均面临早日实现碳达峰并探索实现碳中和发展路径的现实需求，为实现节能降耗和碳减排既有生产设施面临技术升级改造的投资需求，又有在能源使用结构调整、建设碳汇、碳捕获、利用与封存等领域进行建设投资的需求，传统行业可持续发展转型的实际资金需求总体规模很大。包含转型金融工具在内的新型绿色金融体系可以更好地匹配拥有明确转型目标或可持续发展目标企业的融资需求，助力其技术升级且可持续发展，进而推动行业层面的平稳有序与可持续转型。为了适应"双碳"目标下各类行业转型发展的实际需要，国内转型金融领域则聚焦在传统行业沿着清晰的路径向低碳和零碳过渡的行动及对应的目标上，因此与碳减排相关行业领域的支持行动更受关注。

从企业层面来看，绿色金融可助力企业向着明确的发展目标转型升级，激励企业积极开展行动并实现目标，提升企业的社会形象并增强市场信心。对于企业而言，一方面，在国家战略要求下，必须走转型调整和可持续发展之路，技术升级、工艺流程革新等实际行动均需要大量的资金支持。另一方面，在碳中和约束框架下，为满足企业低碳转型的需求，企业可以通过转型金融获得畅通的融资渠道和实际的资金支持，同时可以向市场明确传达可持续发展的战略目标。并且，通过明确的目标带动企业自身积极转型的举措与努力，树立良好的社会公众形象，进一步增加投资体系产品或通过一定的设计特性，如对企业融资成本、融资期限或融资规模的动态变化，以货真价实的资金成本变化，督促企业在一定时期内完成转型升级，进而激励企业付出切实有效的节能降碳行动，助力企业低碳转型和远期碳中和目标的达成。

未来中国的绿色金融进程不仅将决定本国的绿色经济发展程度，而且对全球绿色经济转型也将产生一定的影响。本书基于《指导意见》的体系建设目标，从政策、产品、市场基础设施等多个维度，对中国绿色金融发展进行综述和评议，并就未来发展提供一些建议与展望。在分析总结《指导意见》实施的进展情况之前，本书对福建省乃至中国绿色金融的发展进程进行了简要回顾。

中国绿色金融三个发展阶段大事记见表1-1。

《指导意见》涵盖传统金融的信贷、证券、保险、基金以及近年发展的政府和社会资本合作（PPP）、环境权益市场等领域，并专门针对地方绿色金融和国际合作提出了指导，最后就风险防范和组织进行了规范。国家发展和改革委员会、工业和信息化部、自然资源部、生态环境部、住房和城乡建设部、中国人民银行、国家能源局以此为基础，进一步制定了具有针对性的绿色金融发展规划和发展细则。六省（区）九地绿色金融改革创新试验区体系建设正式进入落地实践阶段，截至2020年12月，试验区的绿色贷款余额已经达到了2368.3亿元，绿色债券余额达到了1350亿元，同比增长66%。①

---

① 数据来源：中国人民银行。

表1-1 绿色金融三个发展阶段大事记（截至2021年10月）

阶段及特点	时间	部门及机构	事件	主要内容
绿色金融初始发展阶段：绿色信贷、绿色证券、绿色保险三大绿色金融政策出台	2007年7月	环保总局、中国人民银行、银监会联合发布	《关于落实环境保护政策法规防范信贷风险的意见》	首次提出了绿色信贷的概念，要求金融机构根据国家建设项目环境保护管理规定，环保部门通报情况和国家产业政策进行贷款的审批和发放
	2007年12月	环保总局、保监会	《关于环境污染责任保险工作的指导意见》	选择部分环境危害大，易发生污染事故和损失容易确定的行业、企业与地区，率先无行开展污染责任保险试点工作
	2008年1月	证监会	《关于重污染行业生产经营公司IPO申请文件的通知》	规定从事污染行业生产经营活动的企业申请首次公开发行股票时，需在申请文件中提供环保总局的核查意见
	2008年2月	环保总局	《关于加强上市公司环境保护监督管理工作的指导意见》	规定公司申请首次上市或再融资时，需强制开展环保核查
绿色金融深化发展阶段：碳交易、绿色保险政策推出和深化；少数绿色金融产品创新	2011年10月	国家发展和改革委员会	《关于开展碳排放权交易试点工作的通知》	批准北京、天津、上海、重庆、广东、湖北、深圳7省市开展2013年开展碳排放权交易试点
	2012年2月	银监会	《绿色信贷指引》	绿色信贷的纲领性文件，明确了银行业金融机构绿色信贷支持方向和重点领域，要求实行有差别的、动态的授信政策，实施风险敞口管理制度，建立相关统计制度

续表

阶段及特点	时间	部门/机构	事件	主要内容
绿色金融深化发展阶段：绿色信贷、绿色交易、绿色保险政策出台和深化；少数绿色金融产品创新	2013年1月	环保部、保监会	《关于开展环境污染强制责任保险试点工作的指导意见》	在涉重金属企业和石油化工等高环境风险行业推进环境污染强制责任保险试点
	2013年6月	深圳碳排放交易所	启动深圳碳排放权交易试点	深圳率先启动了碳排放权交易，已完成碳核查的635家企业首批纳入试点
	2014年5月	中广核风电有限公司	中广核风电附加碳收益中期票据（以下简称碳债券）在银行间交易商市场成功发行	该笔债券利率采用"固定利率＋浮动利率"的形式。浮动利率与发行人下属5家风电项目公司在债券存续期内实现的碳资产收益正向关联，浮动区间为5～20BP，是国内碳市场的突破性创新
	2014年9月	兴业银行	国内首只绿色金融信贷资产支持证券在全国银行间债券市场成功招标	该只信贷资产支持证券的基础资产池均为兴业银行绿色金融类优质贷款，产品的成功发行使兴业银行释放至节能环保绿色信贷规模35亿元，是国内碳金融领域的突破创新点领域
	2015年4月	中国金融学会	中国金融学会绿色金融专业委员会（绿金委）设立	由中国人民银行指导，成员单位覆盖中国金融资产的2/3
	2015年7月	新疆金风科技股份有限公司	3亿美元债券海外成功发行	该只3亿美元债券，票面利率为2.5%，期限为3年，获得来自全球67个机构投资者账户近5倍的超额认购，是中资企业在境外发行的首只绿色债券

续表

阶段及特点	时间	部门/机构	事件	主要内容
绿色金融全面推进发展阶段：①上升为国家战略；②建立了综合性政策框架；③设立相关组织机构；④大量绿色金融产品创新；⑤各类方法学和标准的研究制定；⑥能力建设和培训工作展开	2015年9月	国务院	《生态文明体制改革总体方案》	构建绿色金融体系成为国家生态文明建设战略布局的重要组成部分
	2015年9月		《中美元首气候变化联合声明》	提出于2017年启动全国碳排放交易体系，覆盖钢铁、电力、化工、建材、造纸和有色金属六大工业行业
	2015年10月	中国农业银行	在伦敦成功发行双币绿色债券	中国农业银行此次分别发行5亿美元5年期息率为2.75%的美元债券，4亿美元3年期息率为2.125%的美元债券，以及6亿元2年期息率为4.15%的离岸人民币债券。两只美元债券共获得高达40亿美元的认购，离岸人民币债券获得55亿元的认购
	2015年12月	中国人民银行	《关于在银行间债券市场发行绿色金融债券的公告》	明确了绿色金融债券需具备的条件与遵循的流程
	2015年12月	中国金融学会绿色金融委员会	《绿色债券支持项目目录（2015年版）》	明确了绿色债券募集资金的投向范围
	2015年12月	国家发展和改革委员会	《绿色债券发行指引》	对其监管的企业债发行主体明确了发行规则，并出台了系列激励措施
	2016年1月	兴业银行、浦发银行	分别获准发行500亿元绿色金融债	标志着中国贴标绿色债券的开始

续表

阶段及特点	时间	部门/机构	事件	主要内容
绿色金融全面推进发展阶段：①上升为国家战略；②建立了综合性政策框架；③设立相关绿色金融组织机构；④大量绿色金融产品创新；⑤各类方法学和标准的研究和制定；⑥能力建设和培训工作展开	2016年3月	国务院	《中华人民共和国国民经济和社会发展第十三个五年规划纲要》	将构建绿色金融体系纳入了发展任务
	2016年3月和4月	上海证券交易所、深圳证券交易所	《关于开展绿色公司债券业务试点的通知》	绿色公司债券进入交易所，债市通道正式开启
	2016年4月	中央国债登记结算公司，中节能咨询有限公司	联合发布"中债—中国绿色债券指数"和"中债—中国绿色债券精选指数"	国内首批发布的绿色债券指数
	2016年5月	中国工商银行	《环境因素对商业银行信用风险的压力测试研究》成果发布	填补了中国银行业在环境风险量化和传导机制研究领域的空白，对全球银行业开展绿色金融及环境风险量化研究具有引领作用
	2016年8月	中国人民银行、财政部、国家发展和改革委员会、环境保护部、银监会、证监会、保监会	《关于构建绿色金融体系的指导意见》	全面、综合地提出了中国绿色金融体系顶层设计方案
	2016年8月	蚂蚁金服	个人碳账户平台上线	蚂蚁金服旗下支付宝平台4.5亿客户全面上线碳账户，是迄今为止全球最大的个人碳账户

续表

阶段及特点	时间	部门/机构	事件	主要内容
绿色金融全面推进发展阶段：①上升为国家战略；②建立了综合性政策框架；③设立相关组织机构；④大量绿色金融产品创新；⑤各类方法学和标准的研究和制定；⑥能力建设和培训工作展开	2016 年 9 月	G20 绿色金融研究小组	《G20 绿色金融综合报告》	G20 绿色金融研究小组由中国在担任 G20 主席国期间倡议设立，提出了系列供 G20 和各国政府发展绿色金融的可选措施
	2016 年 9 月	中央财经大学	中央财经大学绿色金融国际研究院设立	由天风证券公司捐赠，中国首家专注于绿色金融领域的创新研究、成果转化、人才培养及知识传播的智库
	2016 年 11 月	中国银行	发行绿色资产担保债券	中国银行伦敦分行在境外完成绿色资产担保债券发行，揭开了国内银行以境内资产担保在境外发债的新业务，也是全球首只兼具"双重绿色属性"的绿色资产担保债券
	2016 年 12 月	江苏银行	采纳赤道原则	继兴业银行 2006 年加入赤道原则之后，中国内地第二家采纳赤道原则的商业银行
	2017 年 2 月	国家发展和改革委员会、财政部、国家能源局	《关于试行可再生能源绿色电力证书核发及自愿认购交易制度的通知》	拟在全国范围内试行可再生能源电力证书核发与自愿认购

续表

阶段及特点	时间	部门及机构	事件	主要内容
绿色金融全面推进发展阶段：①上升为国家战略；②建立了综合性政策框架；③设立相关组织机构；④大量绿色金融产品创新；⑤各类方法学和标准的研究制定；⑥能力建设和培训工作展开	2017年3月	证监会	《中国证监会关于支持绿色债券发展的指导意见》	该指导意见对绿色公司债券、绿色产业投向绿色产业及项目做出界定，要求募集资金必须投向绿色产业及项目，有助于防范"洗绿"风险，保证绿色债券市场健康有序发展
	2017年3月	中央财经大学绿色金融国际研究院，深圳证券信息有限公司，卢森堡证券交易所，中国金融学会绿色金融专业委员	联合发布"中财—国证绿色债券指数"	该指数以适合中国的绿色债券标准为编制依据，选用高级绿色债券作为指数编纂对象，是全球首个实现跨境同步展示的中国绿色债券系列指数
	2017年3月	中国人民银行、欧洲投资银行	共同主办"绿色债券—发展绿色金融的综合途径研讨会"	双方同意就推进中欧绿色债券标准同化展开合作研究

续表

阶段及特点	时间	部门/机构	事件	主要内容
绿色金融全面推进发展阶段：①上升为国家战略；②建立了综合性政策框架；③设立相关组织机构；④大量绿色金融产品创新；⑤各类方法学和标准的研究制定；⑥能力建设和培训工作展开	2017年4月	中国金融学会绿色金融专业委员会	2017年中国金融学会绿色金融年会暨中国绿色金融论坛在北京召开，中国金融学会绿色金融专业委员会成员机构发布了2016年度十项绿色金融研究成果	《国际绿色金融发展与案例研究》、《绿色金融与"一带一路"》、中国银行资产担保债券、平安产险鹰眼系统环境风险测试方法，基金与保险资管业环境压力测试方法，《企业主体绿色评级方法体系》和《绿色债券评估认证方法体系》，企业环境信息公益平台，环境成本内部化分析方法与工具，《中国地方政府绿色债券激励机制研究》
	2017年4月	北控水务	2017年第一期绿色资产支持票据（ABN）在交易商协会成功发行	我国首单绿色资产支持票据（ABN）
	2017年4月	环境保护部、外交部、国家发展和改革委员会、商务部	《关于推进绿色"一带一路"建设的指导意见》	从基础设施建设、贸易、对外投资等角度明确了"一带一路"的绿色投资理念
	2017年6月	环境保护部、证监会	《关于共同开展上市公司环境信息披露工作的合作协议》	是落实《关于推进绿色"一带一路"建设的指导意见》的具体举措，标志着两个系统的合作进入新的阶段，将共同推动建立和完善上市公司强制性环境信息披露制度，督促上市公司履行环境保护社会责任

续表

阶段及特点	时间	部门/机构	事件	主要内容
绿色金融全面推进发展阶段：①上升为国家战略；②建立了综合性政策框架；③设立相关组织机构；④大量绿色金融产品创新；⑤各类方法学和标准的研究制定；⑥能力建设和培训工作展开	2017年6月	财政部、中国人民银行、证监会	优先支持水务、环保等行业开展PPP项目资产证券化	优先支持水务、环保等行业开展PPP项目资产证券化
	2017年6月	环境保护部、保监会	联合研究制定《环境污染强制责任保险管理办法（征求意见稿）》	首个环境污染强制责任保险的系统性实施规章即将出台
	2017年6月	中国人民银行、国家发展和改革委员会、财政部、环境保护部、银监会、证监会、保监会	五省区建设绿色金融改革创新试验区总体方案	明确了浙江、江西、广东、贵州、新疆5省（区）设立绿色金融改革创新试验区的发展目标与主要任务
	2017年6月	上海证券交易所	《上海证券交易所上市公司信息披露工作评价办法》（2017年修订）	进一步完善和促进上市公司信息披露工作评价机制，持续提高信息披露质量
	2017年7月	G20绿色金融研究小组	《2017年G20绿色金融综合报告》	明确了下阶段的主要研究领域——环境风险分析在金融业中的应用，以及运用公共环境数据开展金融风险分析的支持决策
	2017年7月	财政部、住房和城乡建设部、农业部、环境保护部	《关于政府参与的污水、垃圾处理项目全面实施PPP模式的通知》	该通知指出，将在污水、垃圾处理领域全方位引入市场机制，推动优化相关环境公共产品和服务供给结构

续表

阶段及特点	时间	部门/机构	事件	主要内容
绿色金融全面推进发展阶段：①上升为国家战略；②建立了综合性政策框架；③设立相关组织机构；④大量绿色金融产品创新；⑤各类方法学和标准的研究制定；⑥能力建设和培训工作展开	2017年9月	中国金融学会绿色金融专业委员会、中国投资协会等7家机构	《中国对外投资环境风险管理倡议》	该倡议旨在鼓励和引导中国金融机构与企业在对外投资过程中强化环境风险管理，遵循责任投资原则，将绿色发展理念融入"一带一路"建设
	2017年9月	国家开发银行	发行2017年第三期绿色金融债券（17国开绿债03）	绿色金融债券首次面向个人发售
	2017年10月	中国共产党第十八届中央委员会	党的十九大报告	提出要构建市场导向的绿色技术创新体系、发展绿色金融
	2017年10月	中国工商银行卢森堡分行	发行规模约25.1亿美元的"一带一路"绿色气候债券	这是首只以"一带一路"沿线绿色项目为主题的绿色债券、首只获得CB1"气候债券"认证的中资金融机构债券，以及单只发行欧元金额最大的中资绿色债券
	2017年11月	国家开发银行	发行10亿欧元与5亿美元的准主权国际绿色债券，在中欧国际交易所上市	这是首只中国准主权国际绿色债券
	2017年11月	中国金融学会绿色金融专业委员会、欧洲投资银行	发布《探寻绿色金融的共同语言》（The Need for a Common Language in Green Finance）	对国际多种绿色债券标准进行比较，旨在提升中国与欧盟市场的绿色债券可比性与一致性

续表

阶段及特点	时间	部门/机构	事件	主要内容
绿色金融全面推进发展阶段：①上升为国家战略；②建立了综合性政策框架；③设立相关组织机构；④大量绿色金融产品创新；⑤各类方法学和标准的研究制定；⑥能力建设和培训工作展开	2017年12月	马鞍山农商银行、世界银行国际金融公司	双方合作的绿色转型项目启动大会在马鞍山市举行	将联手打造我国首家具有国际水准的绿色商业银行
	2017年12月	中国进出口银行	发行2017年第一期绿色金融债券	这是国内首只以市场化方式面向全球投资者簿记发行的绿色金融债券
	2017年12月	国家发展和改革委员会	正式宣布启动全国统一的碳排放权交易市场	就落实《全国碳排放权交易市场建设方案（发电行业）》，推动全国碳排放权交易市场建设有关工作进行动员部署
	2017年12月	中国人民银行、证监会	联合制定、发布了《绿色债券评估认证行为指引（暂行）》	从机构资质、业务承接、业务实施、报告出具及监督管理等方面作出了具体规范和要求
	2018年3月	中国人民银行	《关于加强绿色金融债券存续期监督管理有关事宜的通知》	将对存续期绿色金融债券募集资金使用情况进行监督核查，主要包括发行人经营状况、募集项目情况等
	2018年3月	国务院	《国务院机构改革方案》	将原环境保护部的职责，以及国家发展和改革委员会、国土资源部、水利部、农业部、国家海洋局、国务院南水北调工程建设委员会办公室的相关环境保护职责进行整合，组建生态环境部

续表

阶段及特点	时间	部门/机构	事件	主要内容
绿色金融全面推进发展阶段：①上升为国家战略；②建立了综合性政策框架；③设立相关组织机构；④大量绿色金融产品创新；⑤各类方法学和标准的研究和制定；⑥能力建设和培训工作展开	2020年7月21日	中国人民银行	《关于印发〈银行业存款类金融机构绿色金融评价方案〉的通知》	开展金融机构绿色债券业务考核，提升金融机构拓展绿色债券业务内在动力。在2018年开展的绿色信贷业绩评价的基础上，增加了对绿色债券业务开展情况的考核评估
	2021年4月	中国人民银行、国家发展和改革委员会、证监会	发布《绿色债券支持项目目录（2021年版）》	落实了对绿色债券标准的科学修订，拓展了支持领域，而且实现了各类绿色债券（如绿色信贷）标准与中国其他绿色金融标准的统一；同时也兼顾了与国际绿色项目判断标准的协同
	2020年9月		习近平主席在第七十五届联合国大会一般性辩论上的承诺	中国力争于2030年前实现碳达峰，努力争取2060年前实现碳中和

一、以点带面，差异发展

2017 年起，国务院决定在浙江、江西、广东、贵州、新疆、甘肃六省（区）设立绿色金融改革创新试验区，承担五大任务。根据地域特征以及绿色金融发展路径，试验区总体分为以下四大类：

（1）以浙江省与广东省为代表的东部沿海地区，主要是通过绿色金融发展带动产业升级。浙江省衢州市秉持"绿色+特色"理念，发挥"标准+产品+政策+流程"的乘数效应，创新多项金融工具，其中绿色基金 28 只、绿色债券 5 只、绿色保险产品 19 只、绿色信贷产品 167 只。湖州市围绕政府对省市县长项目等省级重点项目和战略性新兴产业进行布局，为符合条件的重大项目提供了"一站式"服务，大幅提高了项目落地的便利性。广东省广州市花都区建设了碳排放交易中心和排污权有偿使用和交易试点平台。广州市从绿色金融组织机构、绿色贷款、绿色债券及资产证券化等 10 个方面提出了激励机制，以促进各类绿色金融要素和资源的集聚。

（2）以江西省和贵州省为代表的内陆地区，主要是通过绿色金融发展带动绿色资源的开发。本着"绿水青山就是金山银山"理念，江西省赣江新区通过发挥绿色金融资金配置的杠杆作用，在"避免先污染后治理"的前提下，严把项目准入关。贵州省贵安新区成立了全国首个由政府部门发起成立的专职绿色金融专业型技术管理机构——绿色金融港管委会，积极推进"大数据+绿色产业+绿色金融"深度融合发展。经过五年的先行先试，不断完善机制，健全了绿色支撑体系，稳步推进规模增长。

（3）以新疆维吾尔自治区为代表的绿色金融支持国家"一带一路"倡议。新疆为"一带一路"倡议提供了可持续发展的示范样板。新疆致力于探索绿色金融支持现代农业发展，以点带面地促进新疆绿色经济发展。

（4）以甘肃省为代表的绿色金融带动绿色资源匮乏的西北地区的发展。甘肃省探索发展绿色金融支持经济高质量发展模式，将节能环保、循环农业等十大产业作为绿色产业发展重点，设立了绿色经济生态发展基金，为西北欠发达地区及生态脆弱地区的金融发展提供了经验借鉴。

目前，各试验区已在配套政策、组织体系、产品与服务创新、市场基础设施建设四个方面分别取得了系列进展，如表 1-2 所示。

表 1-2　绿色金融改革创新试验区的最新进展（不完全统计）

试验区			配套最新进展
浙江省	衢州市	配套政策	（1）《绿色企业评价规范》 （2）《绿色项目评价规范》 （3）《关于印发 2020 年衢州市绿色金融考评办法》 （4）《衢州市货币信贷工作指导意见》
		组织体系	（1）重点培育绿色金融试点银行 14 家，示范银行 6 家 （2）中国人民保险集团衢州分公司设立绿色保险事业部
		产品与服务创新	（1）设立绿色债券项目部 （2）安全生产和环境污染综合责任保险 （3）绿色产业集聚区城乡垃圾分类、环卫一体化 PPP 项目公开招标 （4）浙江省农业发展银行系统首个 PPP 项目贷款成功落地 （5）桐昆集团与浙江省排污权交易中心签订战略合作协议 （6）浙江省首个排污权资产化县级试点城市落地玉环
		市场基础设施建设	（1）与中国诚信信用管理股份有限公司签订合作协议，探索绿色金融标准化 （2）从 2017 年 7 月开始按月收集整理绿色金融统计监测报表数据 （3）采集相关企业的奖惩、许可、认证等绿色信用信息，报送到中国人民银行的企业信用信息征集系统 （4）通过设立 3000 万元科技金融风险池与 1500 万元绿色资金风险池，可覆盖 6.83 亿元的绿色信贷供给；政府出资组建政策性融资担保机构，对与融资性担保机构合作并承担风险的银行机构，其实际发生坏账后的绿色贷款净损失，符合条件的，按银行承担风险比例给予一定的风险补偿，单家银行最高补助 200 万元

续表

试验区			配套最新进展
浙江省	湖州市	配套政策	（1）《湖州市重大项目专项贷款和财政绿色专项贴息资金实施办法》 （2）《湖州市人民政府办公室关于湖州市建设国家绿色金融改革创新试验区的若干意见》
		组织体系	（1）设立绿色金融事业部6个，新设或者改设绿色金融专营支行12家，绿色产业基金2只，规模为29.08亿元，累计投放28.85亿元
		产品与服务创新	（1）绿色信贷产品达20多种 （2）泰隆银行发行全国首只小微企业绿色金融债 （3）中国农业银行浙江省分行发行国内首只银行市场认证的绿色信贷资产证券化产品——"农盈" （4）安吉县城市建设投资集团有限公司发行绿色债券获国家发展和改革委员会核准 （5）成立注册资本金1.7亿元的政策性融资担保公司，优先支持绿色小微企业 （6）全市23家保险财险机构可提供绿色保险保障 （7）德清县率先启动推广环境污染责任保险工作：湖州市将推进环境污染强制责任保险、船舶油污损害强制责任保险的试点工作 （8）湖州市长兴县泗安塘综合治理PPP项目正式启动
		市场基础设施建设	（1）在浙江省率先谋划"绿色项目认定标准"，启动了绿色项目库编制工作，初步明确了9个领域的绿色项目认定标准 （2）2017年7月正式发布首份绿色金融数据
广东省	广州市	配套政策	（1）《广州市黄埔区广州开发区绿色项目、绿色企业认定管理办法（试行）》 （2）《广州市黄埔区广州开发区促进绿色金融发展政策措施》 （3）"1+4"配套政策：广州税务部门发布了关于支持绿色金融改革创新试验区的10项纳税服务举措
		组织体系	成立广东绿色金融投资控股集团有限公司，设立广业中保投绿色产业投资基金

续表

试验区			配套最新进展
广东省	广州市	产品与服务创新	（1）广东省四会市农商银行推出创新信贷产品——"碳排放配额抵押贷款" （2）广州市花都区2018年力争全区绿色信贷占全部贷款余额的比例达到8% （3）广州银行筹备发行50亿元绿色债券，将定向投放花都区绿色产业项目 （4）广州碳排放权交易中心落户花都，并与人保财险广州分公司签署了战略合作协议 （5）广州碳排放交易所发布中国碳市场100指数 （6）广东省水权试点通过验收，珠海环保局正式公布排污权交易平台
		市场基础设施建设	（1）按照其损失的20%对绿色金融机构进行风险补偿。最高补偿100万元 （2）国家级绿色金融街投入运营，绿色金融街政务服务分中心同步开放 （3）广东省绿色环境金融大数据项目在花都启动 （4）广州市政府、中国国际经济交流中心、保尔森基金会签订战略合作框架协议，中美可持续城镇化示范区落户南沙新区
贵州省	贵安新区	配套政策	（1）《关于调整贵安新区绿色金融改革创新工作领导小组的通知》 （2）《贵安新区建设绿色金融改革创新试验区任务清单》 （3）《国家生态文明试验区（贵州）实施方案》 （4）《贵州省生态环境损害赔偿磋商办法（试行）》
		组织体系	（1）兴业银行贵州分行成立绿色金融事业部 （2）已设立贵州大数据产业基金、节能低碳产业投资基金等绿色基金，正在组建贵州绿色发展基金、贵州赤水河流区生态环境保护投资基金等贵安新区合作成立规模为100亿元的新能源产业基金 （3）贵州省将出资与贵州银行、贵阳银行等设立规模为200亿元的能源结构调整基金
		产品与服务创新	（1）贵阳银行推出"茶园贷""猕猴桃贷"等绿色惠农信贷产品，农业发展银行贵州省分行为支持贵州省铜仁市松桃县建设6万亩高标准农田提供建设贷款 （2）贵州银行申请130亿元绿色金融债券支持城市垃圾处理、节水节能等绿色项目 （3）环境污染责任保险服务平台在贵阳正式发布，2018年将在遵义市、黔南州、贵安新区开展环境污染强制责任保险试点

试验区			配套最新进展
贵州省	贵安新区	市场基础设施建设	（1）贵州省环保厅建立了贵州省的环境信用信息公示平台，并在2017年7月公布了首批319家环境保护失信企业黑名单 （2）贵安新区编制绿色金融风险补偿方案，设立绿色项目风险补偿基金 （3）出台国内首个省级层面生态环境损害赔偿磋商机制 （4）推出绿色金融风险监测和评估办法以及相关工作方案 （5）全国性金融机构的大数据中心相继落户，如中信银行灾备中心、民生银行灾备中心等 （6）全国首个绿色金融法庭——贵阳市观山湖区人民法院绿色金融法庭在贵州金融城挂牌成立
江西省	赣州新区	配套政策	（1）《2020年赣江新区绿色金融改革创新试验区建设重点工作分工表》 （2）《2019年高质量考核评价的通知》 （3）《江西省"十三五"建设绿色金融体系规划》 （4）《江西省人民政府关于加快绿色金融发展的实施意见》 （5）《赣江新区建设绿色金融改革创新试验区实施细则》 （6）《江西省推进生态保护扶贫实施方案》 （7）《江西省企业环境信用评价及信用管理暂行办法》 （8）《南昌市洪城科贷通风险补偿资金管理办法（试行）》 （9）江西省银监局出台了《绿色信贷工作考核评价及差别化监管暂行办法》《江西省企业环境信用评价及信用管理暂行办法》
		组织体系	（1）九江银行设立绿色金融事业部 （2）赣江新区与中国工商银行合作发起设立50亿元绿色发展引导基金 （3）九江银行、江西省财投集团合作发起设立87亿元绿色产城融合发展基金，正邦集团发起设立50亿元生态循环农业基金 （4）中航信托与中国节能环保集团等发起设立中节能华禹绿色产业并购投资基金 （5）玄素投资联合武汉政府平台与多家金融机构在江西共青城共同设立了规模不低于5亿元的新能源产业基金

试验区			配套最新进展
江西省	赣州新区	产品与服务创新	（1）与北京银行南昌分行签订了《绿色信贷战略合作协议》，支持重点产业工业企业的节能改造项目，萍乡汇丰投资有限公司发行20亿元绿色债券用于"海绵城市"建设 （2）九江银行发行40亿元绿色金融债，江南香米业有限公司发行全国首只在区域性股权市场备案的绿色私募可转债 （3）江西省乐安县推出符合国际标准的自愿减排林业碳汇项目，并在广州碳排放权交易所挂牌交易 （4）江西省环保部门完成了对全省的造纸、火电两个行业的排污许可证核发工作，并积极推进钢铁等13个行业的排污许可证核发工作 （5）江西省水权试点通过了验收 （6）安吉县竹林经营碳汇项目进入评审阶段，"一点碳汇　点绿成金"开化专项计划落地，2017年以来共完成排污权交易14笔，成交金额为95.8万亿元，节能权已经进入交易中心开展试点 （7）德清县正式实施主要污染物排污权有偿使用和交易工作
		市场基础设施建设	（1）江西省环保部采用江西省企业环境信用评价管理系统，统一归集信用信息，开展信用评价，生成评价结果，按优劣分为绿色、蓝色、黄色、红色、黑色五个等级 （2）设立洪城科贷通风险补偿资金，首期金额1000万元，至2020年达到3000万元以上规模，主要用于开展科技型中小企业信贷风险补偿业务 （3）成立江西人才服务银行 （4）启动绿色金融示范街建设，成立生态文明建设领导小组
新疆维吾尔自治区	克拉玛依市		（1）2020年第四季度召开绿色金融领导小组会议，根据全国绿色金融试验区第三次现场评估会议对绿色金融试点工作新要求，调整绿色金融改革委员会组织领导体系，更新绿色金融领导小组组成 （2）《克拉玛依绿色金融改革试验区标准实施方案》
			启动绿色项目库项目签约，成为全国首个建立绿色项目库的绿色金融改革创新试验区

续表

试验区		配套最新进展
新疆维吾尔自治区	昌吉州	《昌吉州绿色企业认定办法（试行）》 《昌吉州绿色项目认定办法（试行）》 《昌吉州绿色金融发展专项资金使用管理办法（试行）》
		与招商新能源集团、北京银行乌鲁木齐分行签订100亿元的绿色产业基金合作的框架协议，昌吉州国有资产投资经营集团有限公司将与交通银行合作成立50亿元的绿色产业基金
		500余家企业获得排污许可证，实现15个重点行业全覆盖
	哈密市	出台《关于自治区构建绿色金融体系的实施意见》
甘肃省	兰州新区	（1）《甘肃省兰州新区建设绿色金融改革创新试验区总体方案》 （2）《兰州新区绿色金融五年发展规划（2020—2024年）》 （3）《兰州新区建设绿色金融改革创新试验区实施方案》

二、多地并举，全面开花

四川省、北京市、重庆市、内蒙古自治区、青海省、安徽省、厦门市、大连市、青岛市、咸宁市、安康市等地陆续发布地方性文件，涉及通过财政政策、金融手段等绿色金融支持的承诺。例如，厦门市不仅明确界定了绿色金融支持领域，还提出了贷款增量奖励、贴息、风险分担等具体的绿色信贷激励措施；北京市中关村在科技金融新政中增加了支持"绿色企业"贷款贴息的内容。

2016年，科技部与上海市推进了"绿色技术银行"建设，其符合"银行特征"的运行管理机制，可促使金融科技服务绿色产业的发展，推动群体技术产业化，建成"绿色技术创新企业的种子中心"，支持绿色科技成果市场价值的转化。

在地方绿色金融理念普及和能力建设的过程中，以中国金融学会绿色金融专业委员会为代表的多个主体都在积极地推动绿色金融在各个地方实践层面上的落地。相关的实践主体还包括中国人民银行、生态环境部等国家机构，中央财经大学绿色金融国际研究院等科研机构以及众多国内外非政府组织，都大力创新理论、鼓励实践落地，带动区域绿色发展。

三、转型金融，扩大口径

全球的绿色融资势头强劲，并拥有显著的进一步增长的潜力。绿色标签产品已被全球公认为是指导投资资本缓解气候变化的有效手段。投资者对绿色项目的兴趣不断提高，导致了创新金融产品的发展和增长。

多种传统的经济形式需要在低碳转型发展中获得对应的资金支持，以期推动在更多经济领域实现碳达峰、碳中和，最终服务于"双碳"战略目标的达成。然而，受行业技术、工艺路线、生产组织形式等固有属性的影响，其通常不属于绿色的范畴，因而难以直接获得绿色金融的支持。气候债券倡议组织（Climate Bonds Initiative，CBI）发布的《气候债券与瑞士信贷联合白皮书》首创性地提出了一个分析框架，即《巴黎协定》目标可以通过不同标签的金融工具，包括但不限于绿色标签（Green Label）、可持续标签（Sustainable Label）、转型标签（Transition Label）、蓝色标签（Blue Label）和韧性标签（Resilience Label），来实现经济全面向低碳和气候适应性转型。其中，关于转型标签的具体定义如下：为2030年全球碳排放减半、2050年净零排放做出重大贡献，但无法在长期内发挥减排作用；或暂时无法在规定期限内实现净零排放目标，但可在长期发挥减排作用。

目前，中国经济形式仍以工业、制造业为主，国家的基础设施仍需要大力建设，以满足人民群众改善生活水平的现实需求，因而社会经济的发展仍处于需要消耗大量能源和资源的阶段。所以，为了应对气候变化，实现碳减排、碳达峰、碳中和等一系列发展目标，需要在传统工业、建筑业等领域开展节能减排和低碳转型行动，然而可获得绿色金融支持的项目有限。国际上将直接应对气候变化的债券称为转型债券（Transition Bond），也称气候转型债券，其主要是针对处于气候转型中的企业融资需求，应用范围多为发电、钢铁、煤炭能源类型的企业。从评估要素来看，2020年12月，国际资本市场协会（ICMA）发布的《气候转型金融手册》（*Climate Transition Finance Handbook* 2020，以下简称《手册》）为转型债券的发行提供了指导，提出了发行人对其气候转型战略进行披露的相关要求，《手册》建议了四个关键要素：发行人气候转型战略和公司治理、业务模式中考虑环境要素的重要性、气候转型战略应参考具有科学依据的目标和路径及执行情况有关信息的透明度。

可持续发展挂钩债券（Sustainability-Linked Bond，SLB）最早出现于2019年的欧洲。国际上已发行SLB的可持续挂钩目标类型较为多元，涉及联合国可持续发展目标（SDGs）17大类中的多个领域目标。2020年6月，国际资本市场协会（ICMA）推出了指导性文件《可持续发展挂钩债券原则》（SLBP）。SLBP要求可持续发展挂钩债券需具备五项要素：选择关键绩效指标（KPI）、校准可持续发展绩效目标（SPT）、债券特征、信息报告与披露、外部认证。不同于可持续发展债券，可持续发展挂钩债券需同时符合绿色债券原则（GBP）与社会责任债券原则（SBP）的具体要求，所募集资金可同时应用于具体项目和公司实体，并且对募集资金的用途没有限制。也就是说，对于未能达到绿色标准的项目或公司实体，其在逐步取消高碳排放业务、进行低碳转型过程中的融资需求，亦可通过发行可持续发展挂钩债券来实现。截至2021年4月末，国际上的可持续发展挂钩债券累计发行总额约为150亿美元，发行人包括电力、钢铁、水泥、建筑等多个行业，其中不乏绿色项目的传统行业。

综上所述，可持续发展挂钩债券和转型债券可被视为转型金融领域的重要产品，两者的共同点在于发行人的最终目的均是将其融资战略与气候转型战略和脱碳轨道相结合，且对发行人相关信息披露的要求较高。而两者的区别在于转型债券更聚焦于气候变化应对，可持续发展挂钩债券所挂钩目标范围更广泛，包括但不限于应对气候变化和减碳转型，其实际应用更具灵活性。

迄今为止，以债券为主的国际转型金融市场已经初具规模，并且设立了一系列拥有固定收益的融资产品。如表1-3所示，法国农业信贷银行（Credit Agricole）与法国安盛集团（AXA）合作，于2019年11月发行了1亿欧元的转型债券，用于为碳密集型行业向低碳经济过渡的项目提供部分融资，例如以消耗液化天然气为主的船舶运输业，这也是商业银行发行的第一只转型债券。总体而言，国际金融市场在转型金融的界定分类、部分转型金融产品（如转型债券）的发行原则等方面，均开展了相应的探索与尝试，国际市场亦在探索转型金融的标准与模式，目标都是应对气候变化、努力实现碳中和。但是，转型金融仍处于发展的初期，概念、标准及开展的范式尚未统一。在碳中和约束条件下，我国需要在碳达峰之后于更短的时间内实现碳中和，在实现"双碳"目标时预计将面临"百万亿元级别"的投资需求，而这就需要金融业更好地动员资金，大力发展绿色金融和转型金融，进而推动实体经济实现能源结构转型，助力我国早日实现碳达峰、碳中和的战略目标。在实际推行的过程中，可持续发展挂钩债券和转型债券的实施目标均包括气候变化和减碳转型，其可以作为转型金融在我国进行实际应用。

表1-3 国际固定收益绿色产品

发行日期	发行人	行业	发行金额	类型	应用场景
2017年7月	中国香港青山发电站	电力	5亿美元	转型债券	用于支付天然气厂减少碳排放相关费用
2019年7月	巴西Mafrig集团	农业	5亿美元	转型债券	用于遵守亚马孙地区非砍伐森林和其他可持续性标准牧场的肉牛交易
2019年10月	欧洲复兴开发银行	银行	5亿欧元	转型债券	支持对"难减排"行业的投资，以资助其提高能源效率
2019年10月	意大利国家电力公司（Enel）	电力	15亿美元	可持续发展挂钩债券	用于新增可再生能源装机容量、创新和数字化转型及减碳减排项目
2019年11月	法国农业信贷银行（CreditAgricole）	农业	1亿欧元	转型债券	用于对碳密集型行业项目融资，帮助其向低碳经济过渡，包括LNG船舶、依靠煤炭或天然气发电的高能耗产业
2020年4月	英国Cadent天然气公司	天然气运输	5亿欧元	转型债券	用于翻新天然气运输和分配网络，发展生物甲烷和生物替代天然气工厂，发展新的可持续交通基础设施以及减少建筑物能源消耗

续表

发行日期	发行人	行业	发行金额	类型	应用场景
2020 年 6 月	意大利天然气配电公司(SNAM)	输气管网	5 亿欧元	转型债券	用于减碳减排、可再生能源、能效和绿色建筑,以及天然气运输网络的改造项目
2020 年 6 月	中国香港青山发电站	电力	3.5 亿美元	转型债券	用于为中国香港水域及其相关海底管道和海上液态天然气接收站的建设提供资金
2020 年 11 月	意大利天然气配电公司(SNAM)	输气管网	6 亿欧元	转型债券	用于减碳减排、可再生能源、能效和绿色建筑,以及天然气运输网络的改造项目
2020 年 12 月	法国 BPCE 银行	银行	1 亿欧元	转型债券	用于投资具有高减排潜力和对低碳经济做出贡献的能源转型资产
2021 年 1 月	中国银行股份有限公司	银行	7.8 亿美元	转型债券	用于符合条件的转型项目(包括天然气热电联产、天然气发电和水泥厂余热回收),以实现 2060 年碳中和的目标
2021 年 1 月	日本 Hulic 房地产公司	房地产	100 亿日元	SLB	用于开发大型太阳能系统,使其开发项目的用电全部来自可再生能源
2021 年 2 月	中国香港青山发电站	电力	3 亿美元	转型债券	用于资助新设的燃气轮机联合循环电站项目

资料来源:网络公开资料。

四、现存问题,面临挑战

(一)建立健全地方绿色金融统计制度与考核评价机制

完善的绿色金融统计制度是建设绿色评级体系的重要前提,也是实现有效监管绿色金融市场的必要条件。目前，全国各地普遍缺乏度量和评估绿色金融流量与存量的指标体系，多数城市和地区的金融监管部门并不了解和熟悉当地绿色金融发展现状。在此基础上，我国各省级政府应将当地的环境表现与市县级主要负责人的考核指标挂钩，如将地方自然资源资产负债表作为评价地方政府"环境表现"的指标之一，进而奖励与提拔 GDP（国内生产总值）增加和自然资源"净资产"增加有正相关性的负责人。

（二）推动符合地方需求的绿色金融政策与产品创新，进一步覆盖中小企业发展需求

绿色金融产品的创新，需要与不同地区发展需求相结合。不同地区在鼓励金融市场和金融体系绿色化的过程中，需要推动绿色金融结合当地的实际情况进行"创新性的运用"。中国的金融市场近 10 年以来已开展了多种绿色金融业务，但是不同地区金融机构的应用与普及程度相差较大，并且和各地方产业发展绿色化的结合程度不够紧密。这就需要积极总结国内外主要城市一些大型金融机构已经开展的绿色金融业务中的优秀案例和成功模式，进而分析这些业务对地方经济与生态的效益，以及找到能够解决当地具体问题的方案，这些都需要地方政府利用绿色金融创新成果来解决。

（三）加速推进地方绿色金融能力建设

目前，各地普遍存在绿色金融建设能力不足、绿色金融相关机构与专业人才缺乏等问题，这对当地绿色金融体系建设构成了极大的挑战。解决这一问题既需要当地政府完善激励机制以推动形成集聚效应，也需要资源网络的对接以加速绿色金融相关的信息交流。例如，广东省在可再生能源补贴方面，从 2021 年和 2022 年取消国家陆上和海上风电补贴，即 2021 年后光伏产业将没有新的补贴，但税收优惠仍然存在，包括企业研发费用的扣除、所得税的减免，以及新购买的机械设备的增值税进项税额扣除。

第二章

"双碳"目标下福建绿色信贷支持

为实现习近平总书记提出的 2030 年碳中和目标，本章重点围绕绿色信贷总量预测、信贷结构变化、政策支持及存在的问题等方面进行分析，并为更好地推动金融支持碳中和目标实现提出相关政策及措施建议。

第一节　我国绿色信贷的最新进展和主要挑战

一、绿色信贷现状

绿色金融已逐渐渗透到金融体系，绿色信贷成为目前我国发展规模最大的绿色金融市场。我国成立了专门的行政部门，采取了商业银行的支持措施，并改变了盈利模式。目前，我国上市银行有 16 家，其主要的绿色信贷产品如表 2-1 所示。从表 2-1 可以看到，绿色信贷产品在开发上存在一些差异。其中，中国工商银行、中国农业银行、中国银行、中国建设银行、上海浦东发展银行和中信银行提供了相对丰富的绿色信贷产品，涉及行业较广，而宁波银行、北京银行以及南京银行提供的信贷产品相对简单，需要加强产品创新。

表 2-1 我国上市商业银行的部分绿色信贷产品

银行	产品
中国工商银行	绿色信贷合约交易；信贷客户"四色"分类、"四色"贷款项目
中国农业银行	CDM 项目咨询；合同能源管理融资；清洁能源开发运作机制及管理顾问等咨询业务
中国银行	"绿色账户借记卡"；合同能源管理融资
中国建设银行	"一票否决制"；"战略偏好、政策导向、产品创新、机制优化"；"四轮驱动"方式
交通银行	碳排放权交易试点；合同能源管理
浦发银行	五大绿色信贷板块；十大绿色信贷创新产品
招商银行	AFD 绿色中间贷
兴业银行	"8+1"融资服务和排放权金融产品；低碳信用卡
中信银行	绿色信用卡；绿色信贷中间业务；绿色项目贷款；绿色房地产和建筑
民生银行	碳排放权质押；绿色股权
华夏银行	应收账款质押；ETC 卡
平安银行	节能减排技改项目贷款
北京银行	绿色信贷水能效项目；节能贷
宁波银行	第三方企业保证项下贷款
南京银行	合同能源管理融资
光大银行	绿色零碳信用卡；排污权质押

资料来源：根据各银行官网推出的绿色信贷产品资料整理。

据银监会公布的数据，21 家商业银行 2013 年第二季度的绿色信贷余额为 4.85 万亿元，2019 年 12 月为 10.22 万亿元，如图 2-1 所示，存量规模世界第一，绿色贷款不良率远低于全国商业银行不良贷款率。在整个发展过程中，绿色信贷余额呈稳定增长趋势，但是在 2017 年 6 月至 2019 年 6 月出现了大幅波动，这可能是不完整的统计能力和开放系统所导致的。

根据中国银行保险监督管理委员会发布的金融机构贷款投资统计数据，2019 年第二季度绿色信贷余额 9.47 万亿元，在半年内增长了 7.0%，年增长率为 13.9%。如图 2-2 所示，绿色交通运输项目贷款为 4.22 万亿

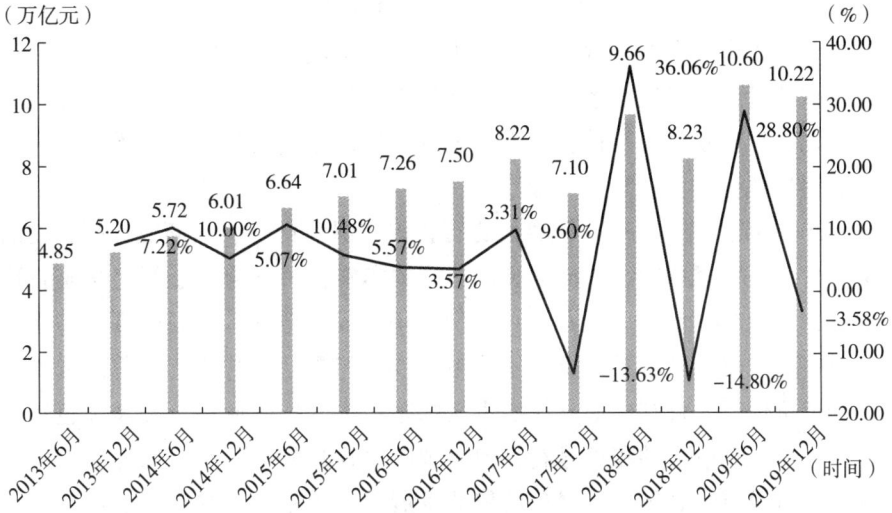

图 2-1 商业银行绿色信贷余额及增速

资料来源：银监会官网、各银行官网公布的社会责任报告。

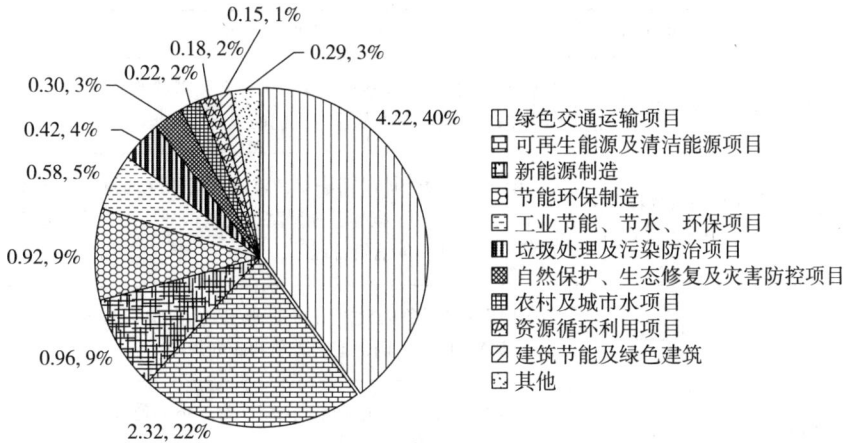

图 2-2 2019 年商业银行绿色信贷主要投向及分布情况（单位：万亿元）

资料来源：银监会官网。

元，信贷比重最高，达到了 40%，可再生能源及清洁能源项目比重为 22%，排在第二位，新能源制造和节能环保制造合计占比 18%。由此可见，贷款增长平衡较大的多数部门都集中在绿色运输、绿色能源和其他各种环境保护项目上。发展绿色信贷是治理生态环境的有效方法，所以商业银行应该积极配合政府履行社会责任，做好发展绿色信贷的工作，推动我国生态文明的建设。

2007 年，银监会、中国人民银行提议将绿色信贷引入商业银行，之后又出台了一些规章制度以推动绿色信贷的实施，2016 年底，绿色信贷首次被 G20 峰会纳入议题。当前，中国绿色信贷发展已进入重要时期。尽管有关部门陆续出台了一系列重大的政策文件，但是缺乏与之相对应的法律法规和评价体系，且存在地方保护主义的阻碍因素，商业银行发展绿色信贷业务需要受到政府的积极号召，因为现阶段这种号召不具有法律效应，即商业银行没有受到约束，绿色信贷的发展受到了阻碍；并且现已出台的信贷相关政策多是指导性意见，仅有很弱的强制力，政策内容较为笼统，缺乏可操作性，所以绿色信贷的执行效果有待改善（见表 2-2）。

表 2-2　近年来我国出台的绿色信贷政策

年份	主办部门	文件及作用
1995	中国人民银行	《关于贯彻信贷与加强环境保护工作有关问题的通知》，银行的环境保护信贷政策开始进入人们的视野
2007	银监会、环保总局、中国人民银行	《关于落实环境保护政策法规，防范信贷风险的意见》首次提出了"绿色信贷"概念，强调对产业政策环境不兼容且属于非法的公司和项目的信贷管理
2012	银监会	《关于印发〈绿色信贷指引〉的通知》，为政策制定和能力建设、信贷程序和其内部控制做了相应的规定
2014	银监会	《关于印发绿色信贷实施情况关键评价指标的通知》，详细说明了实施绿色信贷的关键指标
2015	国务院	《生态文明体制改革总体方案》，确定建立绿色金融体系
2016	"两会"	提出了"十三五"规划中所述的绿色金融发展支持计划，并将发展绿色金融作为国家发展战略

续表

年份	主办部门	文件及作用
2016	中国人民银行等七部委	《关于构建绿色金融体系的指导意见》在9个方面，35个项目中详细阐述了构建绿色金融体系的背景、目的、意义、方法和路径，并建立了构建绿色金融体系的方案设计
2017	中国银行业协会	《中国银行业绿色银行评价实施方案（试行）》为规范银行绿色信贷工作，中国银行业协会在中国银监会政策研究局的全程指导下，就中国银行业绿色银行评价总则，实施机构与职责，评级依据、权重和计分方法，评价工作流程，评价定级，评价结果应用及附则七个方面进行了编制和解释
2018	中国人民银行	《绿色贷款专项统计制度》对绿色贷款专项统计实行管理引导。金融机构在自评估具备数据质量管理机制或数据准确可靠的基础上提交报数申请，经中国人民银行确认后按本制度要求向金融统计监测管理信息系统报送绿色贷款专项统计数据。绿色贷款专项统计从用途、行业、质量维度统计，包括两个方面：一是绿色贷款统计，包括对节能环保项目及服务贷款的统计；二是对存在环境、安全等重大风险企业贷款的统计
2018	中国人民银行	《关于开展银行业存款类金融机构绿色信贷业绩评价的通知》绿色信贷业绩评价每季度开展一次。绿色信贷业绩评价指标设置定量和定性两类，其中，定量指标权重为80%，定性指标权重20%。绿色信贷业绩评价定量指标包括绿色贷款余额占比、绿色贷款余额份额占比、绿色贷款增量占比、绿色贷款余额同比增速、绿色贷款不良率5项。绿色信贷业绩评价结果纳入银行业存款类金融机构宏观审慎考核
2021	中国人民银行	《中国银行业绿色银行评价实施方案》结合实际制定辖区内银行业金融机构（法人）绿色金融评价实施细则并做好评价工作，积极探索拓展评价结果应用，着力提升银行业金融机构绿色金融绩效，自2021年7月1日起施行。《中国人民银行关于开展银行业存款类金融机构绿色信贷业绩评价的通知》（银发〔2018〕180号）同时废止

资料来源：根据我国政府有关部门出台的政策整理。

随着一系列绿色信贷政策的公布，监管部门还应加强向银行金融机构的信息披露，目前，我国还没有一套完整的环境信息公开制度，有关部门也没有强制要求银行公开环境信息。金融机构在核查企业信息后没有及时反馈，进而造成其与环境保护部门之间没有实际交换信息或共享数据，导致环境信息交流的机制还不完善。环保部门和银行没有建立起适当的实时沟通机制，金融机构得到的信息滞后，环保部门公布的信息不准确，也存在着测评成本较高的不利因素，不能满足审核的需要。而银行本身没有能力进行环境评估，即使银行自身有能力去测评，但测评的成本也较高。由于沟通机制不够完善，银行在了解贷方企业的信息时，不仅影响工作效率，还浪费成本，这也成为一大阻碍。

绿色信贷业务人员不够专业，我国商业银行从业人员大多具有良好的金融知识基础，但缺乏专业的环保知识，对出台的各种环保政策和法律法规没有进行系统的认识。绿色信贷知识包括贷方对环境信息的判断、对环境风险的评估以及对贷款产品的定价，该类专业人才不仅要懂得金融服务和工具，还需要了解环境信用、环境政策和技术。我国的绿色信贷业务还处于起步阶段，银行业机构对此类专业人才的培养和引进不够，给商业银行开展绿色信贷业务带来了阻碍。

我国商业银行出于企业目的首先考虑的是利润，在这种情况下，它们难以通过牺牲利益而换取政策配合。传统产业大多是"两高一剩"（高污染、高耗能，产能过剩）行业，这类企业的项目收益较高，所以银行更愿意给这类企业发放贷款从而获得更多的收入。但是，我国绿色信贷业务的发展直接影响到银行的贷款结构，会对不符合绿色金融政策的企业减少贷款发放。如果开展绿色信贷，银行不免要打破从前与传统企业建立的良好客户关系，大幅度削减其信贷规模，而其中的企业包括"两高一剩"行业的企业。还有一个重要的问题是，我国企业的整体氛围还停留在追求经济利益上，传统企业对环境保护责任的认识不足，社会责任意识不强。短期来看，这会使银行的收益受到损失，因开展绿色信贷业务的成本大于收益，且我国政府还未出台相关的补偿机制来弥补此部分损失，所以商业银行的营利性和社会性存在矛盾，短期内缺乏推行绿色信贷的动力。

二、国际化赤道原则的实践

在国外绿色信贷发展的现状中，最明显的特点是金融机构支持遵循赤道原则，其信息披露制度如表2-3所示。2003年，赤道原则由14家银行在华盛顿特区宣布，用于对市场环境以及经济社会风险进行具体的评估和管理，并演变为行业实践。

表2-3 赤道原则信息披露制度

方面	特点
披露标准	我国只要求银行公开信息，且公开信息的内容由银行本身决定，没有任何具体标准。赤道原则规定了十条的报告制度，并且是统一的披露标准
披露形式	报告的形式可以多种多样，没有确切的格式。赤道银行可以独立确定报告的方法和格式，并根据每个地区和行业的不同情况进行披露
披露内容	公开内容广泛，指标是定量和定性的。赤道原则规定，参加赤道原则的金融机构应编写一份年度报告并定期发布。年度报告的内容包括实施赤道原则的过程和经验，各种赤道金融机构的交易数量、交易分类、赤道银行信贷和风险管理系统的应用以及赤道原则的实施。它非常全面地定义了赤道银行的程序、措施、安排，以及人员培训以及报告的地点、方法、频率和宽限期
披露强制力	遵循完全自愿的行业自律原则，赤道银行必须自觉遵守披露标准。随着披露形式的多样化和地区的发展程度不同，各赤道银行的披露水平存在很大差距，因此赤道原则披露的执行力度有待加强

资料来源：根据我国赤道原则信息披露制度要求整理。

截至2020年12月底，共有38个国家的105家金融机构宣布采用赤道原则，截至2021年9月，仅有兴业银行、江苏银行、湖州银行、重庆农村商业银行、绵阳市商业银行、贵州银行及重庆银行7家国内商业银行宣布采用赤道原则。

（一）日本的绿色信贷实践

日本极其重视环保，很早就出台了绿色信贷的政策，这为日本优化产业结构和环境保护做出了巨大贡献。通产省在1993年增加与能源和环境相关的金融投资和贷款，在2006年根据第一批环境评估贷款业务推出了更新的业务内容，并继续大力支持环境省的环境评估贴现贷款业务。政策性投资银行正在建立各种平台来发展绿色金融，并充当政策性银行来促进环境友好型运营和融资的协调角色。另外，该银行还运用政策性银行的环境评级体系来评估和监督贷方，并使用更实质性的策略来规避投资风险并提高投资收益。在过去的几十年间，日本政策性投资银行已经累计投融资超4

万亿日元用于环境治理。

(二) 英国的绿色信贷实践

英国倡导低碳经济，也是最早开展绿色信贷的国家之一，英国政府相继推出了三项"政府贷款担保计划"，为通过环保审核的公司或项目提供担保，其中政府免费提供贷款额度80%的担保，此外还成立了风险投资公司，它同样最早宣布接受赤道原则，并制定了一项将社会与环境融为一体的信贷准则，使银行可以评估和考虑所有金融条款，并涵盖50多个行业的贷款。英国另一家主要的商业银行——汇丰银行也率先构建了环境风险评估和管理体系，并对环境项目进行了严格的评估。

(三) 美国的绿色信贷实践

美国政府的积极响应，使美国的商业银行也积极贯彻落实绿色信贷政策。作为世界上最大的经济体，美国始终站在世界环境保护法律的前沿，并构建了比法律法规更完整的环境保护政策体系来保护绿色环境发展，颁布了《空气净化法》(*Clean Air Act*) 等绿色信贷专有法律。美国政府还采用税收手段来规范工业发展，且出台了《能源税收法》(*Energy Policy Act of* 2005)。

花旗银行不仅是绿色信贷的先行者，也是赤道原则的创始者之一。它建立了风险管理体系，将环境评估流程的规定更加严格化。目前，已经建立了由各部门高管组成的环境与社会风险政策评估委员会和相对完善的绿色信贷批准管理系统，为环境部门提供咨询服务，在环境政策的培训机制和环保业务设计流程上也颇有成就，并建立了环境保护和社会风险管理机制以及其他发展机制。

三、国际采用赤道原则对中国的经验借鉴

与国际的绿色信贷发展现状相比，我国缺乏长期的发展战略计划和可持续发展机制，业务流程和公司治理等方面也不够完整。2008 年，兴业银行率先采用赤道原则为绿色信贷提供战略指导。2017 年，江苏银行成为城市商业银行中的首家赤道银行。商业银行的社会责任意识不强，与其他主要商业要素相比，由于其在公益活动中的认知度更高，便造成了"口号多于行动""重视程度首尾不一"的现象。从日本、英国和美国的实践经验

来看，它们给予了绿色信贷明确的法律地位，创造了良好的环境条件，信贷的法律体系已经相对成熟。且它们的信贷产品得到了广泛的应用，形成了相对健康的信贷市场。此外，创新的产品涵盖多个行业，包括个人信贷到政府项目。发达国家的金融机构多采纳了赤道原则，而赤道原则最大的特点就在于信息披露制度比较完善，这一方面值得我们学习并借鉴，信息披露制度对比如表2-4所示。

表2-4　国内外赤道原则信息披露制度对比

	国外	国内
披露方法	定性与定量结合；总量指标与相对指标结合	定性多，定量少；总量指标多，相对指标少
披露内容（透明度）	透明度高，详细充分披露，要求详情介绍及案例介绍	透明度较低，过于简略，内容空洞，流于形式
披露质量	必须经过第三方鉴证	无第三方鉴证，自愿进行
强制力	强制性要求，强制力较强	对银行自愿性要求披露，强制力较弱

资料来源：根据国内外赤道原则披露制度整理。

四、绿色信贷对银行营利性影响的实证分析

（一）绿色信贷对银行营利性影响的理论分析

在对银行商誉的影响方面，国内外的企业都逐渐意识到了社会责任的重要性，并正在用实际行动履行企业社会责任。因此，我国的商业银行需要积极发展基于绿色信贷的金融业务，树立良好的社会形象，从长远来看可以是银行获利的手段；发展绿色信贷还有利于提高银行员工对银行的认同感和归属感，更加积极地服务于客户和社会，为商业银行带来无形的收益，从而提升盈利能力。

在对银行国际竞争力的影响方面，于全球绿色金融发展的大势所趋背景下，商业银行作为主力更需要与时俱进地顺应经济发展，商业银行开展绿色信贷业务可以极大提升其国际竞争力。目前，我国绿色信贷发展仍处于落后阶段，所以商业银行要抓住机会，积极创新信贷产品，利用机遇与

世界绿色金融接轨，同时寻求国际合作，借鉴国外发展绿色信贷经验，以此提高自身竞争力，这有利于革新传统发展模式，给银行带来更多的业务以提高营利性。

在对银行信贷结构的影响方面，为防止银行过分侧重于收益而忽视了社会责任，所以需要将银行制定发放贷款标准作为绿色信贷业务开展的前提。对符合发放贷款的项目制定标准，即对符合国家环境保护指标，且支持节能环保、新能源开发利用等产业的发展提供贷款资金；而对于其他"两高一剩"行业的企业或项目采取暂停甚至拒绝贷款的措施，这会使用于环保项目的贷款资金越来越多，这不仅符合国家政策支持，同时还会获得国家更多的扶持，从而使我国商业银行的绿色信贷规模变大，绿色信贷的投入也会向节能减排、绿色环保项目上转变，绿色信贷额度的增加必将对中国整个商业银行业产生积极的影响。

为了保证本次实证分析的准确性，本书采用六个变量：绿色信贷余额比（GLR）、总资产收益率（ROA）、银行存款余额（lnTD）、资本充足率（CAR）、不良贷款率（NPLR）和存贷比（LDR），如表2-5所示。

表2-5　变量及其含义

	变量	预期符号	变量含义
被解释变量	总资产收益率（ROA）	/	ROA＝净利润/平均资产总额，是衡量银行收益能力的指标
解释变量	绿色信贷余额比（GLR）	+	GLR＝绿色信贷余额/贷款总额，该指标表明绿色信贷余额占银行贷款总额的比重
控制变量	银行存款余额（lnTD）	+	银行存款余额可以间接反映银行的资产规模
	资本充足率（CAR）	+	是一个银行的资本对其风险资产的比率，反映了银行的资本状况，是衡量银行抗风险能力的指标
	不良贷款率（NPLR）	－	NPLR＝不良贷款额/贷款总额，反映银行的资产质量状况
	存贷比（LDR）	－	LDR＝贷款余额/存款余额，该指标可以衡量银行流动性状况

(二) 数据来源与模型构建

本书选取绿色信贷余额规模前 10 家银行为样本，包含了四大行及其他 6 家商业银行。所有绿色信贷余额比数据从各家上市银行官网近 10 年来每年公布的社会责任报告或可持续发展报告中整理而来，总资产收益率、银行存款余额、资本充足率、不良贷款率和存贷比的数据取自这 10 家银行官方网站上发布的年度财务报告。数据年份为 2010~2019 年，本书数据计算和处理来自 Excel 和 Stata 软件。计量模型如下：

$$Y = \alpha + \beta_1 GLR + \beta_2 \ln TD + \beta_3 CAR + \beta_4 NPLR + \beta_5 LDR + \varepsilon$$

其中，Y 为 ROA，α 为常数项，β_1、β_2、β_3、β_4、β_5 为变量的系数，ε 为随机扰动项。

(三) 实证检验与数据处理

1. 变量描述性分析

表 2-6 显示了主要变量的统计信息。绿色信贷余额的最高百分比为 28.80%，最低为 0.36%，平均值为 6.23%，说明我国各商业银行的信贷发展有很大的差距，而且总体规模并不大。兴业银行在绿色信贷业务中始终表现良好，远远超过了平均值。资本充足率平均值为 12.95%，最高为 17.52%，最低为 7.10%，且多数高于 8% 或有更高的资本比率，满足《巴塞尔协议Ⅲ》的规定。这反映出我国各商业银行抵抗风险和清算债务的能

表 2-6 变量的描述性统计　　　　　　　　单位：%

变量	平均值	标准差	最小值	最大值
ROA	1.08	0.1993	0.64	1.47
GLR	6.23	5.3240	0.36	28.80
lnTD	10.28	0.8621	8.64	12.13
CAR	12.95	1.7628	7.10	17.52
NPLR	1.29	0.4389	0.38	2.39
LDR	74.51	10.4025	55.77	109.98

力相对较强。不良贷款率均值为 1.29%，最高为 2.39%，最低为 0.38%，均低于 5%，说明我国各商业银行整体质量良好，银行的资产流动性良好，经营状况相对健康，存贷比处于合理的范围内。

2. F 检验

由于不确定使用混合回归还是个体固定效应模型，所以通过 F 检验来判断，结果如表 2-7 所示。

表 2-7　F 检验结果

Ftestthatallu_i = 0：F(9，85) = 23.87 Prob>F = 0.0000

零假设"所有 $u_i = 0$"，即"个体效应不存在，应该采取混合回归"。结果表明，F 统计量高达 23.87，p 值为 0.0000。最初的假设被强烈拒绝，随机效应不显著。

3. Hausman 检验

建立 Hausman 检验的零假设："选择随机效应回归模型"，结果如表 2-8 所示。

表 2-8　Hausman 检验结果

Test：Ho：differenceincoefficientsnotsystematic
chi2(6) = (b-B)′[(V_b-V_B)^(-1)](b-B)
= 21.68
Prob>chi2 = 0.0014
(V_b-V_Bisnotpositivedefinite)

由于 p 值是 0.0014<0.05，拒绝了"H_0：u_i 与解释变量无关"的零假设，因此使用个体固定效应模型。

4. 具体回归分析

由 F 检验和 Hausman 检验认为用个体固定效应模型进行回归，结果如表 2-9 所示。

表 2-9　个体固定效应回归结果

变量	系数	标准差	T 值	P 值
GLR	0. 002063	0. 0031505	0. 65	0. 034
lnTD	−0. 0135408	0. 0216235	−0. 63	0. 023
CAR	0. 0467395	0. 0102803	4. 55	0. 000
NPLR	−0. 1745865	0. 0457983	−3. 81	0. 000
LDR	−0. 0060079	0. 0017416	−3. 45	0. 001
α	1. 270419	0. 2478407	5. 13	0. 000

所以，可以写出如下回归方程：

$$Y = 1.270419 + 0.002063GLR - 0.0135408lnTD + 0.0467395CAR -$$
$$0.1745865NPLR - 0.0060079LDR + \varepsilon$$

（四）回归结果分析

重点分析解释变量与被解释变量的关系，系数为 0.002063，即在其他条件不变的情况下，绿色信贷余额百分比与商业银行的盈利能力之间存在正相关关系。根据统计数据，用于节能减排和绿色环保项目的商业银行贷款逐年增加，理论分析结果表明，绿色信贷业务可以促进银行的收入增长，这符合我们的预期，与前文的理论分析一致。

促成这一结果的原因可能有以下两点：第一，近年来我国出台了一系列与绿色信贷相关的政策法规，越来越重视绿色信贷的落实，积极创新绿色信贷产品。我国的各商业银行也在由传统的信贷模式转向新型的绿色信贷业务，GLR 的逐年增长也证实了其使银行 ROA 逐年增长，不断提高了商业银行的盈利能力。第二，一些商业银行不具有前瞻性，仅看重眼前利益，但是随着时间的推移，商业银行开始配合国家落实绿色信贷政策，注重银行的长远发展，逐渐加强履行社会责任的意识，使绿色信贷规模逐渐增大、存贷比处于合理范围区间，给银行的资产提供了良好的流动性，提高了银行的盈利能力。

存款余额与被解释变量的相关系数为负，这表示银行存款余额会对盈利能力产生消极影响，究其原因，可能是受存款准备金率上调的影响，存款很多而贷款很少，意味着成本过高而收入较少，从而对盈利能力有少许影响，但是该变量显著性概率不高，说明反向作用并不显著。

控制变量存贷比和总资产收益率之间的负相关性很弱。因为受到中央银行监管，可能需要牺牲一些盈利，以此控制更低的存贷比并降低流动性风险。

第二节　福建省绿色信贷支持碳中和目标实现的总量及结构预测

一、绿色信贷总量预测

该部分分别基于供给端和需求端视角预测我国绿色信贷的变化情况。供给端预测结果：2030 年，我国实际 GDP 潜在增速为 4.90%～6.97%，社会融资规模中贷款占比为 49.80%，贷款增速为 5.74%～7.76%，各项贷款余额将达到 301.0 万亿至 370.2 万亿元。而到 2050 年，我国实际 GDP 潜在增速为 2.47%～4.03%，贷款占比为 45.00%，贷款增速为 5.47%～7.03%，各项贷款余额将达到 956.2 万亿至 1501.3 万亿元。2030 年我国绿色贷款占各项贷款比例为 11.39%，绿色贷款余额为 34.28 万亿至 42.16 万亿元，绿色贷款增速为 11.14%～13.27%。而到 2050 年，我国绿色贷款占各项贷款比例为 14.23%，绿色贷款余额为 136.11 万亿至 213.70 万亿元，绿色贷款增速为 6.66%～8.23%。

需求端预测结果：我国 2023～2050 年的绿色投资需要新增 130 万亿至 500 万亿元。要满足这一需求，到 2030 年我国的绿色贷款余额为 35.63 万亿至 103.02 万亿元，绿色贷款增速为 6.45%～8.76%。而到 2050 年，我国的绿色贷款余额为 75.04 万亿至 254.59 万亿元，绿色贷款增速为 2.67%～3.04%。

（一）基于供给端的预测

1. 经济潜在增速与信贷总量预测

预测的总体原则：经济与金融发展相互融合、互相作用，总体上看，金融的重要性体现在服务实体经济上；从定量关系来看，要保持货币供应量和社会融资规模增速同名义经济增速基本匹配；从长期来看，我国的经济增长决定于潜在增速水平。因此，我国的货币供应量和社会融资规模增速要与经济潜在增速加上通货膨胀水平相当，才能确保经济可持续发展。

（1）经济潜在增速预测。经济的潜在增速是经济理论与实践中的基础性概念，其对于中长期经济发展规划制定、公共政策制定以及货币政策调控都具有重要意义。而对于潜在增速的估计和预测，在模型设定、估计方法选择上具有较大差异，测算结果也有较大不同（见表2-10）。研究成果大多预测，"十四五"时期，我国经济潜在增速将降到6%以下，到2050年将降到4%以下。

表2-10　我国经济潜在增长水平预测情况

文献来源	中国经济潜在增速预测（%）						
	2025年	2029年	2030年	2035年	2040年	2045年	2050年
徐忠和贾彦东（2019）	4.60	4.60					
刘伟和范欣（2019）	7.29	6.97	6.97	6.49			
易信和郭春丽（2018）	5.50	4.90	4.90	4.40	4.40	4.00	3.70
刘哲希和陈彦斌（2020）	4.75						
白重恩和张琼（2017）	5.54	5.09	5.09	4.74	4.46	4.22	4.03
陆旸和蔡昉（2016）	5.63	4.98	4.98	4.54	3.94	3.15	2.47

（2）信贷总量预测。预测的基本规则：一是为综合考虑各文献的成果，本书对潜在产出设定区间范围，分别取各研究成果中的预测最高值和最低值作为区间的上下限。二是根据我国货币政策调控的历史，假设CPI增速保持在3%的水平，即预测的货币供应量和社会融资规模增速等于经济潜在增速加上3%。三是货币供应量和社会融资规模增速并不等于信贷增速，需要考虑货币供应量和社会融资规模中信贷的结构变化。根据世界银行数据，2001~2011年美国等6个发达国家的直接融资占比平均为54.17%，总体稳定在55%左右（见表2-11），同时，党的十九大报告提出，我国要在2035年基本实现社会主义现代化，本书假设我国直接融资占比届时将达到发达国家水平，即信贷占比下降到45%左右。

表 2-11 2001~2011 年部分发达国家直接融资占比情况 单位:%

国家	均值	最大值	最小值
美国	58.00	60.00	57.00
德国	49.00	51.00	46.00
英国	50.00	59.00	41.00
日本	54.00	58.00	48.00
法国	62.00	64.00	60.00
韩国	52.00	56.00	48.00
平均	54.17	58.00	50.00

预测结果:根据上述规则计算,一是假设 2021~2035 年社会融资规模中贷款占比匀速下降(计算公式:下降速度 = $(\sqrt[15]{45 \div 60.98} - 1) \times 100\%$ = 2.01%),并根据该速度测算 2021 年后社会融资规模中贷款占比,其中,2035 年后占比稳定在 45%。二是根据社会融资规模中贷款占比及通货膨胀率(均为 3%)情况计算各年份的贷款增速 [计算公式:当年贷款增速 = (1+当年实际 GDP 潜在增速+3%)×当年社会融资规模中贷款占比/上一年社会融资规模中贷款占比-1]。三是根据各年贷款增速计算贷款余额。结果显示:2030 年,我国实际 GDP 潜在增速为 4.90%~6.97%,社会融资规模中贷款占比为 49.80%,贷款增速为 5.74%~7.76%,各项贷款余额将达到 301.0 万亿至 370.2 万亿元。而到 2050 年,我国实际 GDP 潜在增速为 2.47%~4.03%,贷款占比为 45.00%,贷款增速为 5.47%~7.03%,各项贷款余额将达到 956.2 万亿至 1501.3 万亿元(见表 2-12)。

表 2-12 信贷总量预测情况

年份	实际 GDP 潜在增速(%)		社会融资规模中贷款占比(%)	贷款增速(CPI=3%)		全国各项贷款规模(万亿元)	
	最低	最高		最低	最高	最低	最高
2023E	5.10	7.29	57.39	5.93	8.08	206.5	218.1
2024E	4.92	7.29	56.24	5.76	8.08	218.4	235.7
2025E	4.60	7.29	55.11	5.44	8.08	230.3	254.7

续表

年份	实际 GDP 潜在增速（%）		社会融资规模中贷款占比（%）	贷款增速（CPI=3%）		全国各项贷款规模（万亿元）	
	最低	最高		最低	最高	最低	最高
2026E	4.60	6.97	54.00	5.44	7.76	242.8	274.5
2027E	4.60	6.97	52.92	5.44	7.76	256.1	295.8
2028E	4.60	6.97	51.86	5.44	7.76	270.0	318.8
2029E	4.60	6.97	50.82	5.44	7.76	284.7	343.5
2030E	4.90	6.97	49.80	5.74	7.76	301.0	370.2
2031E	4.40	6.49	48.80	5.25	7.29	316.8	397.2
2032E	4.40	6.49	47.82	5.25	7.29	333.4	426.2
2033E	4.40	6.49	46.86	5.25	7.29	350.9	457.3
2034E	4.40	6.49	45.92	5.25	7.29	369.3	490.6
2035E	4.40	6.49	45.00	5.25	7.29	388.7	526.4
2036E	3.94	4.46	45.00	6.94	7.46	415.7	565.7
2037E	3.94	4.46	45.00	6.94	7.46	444.5	607.9
2038E	3.94	4.46	45.00	6.94	7.46	475.3	653.2
2039E	3.94	4.46	45.00	6.94	7.46	508.3	702.0
2040E	3.94	4.46	45.00	6.94	7.46	543.5	754.3
2041E	3.15	4.22	45.00	6.15	7.22	577.0	808.8
2042E	3.15	4.22	45.00	6.15	7.22	612.4	867.2
2043E	3.15	4.22	45.00	6.15	7.22	650.1	929.8
2044E	3.15	4.22	45.00	6.15	7.22	690.1	996.9
2045E	3.15	4.22	45.00	6.15	7.22	732.5	1068.9
2046E	2.47	4.03	45.00	5.47	7.03	772.6	1144.1
2047E	2.47	4.03	45.00	5.47	7.03	814.9	1224.5
2048E	2.47	4.03	45.00	5.47	7.03	859.5	1310.6
2049E	2.47	4.03	45.00	5.47	7.03	906.6	1402.7
2050E	2.47	4.03	45.00	5.47	7.03	956.2	1501.3

注："E"表示该年份为预测值。

2. 绿色信贷总量预测

绿色信贷占比预测规则：一是在信贷总量预测的基础上预测绿色信贷总量，即预测绿色贷款占各项贷款总量的比例。绿色贷款主要支持绿色交通运输，可再生能源及清洁能源，交通运输、仓储和邮政业，电力、热力、燃气及水生产和供应业等产业。二是总体上，各绿色产业在本产业中的占比上升，绿色贷款占各项贷款总量的占比也上升。在其他条件不变的情况下，各绿色产业在本产业中占比的上升速度在理论上与绿色贷款占各项贷款总量占比的上升速度相当。三是数据的可得性，假设各绿色产业在本产业中占比的上升速度相同，根据习近平总书记 2020 年 12 月在气候雄心峰会上的讲话，到 2030 年，中国非化石能源占一次能源消费比重将达到25%，国家发展和改革委员会与国家能源局 2017 年发布的《能源生产和消费革命战略（2016-2030）》显示，到 2050 年，我国可再生能源及清洁能源占比将增长至 50% 以上，我们假设 2020~2030 年该比例匀速上升至 40%后，2023~2050 年再匀速上升至 50%。

预测结果：根据上述规则计算：一是假设 2021~2030 年清洁能源消费量占能源消费总量的比例由 24.30% 匀速上升至 40%，增速为 5.11%（计算公式：上升速度 = $(\sqrt[10]{40 \div 24.3} - 1) \times 100\% = 5.11\%$），2031~2050 年清洁能源消费量占能源消费总量的比例由 40% 匀速上升至 50%，增速为 1.12%（计算公式：上升速度 = $(\sqrt[20]{50 \div 40} - 1) \times 100\% = 1.12\%$），并根据上升增速测算 2021 年后绿色贷款占各项贷款的比例。二是根据绿色贷款占各项贷款比例计算各年份的绿色贷款余额和增速。

结果显示：2030 年，我国绿色贷款占各项贷款的比例为 11.39%，绿色贷款规模为 34.28 万亿至 42.16 万亿元，绿色贷款增速为 11.14%~13.27%。而到 2050 年，我国绿色贷款占各项贷款的比例为 14.23%，绿色贷款规模为 136.11 万亿至 213.70 万亿元，绿色贷款增速为 6.66%~8.23%（见表 2-13）。

表 2-13 绿色信贷总量预测情况 1

年份	全国各项贷款规模（万亿元）		绿色贷款占各项贷款的比例（%）	清洁能源消费量占能源消费总量的比例（%）	绿色贷款规模（万亿元）		绿色贷款增速（%）	
	最低	最高			最低	最高	最低	最高
2023E	206.5	218.1	8.03	28.22	16.59	17.52	11.35	13.60
2024E	218.4	235.7	8.44	29.66	18.44	19.90	11.16	13.60
2025E	230.3	254.7	8.88	31.18	20.44	22.61	10.83	13.60
2026E	242.8	274.5	9.33	32.77	22.66	25.61	10.83	13.27
2027E	256.1	295.8	9.81	34.44	25.11	29.01	10.83	13.27
2028E	270.0	318.8	10.31	36.21	27.83	32.86	10.83	13.27
2029E	284.7	343.5	10.83	38.06	30.84	37.22	10.83	13.27
2030E	301.0	370.2	11.39	40.00	34.28	42.16	11.14	13.27
2031E	316.8	397.2	11.51	40.45	36.48	45.74	6.43	8.50
2032E	333.4	426.2	11.64	40.90	38.82	49.63	6.43	8.50
2033E	350.9	457.3	11.77	41.36	41.32	53.84	6.43	8.50
2034E	369.3	490.6	11.91	41.83	43.98	58.42	6.43	8.50
2035E	388.7	526.4	12.04	42.29	46.80	63.38	6.43	8.50
2036E	415.7	565.7	12.18	42.77	50.61	68.88	8.13	8.67
2037E	444.5	607.9	12.31	43.25	54.73	74.84	8.13	8.67
2038E	475.3	653.2	12.45	43.73	59.18	81.33	8.13	8.67
2039E	508.3	702.0	12.59	44.23	63.99	88.38	8.13	8.67
2040E	543.5	754.3	12.73	44.72	69.20	96.04	8.13	8.67
2041E	577.0	808.8	12.87	45.22	74.28	104.12	7.34	8.42
2042E	612.4	867.2	13.02	45.73	79.73	112.90	7.34	8.42
2043E	650.1	929.8	13.16	46.24	85.58	122.40	7.34	8.42
2044E	690.1	996.9	13.31	46.76	91.87	132.71	7.34	8.42
2045E	732.5	1068.9	13.46	47.29	98.61	143.89	7.34	8.42
2046E	772.6	1144.1	13.61	47.82	105.18	155.74	6.66	8.23
2047E	814.9	1224.5	13.77	48.35	112.18	168.56	6.66	8.23
2048E	859.5	1310.6	13.92	48.90	119.65	182.43	6.66	8.23
2049E	906.6	1402.7	14.08	49.45	127.61	197.44	6.66	8.23
2050E	956.2	1501.3	14.23	50.00	136.11	213.70	6.66	8.23

注："E"表示该年份为预测值。

（二）基于需求端的预测

1. 低碳投资需求在百万亿元以上

主流研究认为，中国碳达峰碳中和"双碳"目标，将产生百万亿元级别的低碳投资需求。引用以下三个研究成果：

（1）清华大学低碳经济研究院的《中国长期低碳发展战略与转型路径研究》设定了四种不同情景，分析了在每种情景下的碳减排路径和资金投入规模。在与"双碳"目标最接近的情景下，2020~2050年我国能源供应部门新增投资将接近100万亿元，工业、建筑和交通部门新增投资分别为3万亿元、8万亿元和18万亿元左右，合计新增投资规模接近130万亿元。

（2）国家发展和改革委员会相关研究称，"2030年实现碳达峰，每年需要资金3.1万亿至3.6万亿元。2060年前实现碳中和，需要在新能源发电、先进储能、绿色零碳建筑等领域新增投资139万亿元"。

（3）《重庆碳中和目标和绿色金融路线图》课题报告估算，未来30年，如果重庆市要实现接近净零排放，则需要13万亿元绿色投资，其中8万亿元为低碳投资。按重庆市GDP占全国约1/40推算，全国绿色投资需要500万亿元。

2. 绿色信贷总量估算

根据上述三个研究成果，2021~2050年全国绿色投资需要新增130万亿至500万亿元，使用前部分关于社会融资规模中贷款占比的测算结果作为绿色领域所需资金中贷款的占比，进而计算各年份的绿色贷款余额和增速。

结果显示：2030年，我国绿色贷款余额为35.63万亿至103.02万亿元，绿色贷款增速为6.45%~8.76%。而到2050年我国绿色贷款余额为75.04万亿至254.59万亿元，绿色贷款增速为2.67%~3.04%（见表2-14）。

表 2-14 绿色信贷总量预测情况 2

年份	绿色领域所需新增投资资金（累计，万亿元）		所需资金中贷款占比	绿色贷款规模（万亿元）		绿色贷款增速（%）	
	最低	最高		最低	最高	最低	最高
2023E	13.0	50.0	57.39	19.56	41.23	14.56	30.20
2024E	17.3	66.7	56.24	22.00	50.61	12.46	22.73
2025E	21.7	83.3	55.11	24.39	59.79	10.85	18.15
2026E	26.0	100.0	54.00	26.73	68.79	9.59	15.05
2027E	30.3	116.7	52.92	29.02	77.61	8.58	12.82
2028E	34.7	133.3	51.86	31.27	86.26	7.74	11.14
2029E	39.0	150.0	50.82	33.47	94.72	7.04	9.82
2030E	43.3	166.7	49.80	35.63	103.02	6.45	8.76
2031E	47.7	183.3	48.80	37.74	111.16	5.94	7.89
2032E	52.0	200.0	47.82	39.82	119.13	5.49	7.17
2033E	56.3	216.7	46.86	41.85	126.94	5.10	6.56
2034E	60.7	233.3	45.92	43.84	134.59	4.76	6.03
2035E	65.0	250.0	45.00	45.79	142.09	4.45	5.57
2036E	69.3	266.7	45.00	47.74	149.59	4.26	5.28
2037E	73.7	283.3	45.00	49.69	157.09	4.08	5.01
2038E	78.0	300.0	45.00	51.64	164.59	3.92	4.77
2039E	82.3	316.7	45.00	53.59	172.09	3.78	4.56
2040E	86.7	333.3	45.00	55.54	179.59	3.64	4.36
2041E	91.0	350.0	45.00	57.49	187.09	3.51	4.18
2042E	95.3	366.7	45.00	59.44	194.59	3.39	4.01
2043E	99.7	383.3	45.00	61.39	202.09	3.28	3.85
2044E	104.0	400.0	45.00	63.34	209.59	3.18	3.71
2045E	108.3	416.7	45.00	65.29	217.09	3.08	3.58
2046E	112.7	433.3	45.00	67.24	224.59	2.99	3.45
2047E	117.0	450.0	45.00	69.19	232.09	2.90	3.34
2048E	121.3	466.7	45.00	71.14	239.59	2.82	3.23
2049E	125.7	483.3	45.00	73.09	247.09	2.74	3.13
2050E	130.0	500.0	45.00	75.04	254.59	2.67	3.04

注："E"表示该年份为预测值。

二、对信贷结构及信贷分布的影响

(一) 金融机构信贷结构向绿色转变

为适应于服务"碳中和",金融业需要遵循其技术路径,即将信贷资源投向能源结构优化、产业结构转型以及提升资源循环与利用等相关领域。细分行业包括高效节能装备和绿色标识产品制造、森林、碳汇林、碳汇渔业资源培育产业、建筑节能与绿色建筑、环境友好型铁路、绿色航运、城乡公共交通、绿色民航、交通运输节能项目、城镇能源基础设施、节能低碳服务、绿色消费融资等。上述细分行业的信贷规模将保持较快增长,结构占比也将持续扩大。

(二) 金融机构贷款期限可能拉长

环境效益和经济效益显现、实现绿色发展是一个长期系统的过程,绿色项目期限普遍较长。调查显示,福建省绿色贷款中长期限贷款占比较高,如2021年,兴业银行绿色贷款中1年内到期的占比为22.28%,3~5年到期的占比为38.62%,5年以上到期的占比为38.60%;泉州银行绿色贷款期限主要以中长期贷款为主,占比为66.51%,短期贷款占比为33.49%。[1]

(三) 金融机构的大中型工业企业贷款比重可能提高

由于碳中和的实现过程以企业和项目推进为主,单位绿色贷款需求比个人绿色贷款需求旺盛。此外,回收快、盈利高、风险低的项目更容易获得金融机构的青睐,目前以及未来一段时期内,绿色资金投向可能集中在工业节能节水等项目上,对更具"公共产品"特性的绿色项目投入相对较少。考虑到工业节能节水、可再生能源、绿色交通运输等项目的实施主体多为大中型企业,单位绿色贷款中,大中型企业贷款占比可能会上升。

(四) 不同类型机构的绿色信贷偏好存在明显差异

从调研情况来看,大型国有银行、股份制银行、城市商业银行均表示

---

[1] 数据来源:中国人民银行福州中心支行官网。

在"双碳"目标的驱动下，绿色信贷占比将逐年提升，但偏好各有不同。大型国有银行、股份制银行更关注绿色建筑、绿色交通等基础设施以及清洁能源等领域。例如：中国农业银行福建省分行表示，未来基础设施绿色升级贷款占比将进一步提升；招商银行福州分行近年来核电、太阳能发电等新能源发电的信贷资金逐年攀升。而中小银行的客户以小微企业为主，更关注植树造林、碳捕获利用和碳储存等生态环保行业。

（五）绿色信贷政策对国有企业的影响相对更大

绿色项目融资通常实行清单管理，具有严格的项目准入标准，国有企业在信用评级、项目还款等方面较民营企业优势明显，在已经发放的绿色贷款中，国有企业项目占比明显更高。例如，招商银行泉州分行开展绿色项目的目标客户主要为泉州水务集团、泉州城建集团等国有控股公司。但是，受自身行业属性的影响，石油化工等高污染、高耗能企业多为国有企业，基于绿色信贷政策的外部压力，这类国有企业的融资优势将受到明显的削弱。

第三节　福建省绿色信贷支持碳中和目标实现的举措

近年来，福州省政府充分把握习近平同志关于"绿水青山就是金山银山"讲话的深刻内涵，持续引导鼓励推进绿色金融产品和服务的创新。2021年第一季度，福建省本外币绿色贷款余额为3170.50亿元，比2020年同期增加了233.09亿元。其中，节能环保、清洁生产、生态环境、基础设施绿色升级产业的绿色贷款余额分别比2020年同期增加了40.46亿元、3.75亿元、15.02亿元和115.77亿元，同比增速分别为11.07%、19.99%、11.38%和20.39%。在绿色债券方面，2016~2020年，兴业银行共发行绿色金融债1300亿元；截至2021年第一季度，兴业银行存量绿色金融债券余额为1000亿元。

一、福建省绿色信贷案例分析

（一）兴业银行支持龙海富美城乡建设

为助力龙海市农村地区生活污水处理水平提高，农村人居环境及周边水环境改善，兴业银行积极对接当地政府和项目公司，以优惠利率给予龙海市云水环保工程有限公司项目贷款债项额度 7.6 亿元（敞口），累计放款 2.16 亿元，专项用于"龙海市农村污水收集处理系统建设工程（榜山镇、海澄镇、东园镇、紫泥镇）PPP 项目"的开发建设。

主要做法是：①在该项目上，兴业银行通过与当地政府、客户以及客户集团总部进行多轮交流沟通，详细了解项目进度安排及资金需求，组织相关人员对 PPP 进行了充分培训，对客户提出的项目工程量大、资金需求大、时限要求高等相关问题以及 PPP 项目常见各阶段要点有针对性地进行交流沟通，为客户设计了集融资、结算、服务等于一体的综合性服务方案，针对性解决客户在项目推动过程中的融资问题。②配置专项资源，优先保障绿色金融业务开展。一是加强组织架构建设，形成总分行联动专业保障机制。兴业银行在总行层面设立绿色金融业务委员会，负责全行绿色金融业务的规划协调与重要事项决策。在重点项目上形成了总行绿色金融部提供专业支持和指导、分行专人跟进的作业模式，保障授信、审批、放款各环节的顺利开展，加快业务落地。二是在总行层面设立绿色审批通道，专项保障绿色项目的审批时效。绿色通道审批时效较平均时效缩短了近一半。三是对省内分行加大专项资源保障力度，降低企业融资成本。为支持福建省绿色转型、服务高质量发展，2021 年，兴业银行对福建省内绿色贷款尤其是对绿色基础设施建设类期限较长、对资金成本要求较高的项目给予了内部资金成本补贴（100BP），并为绿色贷款配备专项信贷额度和风险资产额度，优先保障绿色贷款投放需求。③推广优秀案例，形成服务绿色发展的长效机制。龙海市地处九龙江出海口，是闽南金三角中连接厦门和漳州的重要纽带。过去农村每家每户的污水都是通过排入洞、三级化粪池进行就地排放，该项目将新建污水处理设施 106 座（含 26 座一体化提升泵站），设计污水处理设施规模为 11350 立方米/天，铺设 HDPE 污水处理干管 214 千米，支管 552 千米，有效支持了龙海市围绕"水城、绿城、历史文化名城"三城融合的富美城乡建设。目前,该项目已纳入兴业银行2021年度绿色金融典型案例,并在行内复制推广,已实现多个同类型项目陆续落地,在践行绿色发展理念的同时,有效服务福建省全方位推动高质量发展。

(二) 福建省农村信用社联合社"福居贷"创新产品

福建省农村信用社联合社紧紧围绕新型城镇化和建设美丽乡村的要求,创新推出"福居贷"产品,满足农户、城镇居民自建房翻修以及购置大宗耐用消费品等资金需求,有力促进了城乡建设品质和农村人居环境提升。至2021年7月末,福建省农村信用社联合社发放"福农·福居贷"4311笔,金额为6.24亿元。

主要做法是:①对接政策要求,政银互动主动作为。紧跟农村"裸房"整治、乡村建筑风貌提升、住房安全保障等政策导向,主动对接当地政府,进一步深挖双方资源,与住建部门签订战略合作协议并将补贴、财政贴息等奖补政策与金融扶持政策有机结合,发挥财政和金融资金支农的叠加效应,推动将"裸房"整治行动落到实处,在助力打造绿色生态美丽宜居乡村的行动中彰显绿色金融主力军的责任担当。②创新专属产品,助推绿色乡村建设。在福建省"五福"产品框架下,创新推出"福农·福居贷"产品,以信用方式为主,根据新建、裸房装修、改造等投入资金以及借款人的综合还款能力等实际情况确定贷款额度,简化贷款手续,提供多种还款方式,辖区内的泉州、永春等金融机构因地制宜推出了"美丽乡村·裸房装修贷""福农·裸房贷"等子产品。③深挖客户需求,提升金融服务品质。积极构建"党建+金融助理+多社融合"的工作机制,将金融服务下沉到村庄、裸房整治户家中走访,第一时间了解需求和困难,主动送贷上门。同时,开辟贷款审批绿色通道,按照"特事特办、专人服务"原则,快速完成材料收集、申报、审批授信、放款等流程,提供高效服务。及时回访已办贷客户,再次听取客户的意见建议和服务评价,为客户提供更为贴心、便捷的服务。

(三) 国家开发银行福建省分行支持漳州市内河整治项目

国家开发银行福建省分行主动对接漳州市全国黑臭水体治理示范城市建设需求,为漳州市内河水环境综合整治PPP项目提供授信16.8亿元,帮助其改善城区内河水质、保障九龙江饮水安全、打造水清水美的闽南水乡。

主要做法是：①完善制度设计，强化组织保障。制定出台了 2021 年县（区）域垃圾污水处理项目工作方案，明确支持县域垃圾污水处理的工作目标，统筹协调分行支持垃圾污水处理各项工作，推动前中后台处室树立"马上就办"的工作作风，加快项目工作进展。此外，国家开发银行总行选派业务骨干赴分行一线指导推动工作、走村入户调研项目、了解问题，充分发挥总分行间的桥梁纽带作用，合力解决项目堵点、加快项目落地。②密切进行银政对接，搭建合作机制。积极建立与省直主管部门的常态化联络机制，会同福建省住建厅开展全省垃圾污水处理设施总体情况调查，摸清需求底数。同时，分行领导落实"三级联络人"机制，多次带头深入漳州市走访调研，做好"第一营销员""首席客户经理"；建立派驻工作机制，充分发挥派驻工作组宣传员、规划员和联络员的作用，积极跟进在漳州市推进内河整治项目的具体举措，主动宣介国家开发银行支持县域垃圾污水处理的政策模式，做好融资顶层设计。③用好专项政策，加快项目落地。2020 年以来，设立县域垃圾污水处理专项贷款，支持建设覆盖县城、辐射农村的高标准垃圾污水处理设施。国家开发银行福建省分行用好用足差异化支持政策，按照"项目化、责任化、清单化"要求，加快工作进度，实现了县域垃圾污水处理项目授信近 40 亿元，发放贷款近 10 亿元，累计发放贷款近 40 亿元，重点支持了仙游、石狮、秀屿、平潭、木兰溪流域治理等农村污水治理项目，以及福州市大件垃圾处置厂、洋里垃圾收运一体化项目，让广大城乡天更蓝、山更绿、水更清，为改善县域人居环境、建设"清新福建"做出了新贡献。

（四）中国农业发展银行福建省分行支持木兰溪全流域系统治理和生态恢复项目

近年来，中国农业发展银行积极对接木兰溪流域工程治理 10 段工程，并信贷支持其中 6 段工程，审批贷款 21 亿元，已投放 11 亿元，帮助其将水患频发的木兰溪治理成为"最美家乡河"。

主要做法是：①履职担当，发挥农业政策性金融作用。坚持政策导向和市场导向相结合，平衡好公益性项目与市场化运作的关系。依据各县区对木兰溪流域综合治理的具体需求和项目规划，采取"量企授信"的信贷支持策略，用好木兰溪名片，创新打造"木兰溪+"信贷模式。同时，按照莆田市委、市政府"全域覆盖、全域贯通、全域收集、全域处理、全域管养"的目标要求，全力服务木兰溪全流域系统治理和生态恢复，为打好碧水保卫战、推进莆田水生态文明建设贡献政策性金融力量。②主动融入，深度参与木兰溪治理规划。加强政银合作，多次参与市委、市政府关于木兰溪全流域系统治理项目推进会，会同市政府有关部门协调推进、会商调度、跟踪督办项目推进事项；莆田市分行共获批水利建设项目19个，金额为105.3亿元，累计投放35.85亿元；获批水利建设专项基金项目14个，金额12.6亿元且全部投放。③防控风险，有力夯实高质量发展基础。木兰溪全流域项目贷款主要采用政府购买服务模式、专项基金项目为政府回购模式和PPP项目模式。政府购买服务模式项下贷款及专项基金项目均为政府公益性项目，还款均已纳入财政预算，第一还款来源有保证。PPP项目模式需通过"两论一案"的审核，在被认定为政府付费情况时，严把项目程序的完备性和合规性。在贷款支付时，严把信贷资金去向关。贷款发放后，采用按季现场与非现场核查相结合的方式对项目实施贷后监管和点评，及时跟踪项目实施进度，并跟进地方政府履约能力评估，严格落实质量、安全监管要求，助力木兰溪全流域全面推进高质量发展。

（五）中国农业银行福建省分行支持机制砂行业发展

为保护生态环境和规范机制砂、河砂、海砂等建设用砂资源利用，福建省对河砂进行了限采和禁采，大力推动和开发机制砂项目。中国农业银行福建省分行积极组织人员深入调研，制定机制砂行业工作方案，开展对机制砂行业的金融服务。

主要做法是：①提早谋划，加强研究促服务。按照福建省委、省政府政策精神，中国农业银行福建省分行组织人员进行调查研究，及时梳理总结金融支持机制砂项目需要解决的问题：一是行业政策支撑少。中国农业银行福建省分行是福建省金融同业中较早支持机制砂项目的金融机构，同业和系统内兄弟行缺乏同类项目服务案例、项目评估等相关信息，在项目服务初期对行业信息、相关政策、市场前景等均是探索前进。二是项目小众，前期行业信息采集难度大。因单个机制砂项目普遍较小，投资总额基本在5亿元以内，且因资源问题，项目均位于偏远地带，项目的相关信息较难获得。②深耕厚植，精准服务促发展。中国农业银行福建省分行建立服务团队，探索金融支持机制砂行业的服务模式，克服系统内经验借鉴少、行业政策支撑少、项目小众等困难，积极主动对机制砂行业项目进行金融支持：一是掌握行业情况，主动拜访相关部门和建筑业企业，全面了解机制砂行业国际、国内和福建省的基本情况、市场情况、行业政策、规划等行业信息。二是获取项目信息。及时跟踪福建省机制砂项目清单及各项目基本情况，为精准服务打下坚实基础。三是制定营销方案。制定下发了《关于加强机制砂项目营销工作的通知》，梳理调查要点和准入要求，要求经营行逐个对项目进行金融服务。四是成立督导小组。中国农业银行福建省分行成立了营销督导小组，分赴三明、南平、宁德等地牵头直接服务，对重点项目进行有针对性的指导，制定个性化的服务方案，提升服务质效。2020 年 9 月以来，中国农业银行福建省分行为福建省四个机制砂项目提供授信金额 6 亿元，实现投放 5.02 亿元，并从福建省机制砂项目中优选 12 个项目进行跟踪服务，助推省机制砂项目顺利落地。③用心服务，多策并举促共赢。为机制砂项目提供了全流程的综合金融服务，包括为项目业主做好账户开立、支付结算、存款理财、融资融信和员工工资发放等各项金融服务，为项目建设提供固定资产贷款，为项目运营提供流动资金贷款、供应链融资等，真正实现了多方共赢。一方面，保障了福建省建设用砂供应和工程质量，加快培育福建省绿色发展新动能；另一方面，帮助企业在项目建设过程中及时获得资金支持和全流程的金融服务，顺利推进项目建设。

二、福建省支持绿色金融发展的主要做法

1. 健全绿色金融发展工作机制

2020 年，福建省人民政府办公厅印发了《三明市省级绿色金融改革试验区工作方案》《南平市省级绿色金融改革试验区工作方案》，对三明市、南平市"十四五"时期绿色金融发展工作目标、重点任务、责任分工等做出了明确要求。中国人民银行福州中心支行积极发挥金融支持绿色发展的三大功能，在以绿色信贷、绿色债券等金融工具支持的 6 大重点领域，引导金融机构做好"加法"。同时构建企业环境信用评价体系，将评价结果纳入征信业务平台，支持金融机构做好企业环境风险的识别，对环保警示企业和环保不良企业严格授信审批，做好"减法"。

2. 积极推进绿色金融产品创新

一是将绿色金融发展与推动工业转型升级相结合。引导金融机构增加对企业节能减排的技术改造支持，增加中长期贷款投入。指导兴业银行与省级财政合作，创新推出技改基金项目，为企业绿色发展提供成本低至3%的融资支持。二是将林业金融和生态文明相结合。推动金融机构加强重点生态区位商品林赎买、林下经济、林业碳汇发展的金融服务；推动金融机构配套推出森林资源开发与保护贷款、林权收储贷款、林权按揭贷款、福林贷等一系列贷款品种。三是将环保权益保护和市场融资相结合。推动福建省碳排放权、排污权、用能权等环境权益质押融资，以市场化手段调动企业节能减排积极性。

2021年以来，碳中和债券，碳汇、碳排放质押贷款，碳排放信托等碳金融产品落地福建，实现突破。例如，龙岩市碳排放质押贷款再次突破，紫金铜业有限公司以4万吨碳排放权作为单一质押物，在中国农业银行上杭县支行获得授信额度500万元、1年期贷款100万元；绿色金融服务中心、电力绿色贷、VCS林业碳汇交易、绿色转型贷、林业碳汇贷、合同能源贷等成果显著。

3. 推动绿色信贷授信机制专门化

一是绿色金融机构建设专营化。作为全国唯一的赤道银行，兴业银行率先在全国同业建立了绿色金融部，并上线运行绿色金融专业系统；浦发银行福州分行挂牌设立"绿色金融服务中心"，加强绿色金融专营机构建设。二是绿色信贷模式专业化。引导各金融机构在内部信贷管理系统中对企业和项目的环境风险状况做出标识，为实施差异化管理奠定了基础。例如，南平市金融机构率先开展"绿色标识"行动，并在客户覆盖面、绿色客户申贷获得率等方面实现了突破，实现绿色信贷模式专业化，符合授信条件的绿色客户申贷获得率为100%。

三、"十四五"时期福建省绿色金融发展规划

当前，福建省经济发展亟待向绿色、可持续模式转型。在"十四五"时期能否成功构建并完善绿色金融体系，是转型成功与否的关键因素之一。"十四五"时期福建省绿色金融发展目标为——2025年末绿色金融体

量比目前明显扩大。其中，2020～2025年，各年绿色贷款余额增速不低于全省各项贷款平均增速。未来五年要重点推进福州市、三明市、南平市发展绿色金融，以三明市、南平市先行先试创建绿色、低碳、创新型省级绿色金融改革试验区为契机，为全球应对气候变化、国家探索净零碳排放城市提供"三明样板""南平样板"。为实现上述目标，"十四五"时期应建立健全绿色产业、企业及项目识别和评价体系。建立绿色项目库，并动态管理；建立健全绿色金融组织体系，推动金融机构设立绿色金融事业部；支持金融机构、企业发行绿色债券，培育绿色金融和环境权益交易市场；鼓励社会资本设立绿色产业投资基金；鼓励开展绿色保险，完善环境风险管理和补偿机制；引导保险资金投资绿色产业项目。

四、福建省推动金融支持碳中和进程中存在的问题

（一）地方政府对绿色金融发展的支持仍比较有限

绿色项目融资渠道相对较为单一，虽然地方政府对项目的贴息等机制调动了一部分社会资本的积极性，但激励的力度和覆盖范围仍然不足，对绿色项目中的低碳、零碳投资缺乏特殊的激励。福建省内目前只有厦门、南平等地政府建立了绿色信贷发展的增量奖励、贴息机制，其他地方政府政策支持还较为缺乏，绿色金融发展在很大程度上仍处于自发阶段。

（二）绿色金融风险防范、分担机制尚不健全

金融机构识别项目环境风险需要外部信息的支持，但目前企业环境风险的有关信息发布相对滞后，使对项目的识别存在一定的难度。因此，我国大多数金融机构尤其是中小法人银行对相关风险的识别、分析监测和管理能力仍然不足，在前瞻性研判和风险防范化解措施方面还需加强。同时，对于普遍具有期限长、风险大、收益低特点的绿色项目，政府部门也缺乏政策性增信和风险分担机制来缓释机构风险，金融机构普遍倾向于谨慎介入。

（三）全国性碳排放交易的配套措施不够完善

一是现有的碳排放交易监管依托上海区域碳排放市场运营机构——上海环境能源交易所重组建设，仅由当地金融监管局依据本地区交易场所管

理办法进行监管，难以适应全国碳排放交易市场发展需要。现有交易监管制度主要是针对证券类交易，不适用碳排放权，可能存在关联交易、操纵市场、洗钱等风险。二是全国碳排放市场交易机构的交易及服务体系拟采用一级交易清算模式，交易全部集中在上海，各省市碳排放权交易业务主管部门无法全面掌握本区域的交易情况，增加了碳排放履约清缴的属地管理难度。三是碳汇的确权、评估机制不健全。

（四）构建生态保护项目的可持续融资模式存在一定难度

重点生态区位商品林赎买、生态修复等项目公益性明显，项目自有现金流较少，在很大程度上融资需要依靠政府信用支持。但是，目前国家严格控制地方政府债务融资，以政府购买服务等推进重点生态区位商品林赎买融资的传统模式面临整改，后续如何在国家规范政府债务融资的政策框架内支持生态环境保护需要进一步探索。

五、福建省绿色信贷支持碳中和目标实现的政策建议

（一）强化政策保障体系，夯实碳减排碳中和工作基础

建议进一步统一绿色产业标准，建立健全绿色产业、企业及项目识别和评价体系。一是国家层面，应统一绿色产业及绿色金融相关标准，建立规范化的金融机构气候与环境信息披露制度，完善金融机构绿色金融考核指标体系，调整商业银行能源产业的绿色授信政策，扩大绿色信贷考核指标覆盖面，进而优化资金的配置结构。二是地方层面，应健全政府参与、银行主导、监管推动的多部门碳减排、碳中和工作协同推进机制，联合地方政府部门加快培育绿色评级、绿色技术服务以及环境风险评估等专业服务机构，联合环保部门建立并动态管理绿色项目库，打造涵盖银企信息、水电环保信息的共享平台，把绿色项目库企业名单和企业的环境风险信息第一时间推介给金融机构，加强环境信息的动态共享，推动金融机构建立绿色信贷专项决策机制。

（二）加强货币政策、财政政策、金融监管政策的配合支持，完善激励和风险分担机制

一是开发碳减排、碳中和支持工具，利用结构性货币政策工具引导绿

色信贷比例，提高绿色信贷和高评级绿色债券在抵押补充贷款（PSL）和中期借贷便利（MLF）等中央银行政策工具中的抵押品占比，增加碳减排碳中和的优惠贷款投放。二是建立差异化绿色评价制度，提高绿色金融风险监管容忍度，减少因即期经营考核过重对企业及法人代表、高管等推进战略性可持续发展的约束，降低绿色资产风险权重、提高棕色资产风险权重。三是鼓励地方政府设立绿色发展专项资金，列支绿色贷款贴息资金，以同期市场 LPR 的一定比例对绿色贷款进行贴息。四是通过设立地方风险补偿资金或依托财政性融资担保机构增信，提高绿色融资担保比例，将绿色信贷纳入担保保费补贴范围，降低金融支持绿色转型升级风险。

（三）完善相关的法律法规

中国的很多家商业银行对引入绿色信贷有不同的规定，导致中国缺乏绿色信贷行业标准。因此，我国政府必须提供合法的法律援助，以改善与绿色信贷相关的政策，并加强监督和管理。国家制定了节能减排的绿色信贷政策，并正在促进环境保护，大型商业银行也必须承担环境保护责任，以确保绿色信贷的正常运行。法律法规的不完善是中国绿色信贷发展的绊脚石之一，因为商业银行是以营利为目的的。在绿色信贷发展的现阶段，政府除了可以通过法律手段为发展绿色信贷创造良好的环境、为商业银行提供动力外，还可以积极向参与绿色信贷的商业银行提供税收减免激励措施或其他福利过渡。在监管方面，政府还应明确职责，对绿色信贷业务定期进行准确的调查和审查，并督促有关部门履行职责。

（四）建立信息共享机制

在此阶段，许多公司提供给银行和其他金融机构的信息尚不全面。因此，需要完善金融机构和环境保护部门之间的信息沟通渠道和数据共享机制，并将企业信息及时加载到企业信用信息系统中。政府环境部门对公司进行相关审核和评估后，对于违法违规等不合格企业，要及时向金融机构通报，金融机构就可以从源头上禁止对违规企业的金融支持；金融机构也可以共享不合规企业的信息使政府部门对其施以惩罚。有效的信息沟通用以提高商业银行实施绿色信贷的有效性。

（五）加强专业人才引进和信贷业务人员的培养

商业银行应积极引进、培养专业技术人才，在商业银行内部设立绿色信贷部门，加大力度招聘专业人才，并注重对内部员工进行知识培养和技术培训，在环境风险评估方面由于要求具有较高的专业知识，因此有必要对该业务的工作人员进行培训，并明确引进外部人才。同时，为了遵循赤道原则，要进行独立审查，商业银行和其他金融机构可以在项目融资过程中审查环境评估报告、行动计划和其他文件，也可以聘请环境专家作为外部顾问，在必要时可以提供专家意见和建议，以此提升绿色信贷业务收益，提供更有效的绿色金融服务。

（六）积极创新绿色信贷产品

第一，商业银行应当加速绿色信贷产品的研究和开发，通过专设研究部对绿色信贷产品进行专项研究，以此确保所开发的产品形式更加多元，更贴合市场需求；第二，商业银行应将绿色信贷产品的研发放在重要位置，在开发绿色信贷业务的角度，推出碳保理、碳信用卡之类的业务，同时以此为基础，积极探寻碳债券等一系列绿色金融衍生产品，提供碳基金托管等服务，积极参与 CDM、CCER 等业务，同时构建了科学的绿色信贷产品体系，以及与之相应的配套服务体系，结合商业银行实际情况构建适合自身发展的绿色信贷服务品牌；第三，应当想方设法提升商业银行绿色信贷业务流程管理能级，进而构建起集产品研究开发、推广、规划、评估等于一体的业务流程体系，以及为绿色信贷产品服务体系的构建奠定坚实的基础，使绿色信贷产品更加丰富，同市场需求更加契合，使银行竞争力得以进一步提升。

从商业银行视角来说，其在发展绿色信贷业务时需要在碳交易市场进行落实，为此，基于实现更大效益回报的需要，不断拓宽该交易市场显得极为重要且关键。目前，国家为使低碳经济实现更快发展，已经在政策层面上给予重大支持，这就使碳排放交易市场在发展速度方面不断加快。在此背景下更是需要商业银行提供相应的支持。首先，国内绿色信贷市场发展潜力尤为巨大，商业银行应为挖掘更多市场需求狠下功夫，并提供相应的各项服务，包括发挥中介作用、提供咨询作用，以及结合市场实际需求研发出相应的绿色信贷衍生产品等。其次，与国内市场相比，国外市场更为成熟和完善，为此，从我国商业银行视角来说，合理参与到国外绿色信贷市场中也极为关键，在拓宽国外市场之后，会使商业银行在国际参与度方面获得相应提升，进而促使我国银行绿色信贷业务实现更大的发展。

（七）注重设计合理化的绿色信贷业务风险监控指标

当商业银行涉及绿色信贷业务时，必然会遇到各式各样的绿色信贷业务风险。加速绿色信贷风险监控指标设计，有助于商业银行绿色信贷业务体系的构建和完善，同时对金融业务的补充和创新都起到了积极的作用。对于商业银行来说，还应当重视各类市场风险的防范，把此类风险指标作为金融风险监控体系的重要组成部分，有助于更好地控制绿色信贷风险。首先，商业银行应注重落实风险防控工作，以碳金融为例，应及时跟进并了解碳排放权交易价格情况，同时还应掌握汇率变动方面的相应信息，就CDM项目存在的风险进行评估，在这方面可与其他商业银行进行合作，采取多种风险对冲方式来尽可能地减少风险。其次，在监控信贷风险上，强化对各个环节的信贷服务监控，换言之，并非仅仅对贷前风险进行监管，而是对整个环节进行风险管控，并注重对信贷决策机制进行优化。第三，政策风险监管。商业银行要重点关注国家提出的政策，跟随国际绿色信贷整体发展步伐，积极响应气候环境会议号召，遵循相关法律法规，科学合理调整业务，并制定战略，强化对风险的把控，做好绿色信贷业务风险提前预防工作。

（八）加强国际合作

随着世界绿色信贷的不断发展，国内商业银行要积极走出国门，寻求国际合作，实现国际化发展。商业银行要遵守国际规则，成为赤道银行一员，在绩效考核体系当中融入环境因素，大力改革内部制度，从而顺应国际发展趋势。此外，国内商业银行要积极学习并借鉴成熟、有效的经验，与国际机构合作创新自身产品，并在国际市场中推广。寄希望于通过与国际商业银行的合作不断拓宽现有业务渠道，提高服务效率。以碳交易市场为例，当我国加入SDR体系后，国际碳交易人民币计价发展进程刻不容缓，增强议价能力，尽可能地强化人民币和碳排放交易二者的联系，不断建立并完善碳排放市场当中人民币流通体制。

绿色信贷是支持低碳经济、实现产业环保，需要强化和国内环保机构合作交流，通过双方共同协作，为保护气候做出贡献。一方面，商业银行应积极与国家环保部门沟通交流，重点关注环保相关政策，以及中国清洁发展机制部门以及基金流动情况，主动参与与绿色信贷相关的业务，更加全面、细致地获取环保企业的相关信息，强化交流；另一方面，商业银行应积极主动地和环保组织共同协作，通过建立合作关系并获得国内专业环保机构技术支撑，由其负责实际指导绿色信贷业务相关发展，双方有效的信息交流可以很好地解决信息不对称带来的问题。与此同时，绿色信贷业务方面取得的成果可以及时反馈到国内环保组织机构，以便及时更新披露的信息。总体而言，商业银行和环保组织建立合作关系，不仅有效缩减了银行开展绿色信贷业务成本，而且有效降低了业务发展过程中遇到的风险，为绿色信贷业务整体发展奠定了良好的基础。

第三章

福建省绿色债券市场基础有待夯实

　　绿色债券是绿色金融的重要融资工具。国际资本市场协会（ICMA）出台了《绿色债券原则》（Green Bond Principles，GBF）①。G20绿色金融研究小组指出，绿色债券②的发展存在市场主体意识缺乏，市场准则、认证等不明确，绿色债券披露成本高，缺乏绿色债券的评级、指数和挂牌交易，国际投资者进入本币市场难，缺乏国内绿色投资者6大问题。"双碳"目标为绿色债券创新发展注入了强劲的新动力，进一步强化绿色债券政策支持力度及国内资本市场的关注度，我国绿色债券的发行在为中国经济发展做出贡献的同时，也引导市场参与者兼顾生态建设，这对我国关注生态文化有很大的帮助，能够体现市场参与者的发展经济理念与生态文明理念高度契合。2020年，中国绿色债券市场继续稳健发展，存量达8132亿元，居世界第二，且无债券违约事件。当年发行规模占全球发行总量的16%，发行总额约为2752.8亿元，其中境内发行192只，规模为1961.5亿元；绿色资产支持证券29只，规模为329.2亿元。我国市场上的绿色债券大多以金融机构、公司和企业三者为发行主体。中国银行曾经发行过世界上融资规模最大的绿色债券，金额高达30亿美元。就福建省而言，2019年新发行了208只绿色债券，价值总计为3亿元。兴业银行发行过单只规模达

---

　　① 《绿色债券原则》为任何将所得资金专门用于资助符合规定条件的绿色项目或为这些项目进行再融资的债券工具。

　　② 绿色债券是指将募集资金专门用于支持符合规定条件的绿色产业、绿色项目或绿色经济活动，依照法定程序发行并按约定还本付息的有价证券，包括但不限于绿色金融债券、绿色企业债券、绿色公司债券、绿色债务融资工具和绿色资产支持证券。国际绿色债券的典型案例，包括国际货币基金组织发行的绿色债券、欧洲投资银行发行的气候意识债券（Climate Awareness Bond，CAB）、高收益企业债券、气候转型债券（Transition Bond）、可持续发展挂钩债券（SLB）等支持企业碳减排战略的金融产品。

200 亿元的债券。

目前，绿色债券是发展最快、最活跃的绿色金融工具之一，得到了更多投资者的认可。在全球范围内，受投资者和发行人强烈兴趣的影响，绿色债券的贷款发行量从 2018 年的 1710 亿美元上升到 2020 年的 2695 亿美元。截至 2020 年，绿色债券的累计发行额已达到 1 万亿美元，但还有很长的路要走。为了给《巴黎协定》目标的实现提供资金，绿色债券年度发行达到 1 万亿美元。特别是对于新兴市场来说，绿色基础设施的需求与绿色债券市场的规模之间存在很大的差距。绿色债券最适合大型可再生能源项目或资产组合，包括担保债券、资产支持证券、公司使用收益债券和项目债券。小型项目的聚合可以通过绿色证券化或通过银行发起绿色贷款和在绿色债券市场上的再融资来完成。绿色债券也是投资 GBA 绿色项目的可行途径，因为地方政府鼓励废物管理设施项目使用公司债券、项目收益债券和中期债券，以此通过债券市场来筹集投资资金。

2018 年，亚太地区是绿色债券发行区域中增长最高的，年增长率为 35%。2016 年以来，该地区一直是全球第二大绿色债券发行人和全球最多样化的发行人池，拥有 345 家不同的机构。虽然这种新工具在亚洲受到青睐，但以传统银行形式为主的亚洲金融部门的特殊性质，使绿色债券的回报往往低于传统债券。同时，绿色债券市场比传统债券市场的波动性更大，因此风险更大。

第一节 我国绿色债券的最新进展

一、我国绿色债券的定义及其特征

（一）传统的绿色债券

绿色债券是指将募集而来的资金用在与绿色产业相关项目上的一种再融资的债券，通常也被称为气候债，其发行主体包括国际性银行、相关政府部门及其他金融机构等。某一种类型的债券之所以能被称为"绿色债券",应具备以下特征:首先,绿色债券筹集的资金有专门的用途,必须使用在与绿色环保产业相关的项目上。其次,募集资金要按专门的程序使用,由专业部门管理,做到专款专用。再次,绿色债券的信息披露内容不局限于对一般债券的要求,特别在绿色项目实施情况、认证报告、审计报告、资金使用情况等方面需要进行持续追踪和评估。最后,绿色债券所投资的绿色项目的确定要有一套准确的评估认定流程,在募集资金的管理上也要符合标准程序。

绿色债券有三个特征:第一,票面发行利率低于市场平均水平。2013年前绿色债券的发行者主要是具有高信用度的主体,如政府、大型跨国公司和高评级的金融机构等。通常而言,由于发行方的信用水平普遍较高,故债券发行的票面利率要比市场平均水平低。同时,因其带有公益属性,绿色债券往往能够获得政府部门的政策支持,具有较高的安全性和保障。第二,发行期限较长,符合长期性的资金需求。鉴于绿色债券所投资的绿色项目的可持续效应及生态建设评估追踪通常需要较长时间,所以绿色债券的期限较长,这一特点能够使发行方长期融资的需求得到很好的满足。第三,有利于优化投资者结构。绿色债券投资的项目是与可持续发展效应相关的项目。当前,国际社会对全球环境和气候等一系列生态问题高度重视,在投资市场上与这一系列问题有关的项目日益增多,而投资期限长是这类相关项目投资的特点之一。因此,对于优化投资者结构而言,绿色债券是一个正确的选择。此外,在投资市场中,投资额大、短期收益较小的项目往往容易因本身不可忽视的滞后性、自发性等特点而造成"市场失灵",而绿色债券的运营成本优于传统的商业信贷模式。绿色债券的运作机制主要是通过开发性金融机构发行,委托一家或多家债券经理人发售,成立绿色债券基金,基金用途在于新能源开发和节能减排项目,能有效撬动社会资本进入绿色领域。

(二)绿色债券拓展——可持续发展挂钩债券

随着全球碳达峰、碳中和目标的确立,绿色债券的概念及特征得到了一定的拓展,从而扩展了债券用途。《绿色债券原则》指引以及中国银行间市场交易商协会(以下简称交易商协会)发布的《可持续发展挂钩债券

（SLB）十问十答》明示了可持续内涵①，同时具有五大核心要素（见表3-1）。2021年上半年，全球总计新发行可持续发展挂钩债券2333亿美元，占全球债券总额的46%，与2020年同期的1970亿美元相比，增长了18%，从2006开始计算，发行存量高达8670亿美元，于2021年3月达到发行高峰。

表3-1　可持续发展挂钩债券的五大核心要素

指标名称	含义
关键绩效指标（KPI）	需要满足相关性、可验证性的要求，即所选择的KPI与发行人的经营业务和战略发展具有紧密的相关性；KPI可被定量计算，以便进行后续验证
可持续发展绩效目标（Sustainability Performance Targets，SPT）	按照高标准、高要求设定，并应综合考虑与多个基准标杆相比较，实现可行性和进取性的平衡。结合债券特征，可行性是指SPT的制定必须清晰明确，应披露实现目标的时间表，包括目标绩效评估日期、触发事件和可持续发展绩效目标的评估频率等。而进取性应参考行业发展方向、国家政策导向、国际先进水平等，目标的设定要具有前瞻性和挑战性，否则过低的标准将使SPT的达标变得形式化，从而减弱可持续发展挂钩债券对环保的促进作用
债券结构	可持续发展挂钩债券的特性会因KPI是否达到SPT而产生相应的触发事件，常见的变化特征包括但不限于：债券期限的延长或缩短、利率水平的抬升或下降等
信息披露	包括注册发行和存续期管理两个阶段。注册发行阶段需要有募集说明书和由独立第三方评审机构出具的报告；存续期内每年需进行报告披露，直至最后一次触发事件的时间段结束
检验	关于绩效指标的表现是否满足可持续发展绩效目标，需至少每年进行独立的外部检验。负责外部检验的外部评审机构需具有一定的人员储备和项目经验，且与发行人无利益冲突，以满足外部评审专业性和独立性要求

---

① 该债券是指将债券条款与发行人可持续发展目标挂钩的债务融资工具，通过债券结构设计激励发行人制定和实现可持续发展目标，满足各类致力于实现可持续发展目标企业的融资需求，以拓宽债券发行的渠道和范畴。

可持续发展绩效目标的设定基于 KPI 的选择，用以衡量发行人在可持续发展领域的贡献与完成度。只有通过合理设置 SPT，切实体现 SPT 可行性和进取性，才能促进可持续发展挂钩债券的良好表现。SPT 为 KPI 提供对应的一个或多个目标，同时对在债券持续期内的 KPI 进行监测和校正，如表 3-2 所示，我国交易商协会首批可持续发展挂钩债券于 2021 年 4 月发布。

可持续发展挂钩债券的债券利率和期限特征会根据是否达到 SPT 而发生调整，债券结构的可调整性增加了可持续发展挂钩债券的不确定性，使得对其定价更加复杂。我国首批可持续发展挂钩债券虽然规模不大，但仅靠国家政策引导支持而非市场化定价是不妥当的。由于我国传统行业转型存量和绿色可持续发展的资金需求量巨大，只有通过有效定价发挥市场的价格发现功能，才能真正实现合理配置资源。因此，可以首批八只可持续发展挂钩债券为契机，依据金融原理实现市场价格发现功能，并通过环境绩效政策的倾斜进行补充。市场定价一般有两种方法：绝对定价法和相对定价法。

绝对定价法即现金流贴现定价模型，必然会因为可持续发展挂钩债券期限和利率的变动而变动，除作为一种信用债券外，可持续发展挂钩债券也有可能因未达到 SPT 目标而由流动性风险、经营风险、信誉风险引起估值风险。可持续发展挂钩债券自 2019 年出现至今，在国际上已累计发行约 180 亿美元，发债企业涉及电力、钢铁、水泥、建筑等行业；而国内市场主要涉及电力、煤炭、水泥等行业，发行规模合计 73 亿元，行业都集中为高碳或对环境影响较大的传统行业。为实现"双碳"目标，碳密集的传统行业在有序完成转型的过程中，会面临因老旧资置置换导致的资产贬值、高新技术研发及新型设备采购导致的资本支出增大的压力，而且新能源行业的兴起亦会引起市场及利润的分割和挤兑，自然也会面临利润压缩的风险。

相对定价法即可利用相关债券的价格进行定价。一般会考虑参照以下两种比较标的：①横向比较，参照行业内其他发行者发行的类似信誉等级的可持续发展挂钩债券；②纵向比较，相同发行人已发行的其他信用债，选取期限结构、条款较相似的债券作为比较标的。但是，由于首批才发行了 8 只，因此这种方法的定价风险更大。

表3-2 首批可持续发展挂钩债券信息

债券简称	发行人	企业性质	Wind行业	发行规模（亿元）	债券期限（年）	票面利率	KPI	SPT	未达标措施	外部认证
21 大唐发电 MTN001（可持续挂钩）	大唐国际发电股份有限公司	中央国有企业	电力	20	3 (2+1)	3.09	京津区域公司单位火力发电平均供电能耗	2022 年目标下降至 296.8 克标准煤/千瓦·时	若未达到 SPT，则于第 2 个付息日赎回全部债券	联合赤道环境评价有限公司
21 柳钢集团 MTN001（可持续挂钩）	广西柳州钢铁集团有限公司	地方国有企业	钢铁	5	3 (2+1)	4.1	单位产品（粗钢）氮氧化物排放量	2022 年目标下降至 0.935 千克标准煤/吨	若未达 SPT，则本期债券再延续 1 年，延续期利率调升 50bps	联合赤道环境评价有限公司
21 红狮 MTN002（可持续挂钩）	红狮控股集团有限公司	民营企业	建材	3	3	4.38	单位水泥生产能耗	2023 年目标下降至 77 千克标准煤/吨	若未达 SPT，则第三个计息年度利率调升 20bps	联合赤道环境评价有限公司
21 华能集团 MTN001（可持续挂钩）	中国华能集团有限公司	中央国有企业	电力	15	3	3.38	甘肃公司可再生能源发电新增装机容量	2021~2023 年新增装机容量不低于 150 万千瓦	若未达 SPT，则第三个计息年度利率调升 10bps	联合赤道环境评价有限公司

续表

债券简称	发行人	企业性质	Wind行业	发行规模（亿元）	债券期限（年）	票面利率	KPI	SPT	未达标措施	外部认证
21国电GCN002（可持续挂钩）	国电-电力发展股份有限公司	中央国有企业	电力	10	3	3.4	风力发电装机容量	2022年总装机量较上年增长11.95%	若未达SPT，则第三年的票面利率调升20bps	绿融（北京）投资服务有限公司
21陕煤化工MTN003（可持续挂钩）	陕西煤业化工集团有限责任公司	地方国有企业	煤炭与消费用燃料	10	5	4.48	吨钢综合能耗、新能源装机规模、火电供电标准煤耗	2024年三项指标分别达到430千克标准煤/吨、400兆瓦、317克标准煤/千瓦·时	若未达任意一项SPT，则第五年票面利率调升20bps	中债信评估有限责任公司
21长电MTN002（可持续挂钩）	中国长江电力股份有限公司	中央国有企业	电力	10	3	3.4	可再生能源管理装机容量	2023年末装机容量不低于7100万千瓦，总装机容量相比2020年9月末增长幅度不低于45%	若未达SPT，则第三个付息年度利率调升25bps	中诚信绿金科技（北京）有限公司

资料来源：由市场公开资料整理。

2021 年，"21 四川机场 GN001"等 6 只碳中和债券首次创立，且呈现井喷式发展，仅半年规模就达千亿元。其主要特点如下：一是规模剧增，品种丰富；二是资金用途更聚焦；三是发行主体资质高；四是环境效益可量化；五是以清洁能源项目为主；六是存续期信息披露更为精细。

2021 年 4 月，中资机构全球首只可持续发展挂钩债券由中国人民建设银行发行，交易商协会接连推出了可持续发展挂钩债券；5 月，柳州钢铁、大唐国际、红狮集团、中国华能等首批 7 名发行人成功发行了可持续发展挂钩债券。我国可持续发展挂钩债券的发行旨在实现 2030 年碳达峰、2060 年碳中和的目标，一方面，可以实现传统债务工具的融资功能，且募集资金可用于一般用途，无特殊要求（专项项目除外）；另一方面，可持续发展挂钩债券通过产品设计及条款设定，依据发行人是否实现其预设的 ESG目标而发生改变，从而更改其债券的结构特征，进而引导督促发行人按约定履行节能减排的计划，实现碳中和出清、转型的目标，走上可持续发展的道路。

二、境内外标准接轨

我国的绿色金融政策体系是借鉴 GBP 和 CBS 的四大核心要素由政府部门自上而下发起形成的，相应的监管部门发布了绿色债券指导性文件，包含并不仅限于标准设定、专项监管出台，交易场所通过发行审核的窗口指导等方式。2019 年，中央金融监管部门对于绿色债券相关政策做出了更加适时、适度、精准的制度化安排，并已经产生了有关的市场实践（见表 3-3）。

2021 年 4 月 21 日，中国人民银行、国家发展和改革委员会、中国证券监督管理委员会联合发布了《绿色债券支持项目目录（2021 年版）》。此次联合发行不仅统一了中国的绿色债券指南，这将成为未来需要遵循的主要规则手册，还排除了"煤炭清洁利用"和"清洁燃料"等有争议的类别，缩小了中国绿色债券相关指导方针与国际投资者预期之间的差距。与2020 年版相比，它围绕"不造成重大伤害"原则，指出了未来推出"过渡金融"标准的可能性。

表3-3 中国绿色债券第三方评估认证政策汇总

时间	机构	事件
2015 年 12 月	中共中央、国务院	发布了《生态文明体制改革总体方案》
2015 年 12 月	中国人民银行、国家发展和改革委员会	相继发布了《绿色债券支持项目目录（2015 年版）》和《绿色债券发行指引》，明确了绿色债券支持项目范围，规范了绿色债券市场
2019 年 3 月	国家发展和改革委员会、工业和信息化部、自然资源部、生态环境部、住房和城乡建设部、中国人民银行、国家能源局	发布了《绿色产业指导目录（2019 年版)》
2019 年 5 月	中国人民银行	印发了《关于支持绿色金融改革创新试验区发行绿色债务融资工具的通知》
2019 年 5 月	中国金融学会绿色金融专业委员会	中国人民银行相关负责人表示，要深化绿色金融产品和服务创新，探索发行绿色市政债
2019 年 12 月	江西、甘肃	实现了绿色地方政府专项债券的创新。两次专项债券的发行，分别处于首批地方绿色金融改革创新试验区验收和新增地方绿色金融改革试验区的窗口期，体现了赣、甘两地方政府依循政策指引，适时进行产品创新，是引领绿色金融改革创新的有效实践举措
2019 年 12 月	中国人民银行	2019 中国金融学会学术年会暨中国金融论坛年会强调，气候变化因其"长期性、结构性、全局性"的特征，已成为导致经济和金融体系发生结构性变化的重大因素之一，标志着金融监管部门在考虑有关绿色金融决策中，对于应对气候变化相关的政策实现制度化安排的进度正在加速进行。可以预期，未来的绿色债券市场从基础设施构建到监管规则、标准设定以及产品实践，考虑应对气候变化因素的融资金融工具将得到进一步重视
2020 年 1 月	中国银行保险监督管理委员会	在流动性分层和以中小商业银行债务问题较为明显的情况下，中国银行保险监督管理委员会等监管机构适时提出了发行绿色信贷资产证券化作为出表融资的一项选择，也体现了绿债相关政策精准出台的趋势

续表

时间	机构	事件
2020 年 7 月 21 日	中国人民银行	开展金融机构绿色债券业绩考核，提升金融机构拓展绿色债券业务内在动力。就《关于印发〈银行业存款类金融机构绿色金融业绩评价方案〉的通知（征求意见稿）》公开征求意见，在 2018 年开展绿色信贷业绩评价的基础上，进一步增加对绿色债券业务开展情况的考核评估
2021 年 4 月	中国人民银行、国家发展和改革委员会、中国证券监督管理委员会	发布了《绿色债券支持项目目录（2021 年版）》

三、绿色债券种类丰富，蓬勃创新

我国绿色债券按照发行主体划分为绿色金融债、绿色公司债、绿色企业债、绿色债务融资工具①、绿色资产支持证券②、由地方政府发行的绿色市政债券③等，其债券种类不断丰富，发行主体逐渐多元化。2018 年，虽然绿色金融债的规模有所下降，但是仍然占据第一的位置，2020 年的金融债发行金额下降到了 272 亿元，位居第四，规模占比为 12.72%。而公司债一跃成为发行数量及规模最大的一类，规模占比高达 34.25%。

---

① 绿色债务融资工具是非金融企业（一般为绿色金融改革创新试验区内注册，具有法人资格的非金融企业）在银行间市场发行的，募集资金专项用于节能环保、污染防治、资源节约与循环利用等绿色项目的融资工具。

② 绿色资产支持证券是结构化的绿色金融产品，所募集资金需用于绿色产业项目的建设、运营、收购，或偿还绿色产业项目的银行贷款等债务，即源于原始权益人拥有的收费收益权或债权进行绿色资产证券化，或将符合绿色产业支持目录的信贷资产打包入池募集资金。

③ 绿色市政债券是指募集资金主要投向节能环保、清洁能源、绿色交通、绿色建筑等绿色领域的市政债券。按照现行规定，绿色市政债券应由省级政府发行并负责偿还本息。地级市及以下政府若有发行需求，可由省级政府代发，募集资金专项用于市级绿色市政项目，在项目建成投入运营后，收入上解省级政府专项用于偿还债券本息。

（一）绿色金融债

发行方为金融机构，主要用于投资绿色项目的债券被称为绿色金融债。2020 年，绿色金融债发行规模下降，全年 9 家金融机构发行绿色金融债券 11 只，规模为 272 亿元，同比下降 67.3%。2015 年底，中国人民银行发布公告，在银行间债券市场推出了绿色金融债券。上海浦东发展银行于 2016 年发行了 3 期绿色金融债（见表 3-4），这 3 期绿色金融债票面利率呈上升趋势，募集的资金已部分投放于绿色产业项目贷款中。截至 2018 年 12 月 31 日，浦发银行投放总金额达 605.39 亿元，投放余额共计 405.52 亿元。在浦发银行募集说明书中提供了光伏并网、生物质发电、风力发电 3 个项目。

表 3-4　2016 年上海浦东发展银行绿色金融债发行情况

名称	2016 年 01 号	2016 年 02 号	2016 年 03 号
种类	金融债		
上市场所	全国银行间债券市场		
评级机构	中央国债登记结算公司		
发行时间	2016 年 1 月 27 日	2016 年 3 月 25 日	2016 年 7 月 14 日
债券期限（年）	3	5	5
批准规模（亿元）	500（剩余 300）	500（剩余 150）	500（剩余 0）
发行规模（亿元）	200	150	150
债项/主体评级	AAA/AAA		
票面利率（%）	2.95	3.20	3.40
评级机构	上海新世纪资信评估投资服务有限公司		
备注	境内首只	—	—

资料来源：新华财经—中国金融信息网绿色债券数据库。

为满足绿色融资定制化的需求，各类创新型产品不断涌现。2020 年 4 月，中国农业发展银行成功发行 20 亿元的 3 年期"两山"生态环保主题金融债券。7 月，国家开发银行发行首只"应对气候变化"专题的"债券通"绿色金融债券。

（二）绿色公司债

受证监会监管，在交易所发行，用于支持绿色产业的公司债券被称为"绿色公司债"。在 2020 年，绿色公司债是发行规模最大的绿色债券品种，共发行 91 只，规模为 732.1 亿元，同比减少 13.85%。发行绿色公司债的主体必须达到相应的规模和市场地位。2016 年、2017 年三峡集团发行绿色债券的相关信息如表 3-5 所示。这是国内目前规模最大的绿色公司债，有超过 50 家机构投资者参与此次申购，累计发行额达 115 亿元，募集资金均用于水电站建设。其资金投向信息披露全面，但在公司业务发展方面仍存在很大的不确定性，这一点仍需予以关注。

表 3-5　2016 年、2017 年三峡集团绿色公司债发行情况

名称	2016 年 01 号	2017 年 01 号	2017 年 02 号
债券种类	公司债		
上市场所	上海证券交易所		
发行时间	2016 年 8 月 26 日	2017 年 8 月 14 日	2017 年 10 月 18 日
债券期限（年）	品种一：3 年 品种二：10 年	3	品种一：3 年 品种二：10 年
批准规模（亿元）	150（剩余 90）	150（剩余 55）	3
发行规模（亿元）	品种一：35 品种二：15+10	35	20
债项/主体评级	AAA/AAA		
票面利率（%）	品种一：2.92 品种二：3.39	4.56	4.68
评级单位	中诚信		
第三方认证	安永		
备注		全部用于乌东德电站建设	全部用于乌东德电站建设

资料来源：新华财经—中国金融信息网绿色债券数据库。

定制化绿色公司债同样得到迅速发展，2020 年 2 月，华电国际电力股份有限公司 15.51 亿元绿色定向资产支持票据（疫情防控债）的发行，用

于绿色疫情防控，这是一只用于绿色防疫的资产证券化产品，优先保障湖北省及西北各省份绿色建设的电力供应。2020年11月，青岛水务集团发行了全国首只蓝色债券——2020年度第一期绿色中期票据，资金用途专项为可持续型海洋经济，有力地保护海洋，并促进海洋资源的可持续利用。

(三) 绿色企业债

募集资金主要使用在相关绿色项目，由国家发展和改革委员会核准发行并监管的企业债券被称为"绿色企业债"。2020年，共发行"绿色企业债"47只，规模为485.4亿元，重点支持了绿色交通、污水处理、海绵城市建设、清洁能源、能源生态园建设等领域。2016年4月，在债券违约冲击一级市场、投资者信心受挫的背景下，北京汽车股份有限公司（以下简称北汽）发行首期绿色企业债，该债券票面利率低、审批周期短，其发行及路演过程得到了投资者的认可，募集金额25亿元，募集资金用于技术改造及扩大产能等方面。2017年7月，北汽成功发行了第二期同类产品并募集资金23亿元（见表3-6）。虽然北汽在绿色债券发行上有自己的优势，从整体上看，该绿色企业债的资金投向披露较为完善，但是其在募资说明书中并未对相关的影响因素及风险进行明确提示。

表3-6　2016年、2017年北汽绿色企业债发行情况

名称	2016年01号	2017年01号
债券种类	企业债	
上市场所	上海证券交易所	
发行时间	2016年4月22日	2017年7月3日
债券期限（年）	7 (5+2)	7
批准规模（亿元）	48	48
发行规模（亿元）	25	23
债项/主体评级	AAA/AAA	
票面利率（%）	3.45	4.72
评级机构	中诚信	大公国际
第三方认证	大公国际	—
备注	国内首只	—

资料来源：新华财经—中国金融信息网绿色债券数据库。

（四）其他绿色债务工具

2020 年，共发行了 30 只绿色中期票据，规模为 338.5 亿元，总体保持稳定。共发行 30 只绿色资产支持证券，规模为 246.32 亿元。2019 年江西省赣江新区绿色市政专项债券一期成功发行，资金纳入江西省政府性基金预算管理，主要用于儒乐湖新城一号综合管廊项目和智慧管廊项目建设，如表 3-7 所示。

表 3-7　2019 年江西省赣江新区绿色市政专项债券一期发行情况

名称	2019 年江西省赣江新区绿色市政专项债券一期
债券种类	专项债券
上市场所	上海证券交易所
发行时间	2016 年 4 月 22 日
债券期限（年）	30
批准规模（亿元）	3
发行规模（亿元）	3
债项/主体评级	AAA/AAA
票面利率（%）	4.11
评级机构	中诚信
第三方认证	大公国际
备注	国内首只

资料来源：新华财经—中国金融信息网绿色债券数据库。

四、发行成本低，评级水平高

在国家大力发展绿色债券的国策下，社会责任意识变高，政府审批机构对绿色债券开设了绿色通道，提供发行政策优惠，因此级别相对较低的发行人更倾向于发行绿色债券。发行成本分析旨在将绿色债券的发行成本与当月发行的同期限、同券种、同信用等级债券的发行成本进行对比，分析平均发行利率，判断其发行成本优势。如表 3-8 所示，发行主体信用等级以 AAA 级为主，2019 年、2020 年发行规模分别占总发行量的 71.45% 和 57.57%，数量占比分别为 49.70% 和 44.09%，绿色债券评级远远高于主体评级。如图 3-1 所示，发行利率即融资成本持续降低。2020 年，AAA 级 1~3 年、3~5 年期绿色债券平均发行利率分别为 3.27%、3.93%，同比分别下降了 95 个、49 个基点。与同类、同期、同等级债券相比，70% 左右的绿色债券票面利率更低。

表 3-8 2019 年、2020 年绿色债券评级情况

债券评级	债券规模（亿元）		发行规模占比（%）		发行数量（只）		发行数量占比（%）	
	2019 年	2020 年	2019 年	2020 年	2019 年	2020 年	2019 年	2020 年
AAA	1756.63	1246.81	71.45	57.57	82	97	49.70	44.09
AA+	282.1	354.68	11.47	16.38	35	45	21.21	20.45
AA	120.8	95.2	4.91	4.40	17	17	10.30	7.73
AA-	2	3	0.08	0.14	1	1	0.61	0.45
A-1	4.5	10	0.18	0.46	2	1	1.21	0.45
未评级	292.6	456.13	11.90	21.06	28	59	16.97	26.82
合计	2458.63	2165.82	100.00	100.00	165	220	100.00	100.00

资料来源：根据中国人民银行研究局数据整理。

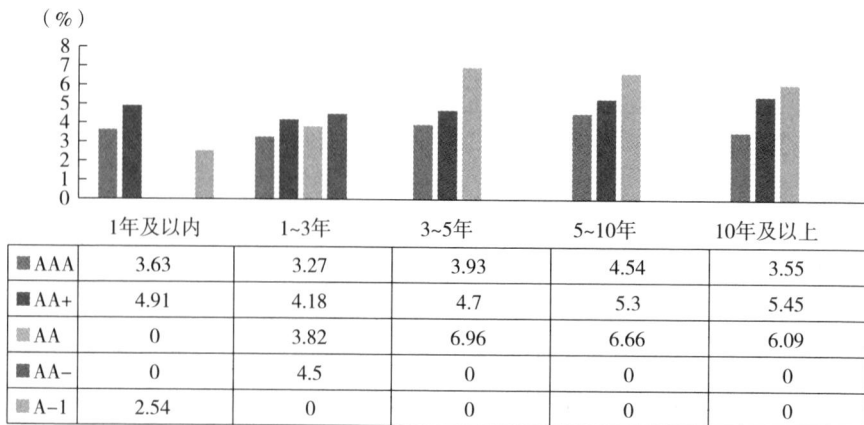

（%）	1年及以内	1~3年	3~5年	5~10年	10年及以上
■AAA	3.63	3.27	3.93	4.54	3.55
■AA+	4.91	4.18	4.7	5.3	5.45
■AA	0	3.82	6.96	6.66	6.09
■AA-	0	4.5	0	0	0
■A-1	2.54	0	0	0	0

图 3-1 2020 年绿色债券发行利率情况

五、我国绿色债券市场发展面临的问题

我国绿色债券的推出时间较晚，发展时间也较短，在发行过程中仍然存在以下问题。

（一）政策激励尚未普及

首先是激励政策法规不健全。绿色债券的相关激励政策还不够健全，无法与其发展相适应和匹配，相关政策法规还需进一步完善，特别在税收等方面应推出与绿色债券相关的激励政策。美国政府采取特定绿色债券票面收益的70%可享受税收抵免政策，如清洁可再生能源债券。巴西政府在绿色债券领域为风能项目融资而发行的绿色债券可免征所得税。中国香港的企业在港发行绿色债券时通过绿色金融认证计划取得认证所产生的费用可获全额补贴，补贴上限为80万港元。我国部分地方政府对发行绿色债券出台了相应的鼓励政策，江苏、四川两省及广州、深圳、厦门等12市均出台了鼓励绿色债券的贴息奖励政策，但存在补贴区域受限的情况，受补贴区域内发债企业较少，同时，国内大部分地区尚未推出关于绿色金融的支持政策。

（二）评估认证参差不齐，市场规范有待提升

《绿色债券支持项目目录（2021年版)》正式发布后，其标准与国际趋同。但是，与国际上对绿色债券投资项目在环境和行业要求方面的严格度相比，监管力度仍显不足。第三方机构作为绿色债券的评估机构，虽然会对债券是否将资金投入绿色相关产业进行评估，但目前来看，绿色债券"绿色"标签的真实性难以确认，可能存在绿色项目欺诈风险。国内目前参与绿色债券评估认证较多的机构共16家，涵盖会计师事务所、评级机构、能源环境类咨询机构以及其他学术机构等，机构类型多样、认证水平参差不齐，且在评估认证方法、流程和报告质量等方面尚未达成熟市场的专业水准和层次，亦未形成相关标准，市场公信力相对不足。虽然中国的绿色债券涉及不同行业，但很多项目仍未得到国际认可。可见，国内发行的规范程度仍有待提高。

（三）监督机制有待完善

由于绿色债券发行便利，在大力鼓励绿色债券市场发展时，监管机构

容易疏于募集资金用途的监管。需监管机构在发展的过程中及时填补漏洞，监管机构不仅要学会如何鉴别"绿色"，也要在绿色债券的透明化和成本可控之间获得平衡，通过绿色基础设施计划为绿色复苏铺平道路。有人呼吁政策制定者通过"更好的建设"和"只是过渡"战略来共同解决这些问题，将可持续性和弹性纳入中国的基础设施项目，这将有助于通过绿色债务工具筹集资金。

（四）存续期信息披露不一

公司债、企业债、金融债、债务融资工具分别要求按季、按半年和按规则约定披露募集资金的使用情况，在形式、节点、范围等存续期信息披露上质量不一，如环境效益实现、募集资金投向等信息披露质量较差。因此，建议制定并细化不同类别绿色债券的信息披露标准，如明确资金投向，且具体分析等，如表3-9所示。

表3-9　我国绿色债券信息披露要求

监管机构	类别	申请发行时信息披露要求
中国人民银行	绿色金融债	应当包括拟投资的绿色产业的项目类别、项目筛选标准、项目决策程序和环境效益目标以及绿色金融债券募集资金使用计划和管理制度等。鼓励申请发行绿色金融债券的金融机构法人提交独立的专业评估机构或认证机构出具的评估报告或认证意见
中国证券监督管理委员会	绿色公司债	应当披露拟投资的绿色产业的项目类别、项目认定依据或标准、环境效益目标、募集资金使用计划和管理制度等。同时，发行人应提供募集资金投向绿色产业项目的承诺函
国家发展和改革委员会	绿色企业债	对绿色企业债的信息披露未做出特别要求

（五）社会责任投资人意识不强

在国际方面，联合国于2006年牵头发起了责任投资原则（UNPRI）[①]。

[①]　责任投资原则（UNPRI），旨在帮助投资者理解环境、社会和公司治理等要素对投资价值的影响，并支持各签署机构将相关要素融入投资战略及决策中。

截至 2020 年末，全球超过 3615 家机构加入 UNPRI，签署机构管理的资产总规模超过了 100 万亿美元。同时，全球已建立近 50 个专门的绿色债券基金，如东方汇理建立 20 亿美元绿色债券基金，专门投资新兴市场绿色债券，支持当地债市发展。与此相比，社会责任投资人群体并未在国内落地开花，投资绿色债券与其他债券对于投资人而言并没有很大的差别，其往往更加关注风险和收益等短期市场行为以及政府绿色激励的吸引力，对绿色因素和同一个地球的关注度并不高。此外，相对于境外部分投资人制定了碳减排等绿色投资目标，国内投资人中鲜有将碳减排等因素作为投资目标，绿色投资意识有待提高。

第二节　绿色债券国内外发行对比分析

一、国内外绿色债券发行情况对比

2007 年以来，绿色债券在全球市场上实现了较快的发展，市场多样性不断提升。通过图 3-2 可知，目前中国在绿色债券市场上仍然处于主导地

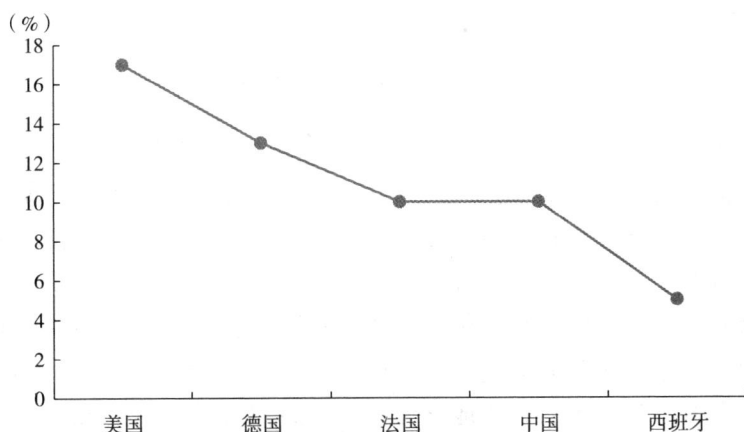

图 3-2　2020 年世界各国绿色债券发行额占比

资料来源：根据气候债券倡议组织官方网站公开资料整理。

位，中国发行的绿色债券具有较好的流动性。但在全球范围内，美国在流通领域排名第一，中国发行的绿色债券的全球占比从2018年的第二下降为第四，不过，随着我国"双碳"目标的确立，我国绿色债券作为绿色金融产品中增长空间及市场占比最大的一类，将迎来全面的增长。

1. 我国绿色债券的发行情况

如图3-3所示，我国的绿色债券最早出现在2014年。2015年末，中国人民银行和国家发展和改革委员会发布了《绿色债券发行指引》，中国绿色债券得到迅速发展。与国际市场相比，我国绿色债券发展虽然起步较晚，但是由于国内债券数量较为庞大，发展和提升的空间仍然较大。从2020年公布的数据中发行主体的行业分布来看，工业部门成为发行绿色债券的重要力量。2020年工业部门发行绿色债券1087.08亿元，占比为50.19%，比2019年增长了18.47个百分点。公用事业发行规模占比居第二位，为24.38%，同比增长了2.19个百分点。金融业发行规模占比居第三位，为17.84%，同比下降了17.91个百分点，如图3-4所示。

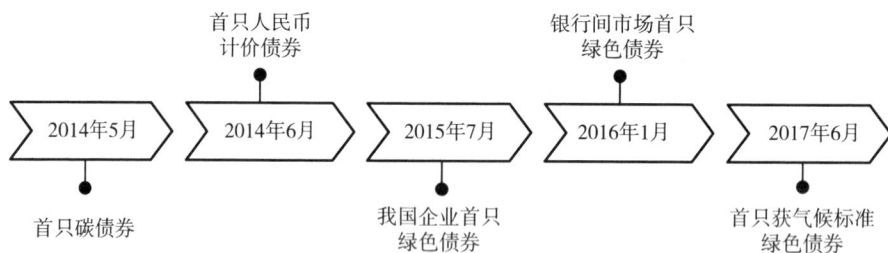

图3-3　我国绿色债券的发展历程

2. 国际绿色债券的发行情况

目前，国际上主流的绿色债券标准主要围绕募集资金用途、项目评估和遴选、募集资金用途管理和存续期信息披露四大核心要素进行约定，并均由发行人自愿选择遵循。由图3-5可知，2007年世界上第一个与气候有关的债券发行，这是绿色债券的起源。从发展趋势来看，2007～2012年，国际绿色债券发行持续增长。2013年快速增长，该年发行量同比增长了3倍多，原因是2013年公司和地方政府进入了绿色债券发展市场。之后，绿色债券发行处于稳定状态，但仍具有较大的发展潜力。2018年的国际绿色债券发行呈高速增长趋势。气候债券倡议组织统计结果显示，2018年，绿

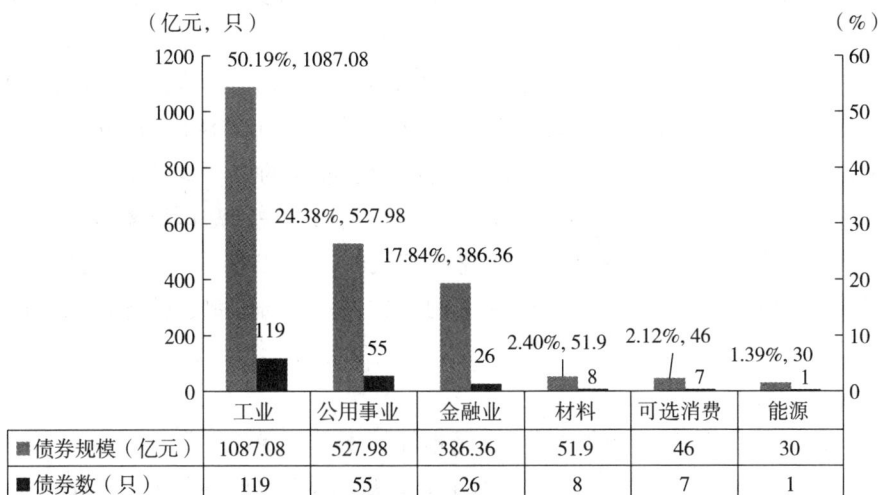

	工业	公用事业	金融业	材料	可选消费	能源
■债券规模（亿元）	1087.08	527.98	386.36	51.9	46	30
■债券数（只）	119	55	26	8	7	1

图 3-4　2020 年境内发行绿色债券行业分类情况

资料来源：《2020 年中国绿色债券发展报告》。

色债券全球发行规模超过 1500 亿美元，同比增长 78%，发行数量超 1500 只，处于历史最高水平，其中美国、中国、法国的发行规模最大，合计占比超过了全球发行规模的 1/2。

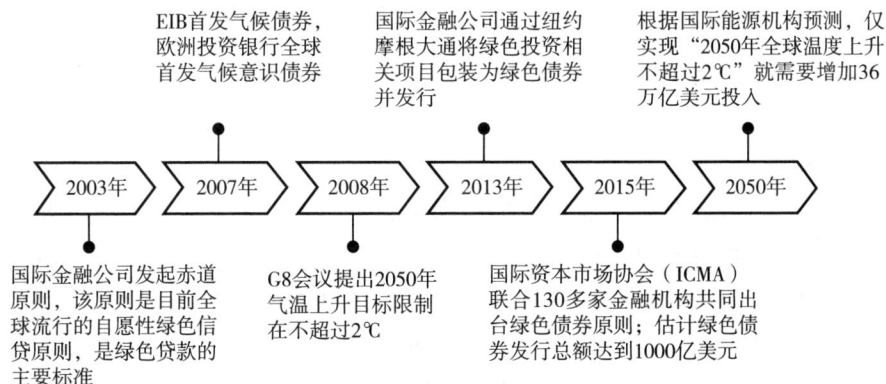

EIB首发气候债券，欧洲投资银行全球首发气候意识债券

国际金融公司通过纽约摩根大通将绿色投资相关项目包装为绿色债券并发行

根据国际能源机构预测，仅实现"2050年全球温度上升不超过2℃"就需要增加36万亿美元投入

2003年　2007年　2008年　2013年　2015年　2050年

国际金融公司发起赤道原则，该原则是目前全球流行的自愿性绿色信贷原则，是绿色贷款的主要标准

G8会议提出2050年气温上升目标限制在不超过2℃

国际资本市场协会（ICMA）联合130多家金融机构共同出台绿色债券原则；估计绿色债券发行总额达到1000亿美元

图 3-5　国际绿色债券发展历程

资料来源：中央国债登记结算有限责任公司。

欧洲是 2020 年最大的绿色债券来源地，债券的发行由政府主导。债券融资额为 1560 亿美元，占债券总额的 48%。来自德国的绿色债券数量从 2019 年的 187 亿美元增加了 1 倍多，2020 年达到 418 亿美元。法国以 370 亿美元的总值排名第三。2020 年，绿色政府债券（GROAT）被开发了三次，投资总额为 74 亿美元。GROAT 是市场上最大的单一绿色债券，发行总额为 274 亿欧元（折合 31.1 亿美元）。更确切地说，法国巴黎银行 SGP 由法国政府于 2010 年成立，旨在建设和交付"大巴黎快车"交通网络，这是法兰西岛现有地铁和通勤铁路网的扩建，完全通过绿色债券市场为该项目提供资金。SGP 在 2020 年发行了 7 只价值 110 亿欧元（折合 12.5 亿美元）的债券。

2020 年，绿色债券的北美市场基本保持不变，绿色债券规模为 615 亿美元，而 2019 年为 600 亿美元。由于美国总统拜登已经表示大力支持可持续融资，预计政府的变动将导致来自美国的绿色债券急剧增加。美国是最大的绿色债券来源，总计为 521 亿美元（18%），与 2019 年的 529 亿美元相当。美国市场拥有最多的绿色债券企业发行者，共有 144 家。但其私营部门的绿色债券市场仍不发达，并缺乏具有足够透明度的大型、基准规模的绿色债券。美国绿色债券市场由属于地方政府或政府支持的实体的市政发行人主导。

拉丁美洲和加勒比海（LAC）地区绿色债券市场规模同比增长近 65%，2020 年达到了 79 亿美元。其中一半以上来自智利，包括 4 只总价值 38 亿美元的主权债券（其中 22 亿美元以欧元发行，其余债券以美元发行）。

2020 年，新兴国家绿色债券市场规模占全球的 16%，而超国家实体的贡献为 4%。中国发行人将注意力转向了新冠感染，为了支持新冠肺炎疫情大流行引起的医疗保健、医疗用品和其他直接需求，大量发行相关债券从而影响了新兴市场绿色债券发行总额。2020 年是非洲迄今为止绿色债券发行最强劲的一年，合计发行了 12.16 亿美元的绿色债券。其中，南非标准银行发行了 2 亿美元的 10 年期绿色债券，埃及发行了 7.5 亿美元的主权绿色债券。

2021 年上半年有 47 个国家发行了绿色债券，其中发达国家贡献了近 76% 的发行总额，比 2020 年同期增长了 1%。而新兴国家于 2021 年占了近

19%的份额，比2020年同期增长了1%。从地域角度来看，欧洲是绿色债券发行量最大的地区，比2020年同期增长了近107%，相当于1192亿美元。其中，金融企业和非金融企业发行占比分别为30%和22%。亚太地区2021年上半年发行了近519亿美元，与2020年同期相比增长了近161%。北美地区发行了421亿美元，与2020年同期相比增长了83%。拉丁美洲及加勒比海地区发行了近45亿美元，与2020年同期相比没有大的变化，仅增长了2%。从发行金额和发行数量可以看出，绿色债券发行仍以国内市场为主。美国、瑞典、中国、日本、挪威和英国的发行数量较多，法国、德国、荷兰和智利的发行数量较少，这种形势更有可能吸引国际投资界的兴趣。2021年绿色债券国际发行量如表3-10所示。

表3-10　2021年绿色债券国际发行量

国家	发行规模（亿美元）	发行规模占比（%）	发行数量（只）
美国	376	17.00	495
德国	285	13.00	102
法国	228	10.00	20
中国	220	10.00	92
西班牙	117	5.00	34

资料来源：根据气候债券倡议组织官方网站公开资料整理。

二、国内外绿色债券发行主体对比

（一）国内绿色债券发行主体

在早期，国内绿色债券的发行人主要是各类商业银行（如兴业银行、农业银行、浦发银行、青岛银行等）、政策性银行（如中国进出口银行、中国农业发展银行、国家开发银行等）、上市公司和财政部及地方政府等政府部门。随着绿色金融政策的不断深入，各大企业不断涌入市场，市场参与主体逐渐多元化，在发行、承销、交易等方面均保持活跃。2016年，我国绿色债券发行较为稳定，金融债在绿色债券中的占比超过了90%。2018年，虽然我国绿色债券发行规模有所下降，但是仍然占据第一的位置。到了 2020 年，金融债发行金额下降到 272 亿元，位居第四，规模占比为 12.72%，而公司债一跃成为发行数量及规模最大的一类，规模占比高达 34.25%，如表 3-11 所示。由此可知，绿色债券发行主体不断丰富，实体企业对绿色债券的需求进一步增加。从发行主体企业性质来看，绿色债券发行主体以地方国有企业、国有控股企业和中央企业为主，金融机构发行人占比明显下降。

表 3-11　2020 年绿色债券在国内发行情况

债券分类	债券数量（只）	债券数量占比（%）	债券规模（亿元）	债券规模占比（%）
公司债	91	42.13	732.1	34.25
企业债	47	21.76	485.4	22.71
中期票据	30	13.89	338.5	15.83
金融债	11	5.09	272	12.72
资产支持证券	30	13.89	246.32	11.52
短期融资券	6	2.78	36.5	1.71
地方政府债	1	0.46	27	1.26
总计	216	100.00	2137.82	100.00

资料来源：根据华创证券公开资料整理。

在我国，绿色债券的承销仍以金融机构为主。但是，从绿色债券二级市场交易量表现来看，2020 年，参与交易的绿色债券共有 480 只，规模达 7000 多亿元，同比增长了 19.86%。其中，绿色金融债交投活跃，占总交易量的 60% 左右，如图 3-6 所示。总体而言，二级市场绿色债券的交易量持续增长。

（二）国际绿色债券发行主体

1. 国际绿色债券发行主体的分类

全球范围内，绿色债券的最大发行单位是开发性金融机构，它们在推动市场发展过程中起到了积极作用。从国际认证机构的选择来看，国际气候与环境研究中心、气候债券倡议组织两家机构所发布的认证报告在市场中具有权威性。

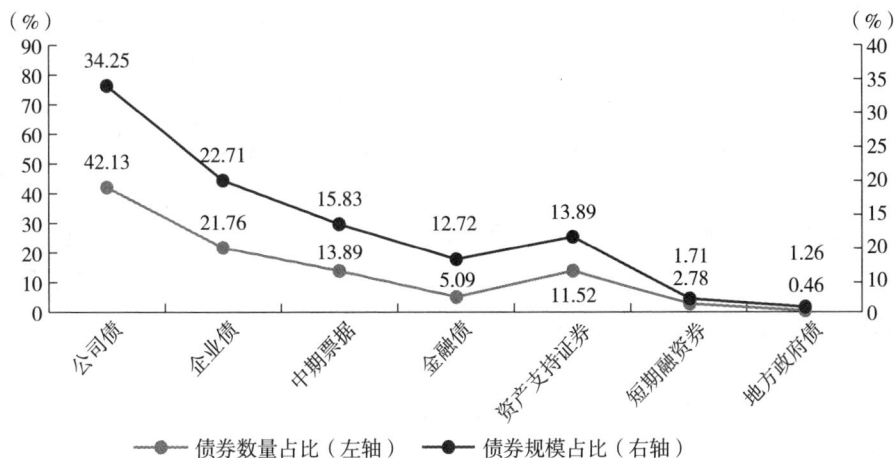

图 3-6　2020 年中国各类绿色债券发行情况

资料来源：根据气候债券倡议组织官方网站公开资料整理。

由表 3-12 可见，从绿色债券的发行主体来看，国际上发行主体的类别更加多元化，包括多边性质的企业、各国中央银行、全球性质的商业银行等，并且还有部分高校也发行了绿色债券。

表 3-12　国际绿色债券的发行主体

发行主体的类别	发行主体名称
商业银行	德意志银行、巴克莱银行等
国际组织	世界银行、欧洲投资银行等
中央银行	—
地方政府	巴黎市政府、加利福尼亚州政府等
私营部门	微软、福特等
部分高校	麻省理工学院等
主权国家	埃及、德国、匈牙利和瑞典等

资料来源：根据气候债券倡议组织官方网站公开资料整理。

2. 数据分析

政府支持的实体在 2020 年的增长最为强劲，发行规模达 78%。个别债券的数量从 125 只增加到 267 只，其中 170 亿美元来自法国，拆分为 21

家发行人的 14 只债券。以法国巴黎银行为例，规模占成交量的 70%，其中 7 只债券价值 110 亿欧元（折合 12.5 亿美元）。作为法国的第二大发行人，拥有单一可转换债券，为再生能源提供价值 24 亿欧元（折合 2.8 亿美元）的可转换债券融资。中国是绿色债券第二大资金来源地，有价值 77 亿美元的 17 只债券。美国以 49 只市政债券价值 55 亿美元位居第三。

2020 年，地方政府的发行人发行的绿色债券规模增长了 50%，从 118 亿美元增长到 185 亿美元，其中一半以上来自 72 只价值 95 亿美元的美国市政绿色债券。

2020 年，9 家主权发行人发行或重新发行了首批绿色债券，与 2019 年相比，其发行规模增长了 40%。主权绿色债券的重要性取决于它们的规模和概况，这催化了绿色市场的发展，并使其他类型的发行人更容易进入绿色债券市场。2020 年，埃及、德国、匈牙利和瑞典发行了首只主权绿色债券，而智利、法国、荷兰、立陶宛和印度尼西亚则通过重新发行或增加债券来延长债务。

在私营部门的发行者类型中，非金融公司仍然是最大的绿色债券来源。2019 年债券规模为 601 亿美元，2020 年为 640 亿美元，增长率为 6%。该类债券约有 2/3 来自欧洲，其余来自亚太地区、北美和拉丁美洲及加勒比海地区。资产支持证券（ABS）类别同比下降了 37%。随着公共部门高调支持私营部门，私营部门的债券数量将不断增加。

2021 年上半年，非金融企业绿色债券的发行高达 647 亿美元，与 2020 年同期的 247 亿美元相比，增长了近 162%。其中，美国能源公司（NextEraEnergy）和电子基础设施公司（Equinix）发行了规模最大的两只非金融企业绿色债券，分别达到了 15 亿美元和 13 亿美元。政府支持的绿色债券在 2021 年上半年发行额达到了 351 亿美元，占比为 15%，与 2020 年同期相比增长了 31%。2020 年，埃及、德国、匈牙利和瑞典发行了首只主权绿色债券，使此类发行人的总数达到了 16 家。2021 年上半年，主权绿色债券发行额占比为 11%（见图 3-7），其中，法国的发行量最大，规模达到 129 亿美元，德国发行了 73 亿美元。

3. 国际绿色债券发行的通货形式

2020 年，85% 的绿色债券交易量是以一种"硬通货"发行的，较 2019 年增长了 3%。绿色债券以 33 种货币发行，比 2019 年少了 1 种。美元和人

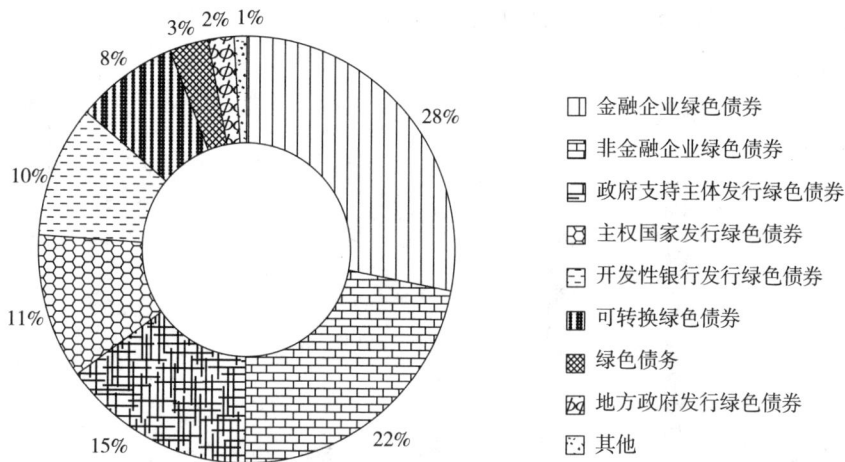

图 3-7　全球债券规模占比分析

资料来源：根据气候债券倡议组织官方网站公开资料整理。

民币计价的绿色价券的发行量均略有下跌，以欧元计价的绿色价券发行量则下跌了 6%。来自 28 个国家发行的绿色债券以欧元定价，而世界美元储备货币吸引了最多的国际发行人，达到了 36 个国家（包括 20 个被归类为新兴市场的国家）。在以人民币计价的绿色债券中，30 家发行人中有 28 家是国内债券。2019 年，排名前八的币种占据的债券规模保持了 94% 的市场份额，唯一的组成变化是新加坡元取代了澳元。新加坡元的业务量增长了 46%，达到了 33 亿美元，澳元的业务量从 54 亿美元降至 30 亿美元。

三、国内外绿色债券期限对比

（一）国内绿色债券以中短期为主

从发行总额角度来看，2020 年绿色债券期限仍以中长期为主，主要集中于 3 年期、5 年期和 7 年期，与往年相比，长期债券的占比增加。如图 3-8 所示，3 年期绿色债券发行规模占比为 37.23%，同比下降了 9.24%；5 年期发行规模占比为 23.97%，同比下降了 9.51%；7 年期发行规模占比为 12.83%，同比上升了 9.33%。从发行数量来看，2020 年绿色债券期限是以短期尤其是以 5 年以下的期限为主，与总发行量相比，占比为 72.7%，其中 3 年期的占比最大，为 32.3%。

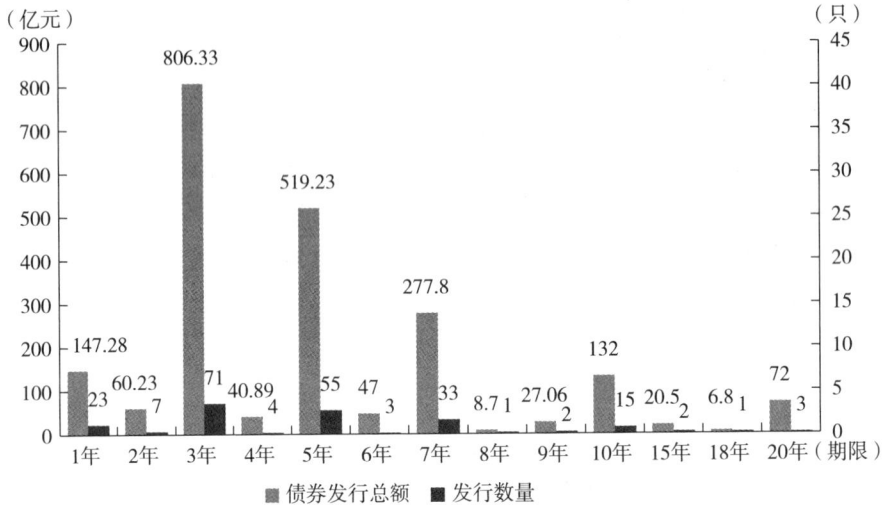

图 3-8 中国绿色债券发行规模

资料来源：根据气候债券倡议组织官方网站公开资料整理。

（二）国际绿色债券以中长期为主

从 2020 年的全球绿色债券发行期限结构来看，超过 62% 的绿色债券期限在 10 年以上，其中 5~10 年期的占比为 40%，其为最主要的一组，这一个期限结构的绿色债券的发行主体主要是金融机构和非金融机构的企业。正如大家所预期，10 年以上期限的债券发行者主要是公共部门，一般包括政府支持性质的企业、非金融机构事业单位、政府等。一般来说，期限结构的分布并没有很大的调整，但其中最显著的是 5 年以下的短期绿色债券降至 5%，而 10~20 年期和 5~10 年期的绿色债券都增长了 3%，当然主要是主权绿色债券增加了。

四、国内外绿色债券资金流向对比

2020 年，国内绿色债券募集资金主要投向绿色服务、节能环保和基础设施三大领域，占比分别为 30.13%、28.07% 和 19.98%（见表 3-13）。

表 3-13　2020 年境内绿色债券募集资金投向

投向分类	债券规模（亿元）	发行数量（只）	占比（%）
绿色服务	652.64	59	30.13
节能环保	607.92	72	28.07
基础设施	432.83	37	19.98
清洁能源	349.53	37	16.14
生态环境	67.40	10	3.11
清洁生产	55.50	5	2.56
合计	2165.82	220	

资料来源：根据气候债券倡议组织官方网站公开资料整理。

如图 3-9 所示，国际绿色债券募集资金被投入了一系列与绿色标签相关的领域，其中能源、工业与建筑仍是主体项目。

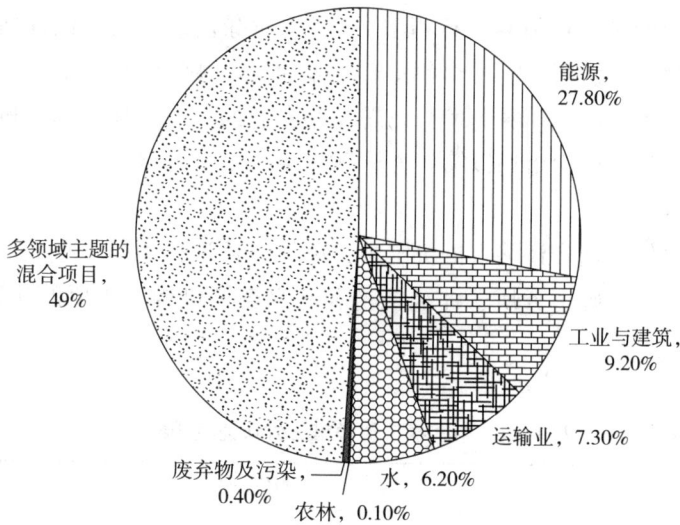

图 3-9　2020 年国际绿色债券资金流向领域占比

资料来源：根据气候债券倡议组织官方网站公开资料整理。

国际绿色债券资金流向项目领域主要是能源、工业与建筑方面，而我国的绿色项目主要集中在能源密集型工业和商业、能源分配与管理、绿色建筑、可再生能源、废弃物及污染控制与隔离等方面。国内外资金流向的分布情况并不完全相同，通过数据及图形对比可以看出，能源均是我国和国际绿色债券资金的主要流向。

五、国内外绿色债券的外部审查性对比

（一）国内绿色债券的外部审查性

《气候债券标准》的认证方式主要是通过气候债券倡议组织准许的核查机构对债券进行认证，我国经《气候债券标准》正式授权的核查机构主要包括联合赤道环境评价有限公司、中诚信国际信用评级有限公司、安永会计师事务所等。我国对绿色债券项目的评估认证主要有两套标准，分别是中国人民银行的《绿色债券支持项目目录（2021 年版）》与国家发展和改革委员会的《绿色债券发行指引》。我国对绿色债券的认证评估比其他普通债券严格，发行人需要具备发行主体的信用评级和债券信用评级等相关证明，此外，绿色债券的发行还需要有专业的研究机构或其他机构进行绿色债券认证。国内市场以第三方认证为主，第三方认证的主要形式包括验证或审计、认证。

在我国绿色债券评估认证机制中，第三方认证机构是最重要的参与主体。目前，会计师事务所、评级机构和研究咨询机构为主要的认证单位，如表 3-14 所示。

表 3-14 中国绿色债券第三方认证机构概况

第三方认证机构	相关条约
安永会计师事务所	《绿色债券原则》（GBP）制定方、国际资本市场协会（ICMA）观察员、中国金融学会绿色金融专业委员会理事单位、气候债券倡议组织（CBI）认证国际绿色债券评估机构。认证内容包括债券发行中涉及的资金使用及管理政策和程序、项目评估和筛选的标准与提名项目的合规性，以及信息披露、报告机制的流程

续表

第三方认证机构	相关条约
毕马威会计师事务所	主要以《绿色债券支持项目目录（2021年版）》作为鉴证标准，对债券资金使用及管理政策和程序、项目评估及筛选的标准和提名项目的合规性、信息披露及报告机制和流程及与以上方面相关的内部控制制度进行鉴证声明
普华永道会计师事务所	《绿色债券原则》（GBP）观察员、气候债券倡议（CBI）气候债券准则鉴证委员会成员，拥有绿色低碳环保领域的丰富知识和绿色债券方面的专业服务经验
德勤会计师事务所	《绿色债券原则》（GBP）制定方、国际资本市场协会（ICMA）观察员以及中国金融学会绿色金融专业委员会理事单位，为各类发行人提供境内外发行绿色债券评估相关服务，包括绿色债券管理体系建设咨询和绿色债券发行前、债券存续期内的评估服务
中债资信评估有限责任公司	我国唯一一家实现银行间市场信贷资产证券化全覆盖、基本实现保险资本补充债全覆盖的机构，是中国人民银行探索评级行业业务模式创新的试点单位
中诚信国际信用评级有限公司	国家发展和改革委员会认可的企业债券评级机构，也是中国人民银行认可的银行间债券市场信用评级机构；中国保监会于2003年5月30日发布的《保险公司投资企业债券管理办法》中将中诚信国际列为首家认可的信用评级机构（中诚信国际是评级机构在中国银行间交易商市场协会唯一的常务理事单位）
联合赤道环境评价有限公司	联合信用评级下属公司，中国金融学会绿色金融专业委员会理事单位，具备绿色金融认证领域的国际、国内权威资质，在国内绿色债券认证市场占有率持续领先，是国家级绿色项目数据库建设的牵头单位、国家发展和改革委员会指定的唯一环境信用体系建设的第三方服务机构
北京中财绿融咨询有限公司	中财绿融是依托于中央财经大学绿色金融国际研究院（以下简称绿金院）的研究团队，开展经济、金融领域政策研究咨询实践，大力开拓绿色债券第三方评估服务。中财绿融是中国银行间市场交易商协会会员，也是气候债券组织（CBI）认定的国际绿色债券评估机构。绿金院是中国金融学会绿色金融专业委员会的常务理事单位和国际资本市场协会（ICMA）《绿色债券原则》（GBP）的首家中国观察员机构，为中财绿融提供学术支持
中节能咨询有限公司	在节能环保领域为国家发展和改革委员会、财政部、生态环境部、国务院国有资产监督管理委员会、工业和信息化部、科学技术部、住房和城乡建设部、国家能源局等部委和各级地方政府提供咨询服务

续表

第三方认证机构	相关条约
北京商道融绿咨询有限公司	北京商道融绿咨询有限公司是国内领先的绿色金融及责任投资专业服务机构，专注于为客户提供责任投资与 ESG 评估及信息服务、绿色债券评估认证、绿色金融咨询与研究等专业服务，是中国责任投资论坛（ChinaSIF）发起机构、中国责任投资论坛（ChinaSIF）发起单位中国金融学会绿色金融专业委员会（GFC）理事单位、国内首家联合国责任投资原则（PRI）签署机构、国内首家气候债券标准（CBI）认可的评估认证机构、国际资本市场协会（ICMA）绿色债券原则（GBP）观察员机构、中国银行间市场交易商协会（NAFMII）会员、英国绿色投资银行（UK Green Investment Bank）认证咨询公司

资料来源：根据气候债券倡议组织官方网站公开资料整理。

（二）国际绿色债券的外部审查性

全球范围内带有外部审查的绿色债券占合格工具的比重于 2019 年、2020 年两年分别达到 82%、89%，投资者越来越多地寻求绿色债券合法性的独立证据，这表明投资者对隐性风险的认识有所增强，而发行人则仍热衷于避免承担错误的相关责任。2020 年 10 月，认证金额达到 1500 亿美元，占绿色债券市场认证总额的 15%，这是市场完整性发展的一座里程碑。荷兰、泰国（绿色分配）、智利等主权国家的大型知名发行者，以及法国巴黎银行、中国建设银行和 SNCF 等政府支持的实体，都在 2020 年发行了认证气候债券。

第二方评估（Second Part Opinion，SPO）是最受欢迎的外部评审类型，与 2020 年相比，获得 SPOs 的绿色债券规模同比增长了 17%。但是，这类债券的数量在 2021 年减少了 2%，其中资产支持债券的发行者数量下降了 32%[①]，表明 SPOs 正在寻找规模更大的单只债券。对 SPO 销量增长贡献最大的发行者是政府支持的实体（同比增长 85%）、主权国家（同比增长 75%）和非金融公司（同比增长 20%）。

---

① ABS（资产支持者债券）绿色债券的发行者主要由小型交易者构成。

第三节　福建省绿色债券的案例分析

2018 年，我国有 24 个省份参与了绿色债券发行，福建省因兴业银行发行的 2 只 300 亿元绿色金融债券占据全年发行金额的第一位。2019 年，我国有 24 个省份发行了绿色债券，其中福建省发行规模超过了 200 亿元。2020 年，福建省发行绿色债券 208 只，单只最高发行规模为 3 亿元。一批符合条件的绿色企业通过股权和债券方式扩大融资规模。福建省共有 9 家绿色企业通过沪深交易所实现首发上市融资 88.68 亿元，12 家次绿色企业通过再融资方式募集资金 2562.1 亿元。2016 年以来，福建省企业通过银行间市场和沪深交易所发行绿色债券 33 只，发行规模为 1426.17 亿元。

兴业证券主动对接福州市水务集团及福州市自来水有限公司（以下简称福州水司），于 2021 年 7 月 12 日成功发行"兴业圆融—福州自来水绿色供水收费权资产支持专项计划"，帮助其募集资金 6.32 亿元，用于福州市供水基础设施的建设及运营等绿色民生项目。如表 3-15 所示。

主要做法：主动服务，大力践行绿色发展理念。积极响应福建省委省政府关于"推动绿色债券业务发展、全面服务福建实体经济"的精神要求，努力探索福建省内适应民生基础设施项目的金融服务需求。经过多轮深入研讨和交流，最终确定于上海证券交易所发行绿色供水收费权资产证券化产品。本项目的成功发行不仅是福州市属国有企业作为原始权益人向上海证券交易所申报的首只基础设施收费收益权资产支持证券，而且也是福州市属国有企业发行的首只绿色资产支持证券，对福建省国有企业在金融创新、绿色金融工具使用领域具有引领性意义。

专业高效，支持省内国有企业高质量发展。兴业证券在项目申报环节，充分结合福州水司自来水供水业务的经营属性和自身现金流持续、稳定及可预测等特点，积极沟通福州市城乡建设局、福州市财政局、福州市金融局等主管部门，最终确定以福州水司以其下属供水服务一公司、供水服务二公司以及供水服务四公司 3 个基层单位未来 12 年收费权益为基础资产，实现了福州水司在资金投向、自身资产与创新金融工具的"投融资"结合，

表 3-15　2021 年兴业圆融—福州自来水绿色供水收费权资产支持专项计划发行情况

名称	G 福水优	G 福水次
种类	ABS	
上市场所	上海证券交易所	
评级机构	中央国债登记结算公司	
发行时间	2021 年 7 月 12 日	2016 年 3 月 25 日
债券期限（年）	3+3+3+3	5
发行规模（亿元）	6	0.32
债项/主体评级	AAA	—
票面利率（%）	3.64	—
原始权益人/资产服务机构	福州市自来水有限公司	
差额支付承诺人/流动性支持承诺人	福州市水务投资发展有限公司	
计划管理人	兴证资管	
销售机构	兴业证券	
评级机构	上海新世纪资信评估投资服务有限公司	
法律顾问	锦天城律师事务所	
绿色评级机构	绿融（北京）投资服务有限公司	
会计师事务所	天健会计师事务所	
托管行	中国建设银行	

资料来源：根据兴业银行官方网站公开资料整理。

在增加福州水司经营效益的同时，进一步响应增速提效、扩大经营效率、盘活存量、低流动性资产的国有资产经营要求。在项目发行环节，兴业证券积极推介，最终实现本项目优先级证券票面年利率为 3.64% 的良好成果。

严守风险，把握金融创新与风险防范平衡之道。针对城乡供水业务现金流持续、稳定及可预测等特点，结合福州水司的实际融资需求，在对发行规模的设计及还本付息规模评估测算的过程中，合理筛选项目资产并预测入池资产未来的现金流，对风险因素进行缓释措施安排及设计，有效控制项目风险，最终确定优先级发行规模 6 亿元，各期本息兑付现金流覆盖倍数不低于120%，实现了资产证券化产品债项信用评级水平的有效提升及发行利率的降低。

第四节 福建省绿色债券的前景展望

我国绿色债券起步晚，要为"双碳"目标的实现助力，绿色债券必须高质量发展。在绿债标准、强化信息披露、规范机制、加大激励等方面采取措施，推动绿色债券市场信息披露高标准发展，更好地支持实现绿色低碳转型。

一、完善的绿色评级标准与规定制度

《绿色债券支持项目目录（2021 年版）》正式发布后，标准与国际趋同。评级制度的不断完善，能够令各类市场参与主体更加重视绿色发展，加大绿色债券对生态文明建设的推动作用，同时强化全社会的绿色发展理念。国际方面已有 DNV、CICERO、CRA 等相对成熟的专业评估认证机构，其在工作制度、技术方法、质量控制及气候环境领域执业资质相对专业，且投资人对其声誉较为认可。但是，我国绿色债券"绿色"标签的真实性难以确认，可能存在绿色项目欺诈风险。国内目前参与绿色债券评估认证较多的机构共 16 家，涵盖会计师事务所、评级机构、能源环境类咨询机构以及其他学术机构等，机构类型多样、认证水平参差不齐，且在评估认证方法、流程和报告质量等方面尚未达到成熟市场的专业水准和层次，需借鉴国际经验，进一步完善监督认证机制。一些与国际现状不大相同的项目，需要结合国情考虑，不能盲目地参考国际经验。对于这一类项目可以通过协议协商，做到"互认互通"，以提高其在市场上的流通性。在此基础上，可以根据《绿色债券评估认证行为指引（暂行）》的要求，由绿色债券标准委员会做好评估认证机构备案、市场化评议、业务质量交叉检查等工作，规范评估认证机构行为，推动绿色债券评估认证行业标准统一，督促绿色债券更好地向市场披露和展示绿色属性，避免"绿色泛化""洗绿"等问题出现。

为了吸引投资者进入绿色市场，市场必须提供更可靠的数据，例如关于信用质量、违约、复苏、恢复时间和损失假设违约，并使其更容易进行结构评估和价格转换。广东省已有发行低碳运输 ABS 的经验，结构良好的 ABS 为绿色债券市场带来了更广泛的发行者和项目。这有助于改善市场的多元化和流动性，从而吸引更多的投资者，降低投资风险和波动性。市政债券、公司债券、项目债券、可投资债券、ABS 证券和担保债券都允许更多的发行者和项目进入市场，还为机构投资者创造了更多的选择，每个投资者在资产配置、风险承受性和多元化方面可能有不同的标准。在银行导向型金融体系中，仅仅依赖发行绿色债券可能不足以成为填补绿色金融缺口的解决方案。绿色债券是一种补充的金融工具，需要使用除银行以外的解决方案。有几个机制和工具可以帮助弥合实现可持续发展目标的绿色融资差距，这些机制包括修改抵押品框架、资本充足率的变化、可持续发展目标贷款证书的市场、引入再贴现政策、建立绿色信用担保计划、绿色信用评级等。

二、健全的信息披露制度

绿色金融债发布了存续期信息披露模板，需披露部分项目环境效益要求较为全面，但是对于其他绿色债券品种的信息披露机制尚需进一步明确。相关监管部门要加强研究，结合当前市场实际，确定信息披露标准，要在绿色债券的透明化和成本可控之间获得平衡。建议由绿色债券标准委员会牵头制定绿色债券信息披露标准或模板，以规范绿色债券信息披露的具体内容，如绿色项目信息、环境效益信息、募集资金使用及管理信息等，加大对绿色债券募集资金用途和信息披露的核查力度，定期开展相关情况的抽查，通报核查情况，督促发行人切实将募集资金用于绿色领域，提高项目的可见性。对于投资者来说，提高这类项目的可见性将使其更容易吸引对绿色能源感兴趣的投资者。

三、审慎的募后监督机制

在"双碳"目标激励下的绿色债券市场，监管机构容易疏忽募集资金的用途与管理方面，在发行的全过程中更应该确保符合其生态环保、节约能源的理念，从环保节能的角度将绿色项目完整地落地，实现真正的绿色价值。

募集资金必须百分之百用于绿色项目，但在我国的实际应用中发现，30%的绿色公司债、50%的绿色企业债资金允许用于偿还贷款和补充企业流动性资金，标准仍低于国际水平。但是，其他绿色债券品种使用较为规范，如都要求建立专户或台账，并且其管理方式与国际标准接轨，实行全过程监管，保障专款专用，避免道德风险的发生。

四、有力的政府激励政策

地方政府可以选择合适的地区作为试点，结合所在地的财政实力和地方产业布局，以引导者的角色实施绿色债券发行，在尽量节约财政成本的情况下，以适当的担保比例、减税、贴现利息优惠以及奖励等方式对绿色债券发行人给予经济补贴，增加绿色债券的投资量。江苏、四川两省及广州、深圳、厦门等12市均出台了鼓励绿色债券的贴息奖励政策，但部分存在补贴区域受限的情况，受补贴区域内发债企业较少。所以，建议地方政府大力推出关于绿色金融的支持政策，加大财政及税收优惠力度，促进绿色债券交易，培育绿色投资人群体，将绿色环保责任纳入法律体系，同时明确绿色金融的考核评价标准。人们缺乏加强经济复苏计划中绿色议程的动机，这是因为复苏前景似乎遵循了现有发展计划的"先增长，尽可能绿色"的方法，这将危及实现可持续发展目标和气候变化《巴黎协定》。因此，在当前绿色部门投资水平不足的情况下，特别是在后疫情时代，迫切需要进行金融和财政政策改革，如颁布全球或区域碳税、法规和绿色融资政策，支持促进绿色债券发行的政策，建立绿色信用评级是为了衡量项目的绿色性，需要以能源补贴为目标，减少对化石燃料的直接和间接补贴，并引入绿色信用担保计划等公共降低风险的工具，以减少绿色投资的风险。换句话说，世界需要建立一个绿色金融体系，以促进绿色项目的公共和私人融资。中国公共部门发行的债券一般具有高风险和高回报的特征。当然，多样化没有必要局限于发行人，却可以加强亚洲和欧洲对于绿色基础设施的融资连接方式。

促进地方政府绿色债券的发行，可能需要一些激励措施，如为地方政府增加债券敞口，或为地方政府建立绿色市政金融，以汇总债务要求和获得更低的资本成本。2019年6月，江西省赣江新区发行了首批绿色市政债券，收益资助了两项公用事业隧道项目。发行绿色市政债券需要金融、环境以及其他相关部门的通力协作，以确定绿色项目需求，并评估资金敞口，这可以促使不同的政府部门在解决气候风险方面加强团队合作和协同作用。广东省潜在的绿色市债券、现行香港特别行政区政府绿色债券计划以及澳门特别行政区政府未来发行的绿色债券，将改善应对气候变化的区域战略，包括将中国的国家自主贡献（Nationally Determined Contributions，NDC）目标分解到地方层面、区域脱碳战略和尽早实现大湾区（Greater Bay Area，GBA）碳排放的减排目标。

五、积极的社会责任投资人意识

"双碳"目标的提出，使绿色产业直接融资的重担主要落在了绿色债券这个金融工具主体上。从宏观角度来看，政府及金融企业各部门加大宣传力度，使投资者有充分的绿色债券信息渠道，通过绿色国债的发行，引导资金流向，提升直接融资比重。社会责任投资人群体在国内较为缺乏，往往更加关注风险和收益等短期市场行为，以及会被政府的绿色激励所吸引，且因为对绿色因素和一个地球的关注度不高，所以国内投资人中鲜有将碳减排等因素作为投资目标。因此，可通过市场的自律组织、市场机构举办区域绿色政策推广交流会、绿色金融支持低碳发展论坛等系列活动，加强市场宣介推广，培育共推绿色发展良好氛围；加大绿色债券典型和优秀案例宣传，给予市场主体正向激励，激发各类发行主体参与绿色债券市场建设的活力；运用激励措施，降低绿色债券的发行成本，培育绿色投资人，提高市场主体的参与积极性。

六、警觉的气候环境风险管理意识

随着全球经济向绿色低碳转型，高碳行业面临新能源行业的冲击和替代，也存在较高的经济环境风险。2020年9月，中国人民银行和监管机构绿色金融网络（NGFS）发布了《金融机构环境风险分析综述》，为国内金融机构管理环境风险奠定了理论基础。针对气候环境风险上升的挑战、我国绿色债券规模的急剧扩大、境外机构不断增持我国绿色债券的背景，金融监管机构更要有警觉的气候环境风险管理意识，因为绿色产业投资与气候环境风险防范密切相关。

第四章

绿色 PPP 项目飞速发展

在绿色产业与绿色项目这类正外部性较强的领域中，公共部门的角色正随着绿色基金中 PPP 兴起发生转变，亚洲的普通绿色基金工具如表 4-1 所示。从绿色产业与绿色项目的资金来源来看，公共财政从传统的专项拨款转为以引导性资金的方式注入绿色发展基金，进而撬动社会资本进入作为绿色投资基金的发起者参与绿色投融资。从绿色项目的投融资与运营方式而言，PPP 模式的广泛应用使公共部门逐渐从单一的服务提供方转变为服务购买方、制度保障方及市场监管方，同时，市场机构的参与也进一步提升了公共服务效率。我国政府鼓励私营部门大规模投资于建设风能、太阳能、地热和生物质能等新能源产业。中央政府呼吁建立一个公共基金吸引更多的私人投资。

表 4-1 亚洲的普通绿色基金工具

股权工具	定义	案例
公私合伙企业（PPP）	公共实体和私人当事人之间的长期合同，以开发和支持公共资产或服务为目的。私营方承担着重大的风险和管理责任，报酬与绩效挂钩	深圳市共青团水净化厂二期 PPP 项目涉及投资、融资、设计和建设一个每天可处理 100 万吨水的水净化厂。本项目的 PPP 结构是建设—运营—转移
合资企业、合伙企业	两个或多个当事人之间的业务协议，汇集他们的资本、技能和资源，以实现一个特定的项目或业务活动	深圳地铁 13 号线 PPP 项目与地铁咨询和中国铁路电气化局 EEB 的合资结构分别为 83% 和 15%，其余 2% 由深圳政府的子公司持有

股权工具	定义	案例
私募股权（PE）、风险投资和未上市股权基金	资助创新试点规模的绿色项目，包括合格的绿色基础设施。帮助项目开发商和企业家确保绿色项目的资金来源。PE 经常将绿色指标纳入该流程中	亚洲可再生能源基金（REAFI）和（REAFII）投资于亚洲发展中市场的小型水力、风能、地热、太阳能和生物质能项目，迄今为止，主要集中在印度、菲律宾和印度尼西亚。180REAF 在这三个国家的小型可再生能源项目上投资了 5 兆瓦的电网太阳能、风能项目和 100 兆瓦的水电项目
子公司项目融资工具	利用收益为（表外）绿色项目的投资组合提供资金。由长期现金绿色资产池组成的私人或公开交易车辆，可能具有税收优惠	2017 年 4 月，新加坡城市发展集团（CDL）通过全资子公司地产有限公司发行了 1 亿美元高级担保认证气候债券，再融资扩展至的公司间贷款
绿色交换交易基金（ETF）	该基金购买绿色债券以复制一个公共指数	溶解/碳护理亚洲可持续发展债券指数已经创建，并希望产生足够的兴趣，让 ETF 上市，为绿色债券市场提供新的流动性（如从散户投资者）

第一节　绿色 PPP 项目支持行业的最新进展

目前，地方政府对基础设施的大部分投资都是通过公共资金和 PPP 进行的。然而，公共资金不足以满足对绿色基础设施日益增长的需求，需要新的渠道来动员私人资本。

在 PPP 模式①中，政府部门和社会资本实现风险共担、利益共享。但二者的首要目的又有所不同，政府部门主要为社会公众带来更大的效益和幸福感，而社会资本的主要目的是实现自身的价值、取得投资回报。政府部门拥有良好的政策基础、社会基础，私人部门拥有雄厚的资金以及高水平的建设经验，因此，两者相互配合，有助于解决城市轨道交通建设过程中资金需求量巨大、技术水平要求高等问题。由此可见，在一定程度上，PPP 模式有助于效率的提高、成本的降低、公共服务水平的改善，并且有助于实现风险最小化控制。

2014 年以来，中国相关政府机构宣布了有关绿色项目、污染治理以及自然资源有效利用的 PPP 模式的政策性文件，大力推进 PPP 模式在现代化建设中的应用。2019 年交通运输行业在库项目投资额比 2018 年末净增5919 亿元，居行业首位。并且，城市轨道交通的在建线路里程及投资额也呈逐年上升的趋势，2019 年投资额达到了 8633 亿元。为了有效推进我国城市轨道交通基础设施的可持续健康发展，交通运输部门、国家发展和改革委员会、财政部等相关部门发布了一系列激励政策。由此可见，交通运输行业蕴藏着巨额资金需求，加上其具备了良好的预期收益，使城市轨道交通的建设广受社会资本青睐，融资来源比重也发生了明显变化。

2016 年 10 月，财政部出台了《关于在公共服务领域深入推进政府和社会资本合作工作的通知》，指出"在中央财政给予支持的公共服务领域，可根据行业特点和成熟度，探索开展两个'强制'试点。在垃圾处理、污水处理等公共服务领域，项目一般有现金流，市场化程度较高，PPP 模式运用较为广泛，操作相对成熟。各地新建项目要'强制'应用 PPP 模式，中央财政将逐步减少并取消专项建设资金补助。在其他中央财政给予支持的公共服务领域，对于有现金流、具备运营条件的项目，要'强制'实施PPP 模式识别论证，鼓励尝试运用 PPP 模式，注重项目运营，提高公共服务质量"。2017 年 7 月，由财政部、住房和城乡建设部、农业部、环境保护部联合发布的《关于政府参与的污水、垃圾处理项目全面实施 PPP 模式的通知》则进一步从顶层设计的角度推进 PPP 模式在污水、垃圾处理领域

---

① PPP 模式是指政府部门与社会资本通过合作伙伴关系的搭建，在基础设施建设和公共服务领域风险共担、利益共享，实现资源有效分配，提高资金利用效率和项目管理效率的一种项目运营模式。PPP 融资模式最大的特点是由政府部门与社会资本相配合，建立起合作伙伴关系。

的全方位应用，这充分体现了 PPP 模式在中国绿色公共服务领域的重要
地位。

一、低碳运输

低碳交通基础设施，以城际铁路为例，仍主要由地方政府预算资助，
积极吸引着私人资本参与。投资资本以外的资金起初主要通过银行贷款等
方式来解决，但是随着交通基础设施建设的兴起，投资期限与银行资金来
源期限越来越不匹配，已经不能满足绿色交通建设的融资需求。因此，应
大力鼓励私营部门参与此类项目所需的长期融资，包括绿色债券、直接资
产收购、PPP 和绿色资产证券化。如表 4-2、表 4-3 所示，通过 PPP 模
式，可以有效促进低碳交通基础设施的蓬勃发展。

表 4-2　深圳地铁 13 号线 PPP 项目

发起者	深圳市交通局
地点	深圳
状态	计划
分类	交通、公共客运、列车/基础设施
描述	13 号线项目从深圳湾港站出发，至上武北站，经过科苑大道、通法路、沙河西路、宝石路、天心大道。线路总长约 22.4 千米，位于地下。全线每站都有一个停车场。该线路采用 8 辆 a 型车辆编组，为 DC1500V 悬链网供电
产出	深圳地铁 13 号线的北侧延伸，有效地连接了深圳和东莞之间的交通线路
成本	56 亿元（折合 8.59 亿美元）
财务结构	PPP+建设—运营—转移（BOT）

资料来源：财政部政府和社会资本合作中心官方网站。

表4-3　广东省佛山市高明区现代有轨电车示范线路工程

发起者	佛山市高明区交通和城市管理局
地点	佛山
状态	完成
分类	交通、公共客运、列车
描述	项目一期包括仓江路站至知乎站。这条线路长约 6.6 千米。有 10 个站，其中包括 1 个中转站。广东省佛山市高明区现代有轨电车示范线项目运营车辆 70 辆：项目采用 100% 低层、氢能铰接式现代有轨电车，3 段编组，内部宽敞，60 个座位，最多可容纳 270 名乘客。知乎湖东侧、西北侧分别有 1 个停车场和 1 个氢加油站。调度指挥中心设在停车场的综合大楼内
产出	这是世界上第一辆商业氢能有轨电车
成本	10.7 亿元（折合 1.64 亿美元）
财务结构	PPP+BOT

资料来源：财政部政府和社会资本合作中心官方网站。

二、可持续水资源管理

中国大部分与水相关的基础设施中国市场化程序最低的基础设施行业。随着水基础设施对科技和资金的迫切需求，应鼓励更多的私人投资进入。在过去的二十年里，供水和废水处理已经成为我国地方政府部门的公共供应和协议外包给国际的国家公用事业公司的混合业务，其外包协议通过 BOT、转让—经营—转让（TOT）和特许经营方式运行。新规则要求所有新的环境基础设施都应由 PPP 机制提供。如表 4-4、表 4-5 所示，通过 PPP 模式引导资金流向可持续水资源管理项目，促进中国实现碳中和、碳达峰的目标。

表 4-4　新围污水处理工程一期

发起者	香港特别行政区政府环境保护部门
地点	中国香港
状态	建设
分类	水、水基础设施、水处理
描述	设施的日容量将从 16.4 万立方米扩大至 20 万立方米，以满足元龙区人口增长造成的额外流量。该项目于 2021 年投产。升级后的新围污水处理厂（SWSTW）将采用许多节能和可再生能源技术，如光伏系统、太阳能热水器系统、采用新鲜空气需求控制通风、景观灌溉雨水收集系统以节约水，以及部分处理过的污水（约 275000 立方米）将被进一步过滤以再用于工厂内的化学处理
产出	中国香港绿色建筑委员会已向升级后的 SWSTW 的管理建筑及维修车间颁发了梁+新建筑计划的白金认证，其中二氧化碳排放减少了约 30%
成本	25.7 亿港元（折合 331.6 百万美元）
财务结构	PPP+BOT

资料来源：财政部政府和社会资本合作中心官方网站。

表 4-5　斗门区海武河黑水生态修复 PPP 项目

发起者	斗门区水资源和水质监测中心
地点	珠海
状态	在建
分类	水、水基础设施、水处理
描述	项目覆盖 8 条黑臭河流，总修复长为 21.05 千米。已被纳入国家黑臭河流整治范围。本项目以河流水质净化改善、水生态恢复、景观建设目标为重点，采取源源控制、截流、内源控制、水生态恢复等整治措施，改善河水环境质量
产出	8 条河流变成清澈明亮的生态河流
成本	577.27 百万元（折合 88.5 百万美元）
财务结构	PPP+BOT。该项目获得了中国农业发展银行广东分行抵押补充贷款（PSL）政策的资助。每年实现的投资收入达到了 3.695%

资料来源：财政部政府和社会资本合作中心官方网站。

三、可持续废弃物管理

中国大部分废弃物管理资产和项目均为公有制企业，公共资金主要用于废物处理设施和废物转化为能源（WTE）处理基础设施。废物处理设施通常需要大量资金，通过 PPP 或发行绿色债券可以为市政当局提供资金的选择。PPP 是私营部门投资于可持续废物管理项目的关键途径。地方政府通过直接融资、间接融资、特许经营、投资补贴和政府购买服务，积极鼓励社会资本参与家庭废物处理设施的投资和运营。地方政府鼓励金融机构为生活垃圾处理设施建设项目提供资金支持，开展股权和债务融资，制订债务和股权投资计划，创新资本资产债券（Asset Backed Securitization，ABS）等融资工具，以延长项目投资期限，并引导保险资金用于收入稳定、回收期长的生活垃圾处理设施建设项目。如表 4-6、表 4-7 所示，以 PPP 模式为主体，联合其他金融工具，可以有效促进可持续废弃物管理项目的资金融通，促进绿色环保项目发展，有效促进我国"双碳"目标的实现。

表 4-6　连云港固体废物综合处理中心一期第一段 PPP 项目

发起者	环境卫生管理办公室
地点	江门
状态	完成
分类	废物和污染控制
描述	项目包括 9 个设施，包括生活垃圾焚烧发电厂、卫生垃圾填埋区、渗滤液处理中心、污泥干燥厂、有机废物处理中心、办公室管理区、停车场、入口建筑、湿地公园
产出	总规模：2 台 300 吨/日焚烧炉和 1 台 15 兆瓦汽轮机发电机组。可有效缓解"垃圾围攻"压力，使生活垃圾减少、无害处理和回收利用
成本	526.53 百万元（折合 80.67 百万美元）
财务结构	PPP+BOT

资料来源：财政部政府和社会资本合作中心官方网站。

表 4-7 综合废物管理设施的第一阶段

发起者	香港特别行政区政府环境保护署
地点	中国香港
状态	在建
分类	废物和污染控制
描述	综合废物管理设施（IWMF）旨在大幅减少城市生活垃圾的规模，恢复有用的资源。IWMF 将分阶段开发。IWMF 一期位于石洲（SKC）附近约 16 公顷的人工岛，预计将于 2025 年全面投入使用。每天的处理能力为 3000 吨城市生活垃圾，采用先进的以焚烧为核心的处理技术。IWMF 第一阶段还将配备一个机械分拣和回收设施，能够从每天 200 吨的城市生活垃圾中回收有用的材料
产出	主要预期影响： 每天 3000 吨混合城市固体废物处理能力； 每天产生/节省 135 万千瓦·时的电力； 每年避免或减少 46.5 万吨温室气体排放
成本	43.9 亿元（折合 6.733 亿美元）
财务结构	PPP+BOT

资料来源：财政部政府和社会资本合作中心官方网站。

四、绿色建筑

随着社会对绿色生活的关注以及对健康生活品质的追求，低碳住宅和商业建筑成为对私人投资者来说更有吸引力的行业之一。因此，绿色建筑的建设、所有权和再融资所需的绝大多数资金是由私营部门提供的。私营部门利用各种股权、债务和项目融资结构来开发绿色建筑，包括投资基金（PPP）、绿色贷款和绿色债券。如表 4-8 所示，PPP 模式的有效引入，使绿色建筑项目可以成功落地，加强大众对绿色经济发展的关注度，有效促进我国绿色经济的发展。

表 4-8 广东省中山市（石岐）总部经济区城市综合发展与运营 PPP 项目

发起者	中山市人民政府石岐区办事处
地点	中山市
状态	在建
分类	建筑、商业建筑
描述	基础设施建设包括场地平整、道路、景观绿化、综合管道走廊、过河隧道、桥涵、地下道路、水系统。公共配套项目包括幼儿园、省级标准小学、社区卫生服务中心、文化体育设施、垃圾中转站、变电站、空中走廊、公共交通换乘中心等
产出	地下综合管道走廊是指用于铺设电力、通信、无线电、电视、供水、排水、热力、煤气等市政管道的公共隧道。能够协调各类市政管道的规划、建设和管理，解决道路重复开挖、架空线路网络密集、管道事故频繁等问题，有利于保障城市安全，改善城市功能
成本	41.3 亿元（折合 6.33 亿美元）
财务结构	PPP+工程采购建设（EPC）。本项目采用"用户支付+可行性缺口补贴"的组合回报机制。综合管道走廊、停车场和公共交通换乘中心均为运营项目。部分投资回报通过向用户收费获取。部分费用由财务部门按照规定的预算，通过可行性缺口补贴的形式支付给项目公司

资料来源：财政部政府和社会资本合作中心官方网站。

第二节 我国绿色基金的发展现状

一、绿色基金蓬勃发展

低碳解决方案的投资对于减轻气候风险和满足《巴黎协定》的全球减排途径至关重要，中华人民共和国国务院也强调了绿色发展和生态保护的重要性。鉴于全球变暖导致的气候波动已经发生，以及中国政府对实现气候目标的坚定承诺，所有新的基础设施都应该支持减缓气候变化目标，并保持弹性。绿色基金是资本市场中重要的集聚社会资本的投资机构，我国相关的政府机构将引导并整合资金流向绿色产业，我国绿色基金相关政策演进过程如表4-9所示。财政资金来源主要是节能环保专项资金，这起到了强有力的政策导向作用。

表4-9　我国绿色基金相关政策演进过程

时间	主体	相关事件
2010 年 4 月	国家发展和改革委员会、中国人民银行、银监会、证监会	《关于支持循环经济发展的投融资政策措施意见的通知》明确鼓励通过绿色股权投资基金支持资源循环利用企业与项目
2010 年 10 月	国务院	《关于加快培育和发展战略性新兴产业的决定》提出需大力发展创业投资和股权投资基金，吸引社会资金投向节能环保产业等战略性新兴产业
2011 年 10 月	国务院	《关于加强环境保护重点工作的意见》明确指出多渠道建立环保产业发展基金
2012 年 9 月	国家发展和改革委员会	《"十二五"节能环保产业发展规划》提出了研究设立节能环保产业投资基金，以拓宽环保产业的投融资渠道
2015 年 9 月	国务院	《生态文明体制改革总体方案》明确提出建立绿色金融体系，支持设立各类绿色发展基金
2016 年	中国人民银行、财政部、国家发展和改革委员会、环境保护部、银监会、证监会、保监会	继 G20 会议将绿色金融倡议写入公报后，《关于构建绿色金融体系的指导意见》将建立的绿色发展基金作为重要组成部分纳入其中
2018 年	中共中央、国务院	《关于全面加强生态环境保护坚决打好污染防治攻坚战的意见》决胜全面建成小康社会，全面加强生态环境保护，打好污染防治攻坚战，提升生态文明，建设美丽中国的意见
2019 年	国家发展和改革委员会	《关于进一步明确规范金融机构资产管理产品投资创业投资基金和政府出资产业投资基金有关事项的通知》主要对资产管理产品出资创业投资基金和政府产业投资基金适用资信新规及其细则等问题加以明确

在国家层面，财政部清洁发展机制基金（CDMF）2010 年正式成立，通过社会性基金管理模式全面运行业务，累计投资绿色低碳项目 223 个，实现减排 4654.62 万吨二氧化碳当量，作为发展中国家首只应对气候变化的政策性基金，其对市场起到了绝对的引领作用。2020 年我国绿色发展基金的成立，扭转了 2018 年以来绿色基金的下降趋势，使基金新增数据正向增长。

在地方层面，随着国家政策的大力推动，绿色基金的数量呈阶梯式增长，已成为推动城市绿色转型的重要资金来源。截至 2020 年底，地方性绿色基金已达到了 850 只，且均在基金协会备案。同年，新增数量为 126 只，同比增长 45%。其中，新增部分中私募绿色基金为 105 只，公募绿色基金为 21 只。中国从上至下的政府支持，促进了绿色基金的快速发展，国家层面发布的《关于构建现代环境治理体系的指导意见》《关于统筹做好疫情防控和经济社会发展生态环保工作的指导意见》等文件鼓励建立绿色基金，进一步促进了绿色投融资，满足绿色产业发展的资金需求。以粤港澳大湾区为例，政府的目标是开发数十亿美元的新公共工程项目。在粤港澳大湾区已经开展了许多不同规模和技术的绿色基础设施项目和资产：广东可再生能源计划建设 5.54 千瓦风电和 5.15 千瓦，并在"十三五"时期分配 168.7 亿美元于可再生能源。在总体基础设施上，广东省"十二五"（FYP）主要基础设施项目总投资 5 万亿元，其中绿色基础设施投资不低于 19 万亿元，包括轨道交通、风电、现代水利、生态文明建设和新基础设施建设。香港特别行政区政府表示，在未来五年内每年将在基础设施上花费 129 亿美元。

在《指导意见》发布之前，已有多个省份与城市先行成立了区域性绿色发展基金，如内蒙古环保基金、重庆环保产业股权投资基金等，其基金种类涉及绿色产业基金、风险补偿基金与专项投资基金。《指导意见》出台后，安徽黄山、江苏镇江等地方政府陆续同社会资本合作成立了绿色发展基金。在现已发布的各地绿色金融体系构建方案中，设立 PPP 模式的绿色发展基金均被作为未来的主要发展任务之一。

同时，多家民间绿色投资基金相继成立。除了中美建筑节能与绿色发展基金为公私跨境合作外，其余均为国内社会资本所设，且发起方主要为大型国有企业。在投向方面，这些绿色投资基金各有侧重，既有聚焦绿色产业发展的"浙江浙能绿色能源股权投资基金""华融凯迪绿色扶贫产业基金"等，也有致力于绿色公益项目的"物流公益、环保基金""绵阳大熊猫碳汇专项基金"等。

二、绿色基金以产业基金为主

当前，无论是政策还是实践，都主要集中在绿色产业基金上。这主要是因为中国许多绿色产业仍在起步与成长阶段，尚未进入成熟期，因此并不符合绿色信贷、绿色债券、绿色证券等融资工具的投资要求，而绿色产业基金的股本注资则为这一阶段的绿色产业提供了重要的资金来源。未来，随着各类新型绿色实体经济的不断涌现，中国绿色产业发展将进入高峰期，并将对绿色产业基金产生更强烈的需求。

无论是民间绿色投资基金还是政府与社会资本共同设立的绿色发展基金，"市场化运作"已被普遍作为基本原则写入相关基金管理规定中。在PPP 模式的绿色发展基金中，政府主要以引导性资金的形式参与，进而通过市场机制撬动更多的社会资本投入。在这一模式下，政府对基金的管理一般集中在参与制定基金的投资范围、运作流程、回报机制、风险管控等方面，而基金日常管理事务则交给了专业化团队，同时政府方可对其在基金中的收益分配权做出适当让渡。

第三节　北京地铁 4 号线 PPP 融资模式应用与风险研究

改革开放以来，我国经济飞速发展，人民生活水平不断提高，汽车出行人口日趋增加，在这种情况下，交通拥堵和交通安全隐患问题也随之而来。为解决此类问题、提高我国城市的运行效率，城市轨道交通应运而生。轨道交通凭借良好的交通出行环境以及较低的安全隐患，目前已成为人们出行方式的首选。

但从现有的城市轨道交通状况来看，很多城市尚未建设完善的城市轨道交通。因此，大部分城市居民的出行问题仍有待解决，经多方比对，笔者认为城市轨道交通建设过程中的高额费用以及该项目的特殊性，如高要求、高标准、高技术含量等是其未能快速建设的原因。如何解决此类问题，并帮助我国城市轨道交通建设实现快速发展，PPP 融资模式是值得采用的，因为它实现了社会资本与政府部门的相互配合，有助于解决城市轨道交通融资难以及技术要求高等问题，并且也有利于我国 GDP 的增长。

一、我国城市轨道交通项目 PPP 融资模式的适用性分析

（一）我国城市轨道交通的 PPP 融资现状

2004 年，在政府部门与社会资本的通力合作下，我国最早使用 PPP 融资模式的北京地铁 4 号线项目取得了圆满成功，该项目的成功落地，向当时的社会昭告了政府部门与社会资本之间的合作是切实有效的，使 PPP 融资模式在我国被更多地发掘与运用。北京地铁 14 号线、16 号线也相继采用了 PPP 融资模式，并不断优化该模式，实现了政府部门和社会资本的有机配合，以及各自优点的发挥，能够在一定程度上实现资源互补。《全国 PPP 综合信息平台项目管理库 2019 年报》数据显示，2019 年，交通运输行业在库项目投资额比 2018 年末净增长 5919 亿元，增长量居行业首位。并且，城市轨道交通的在建线路里程及投资额也呈逐年上升趋势，2019 年该投资额达到了 8633 亿元；同年，管理库净入库项目投资额以 7332 亿元排在了第一位；落地项目数以 265 个位居第二，其投资额更是达到了 1 万亿元。国家发展和改革委员会、交通运输部明确表示将有序以 PPP 融资模式推动城市轨道交通基础设施的可持续发展。

由此可见，交通运输行业是蕴藏着巨额资金需求的，加上其具备了良好的预期收益，使城市轨道交通的建设广受社会资本的青睐，融资来源比重也发生了明显变化。

（二）北京城市轨道交通 PPP 融资模式的运作方式

由于我国早期的 PPP 融资模式体系不健全、可供借鉴的案例也相对较少，因此，建设较早的北京地铁 4 号线以及 14 号线就采用了 PPP 融资模式中最传统的 SB-O-T 模式。而 16 号线基于一定的 PPP 融资经验，在传统的特许经营模式上特别引入了股权融资，形成了二者相结合的复合型 PPP 融资模式。

SB-O-T 模式又称前补偿模式。所谓的前补偿是指在项目的前期（运

营期）进行的补偿。针对城市轨道交通建设项目，前期需要大量的资金投入，社会资本一般无力独自承担项目全过程的资本所需，这时就需要政府部门进行一定的补偿，承担起一部分的项目建设。因此，在项目动工建设前，4 号线、14 号线被拆分为 A、B 两部分，政府部门负责公益性的 A 部分，社会资本负责营利性的 B 部分。由此项目投资责任的划分更加适合项目运营的特点，并建立起了行之有效的风险分担机制，如图 4-1 所示。

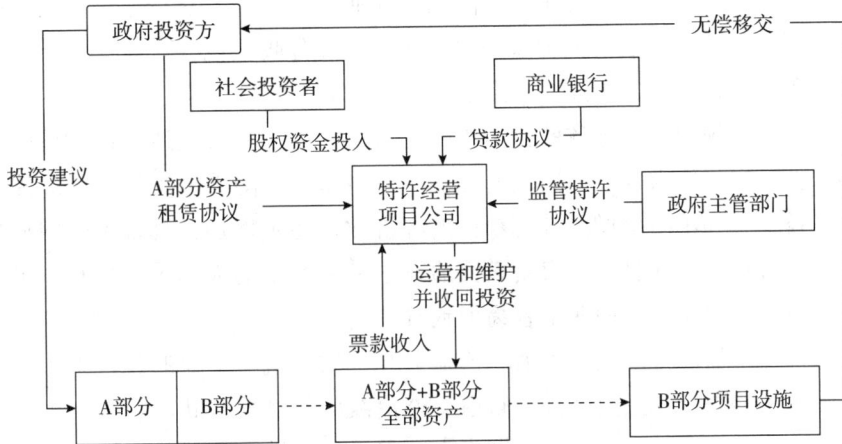

图 4-1 北京地铁 4 号线的投资结构

资料来源：根据相关新闻报道整理。

"股权融资+特许经营"的复合型 PPP 融资运作模式。在北京采用 PPP 融资模式的三条城市轨道交通中，北京地铁 16 号线的不同之处在于资金的来源不同，其不仅有来自特许经营的资金，还吸收了由北京地铁十六号线投资有限公司负责管理的股权融资。在项目建设期间，股权投资人无权参与北京地铁十六号线投资有限公司的经营管理，其主要通过相关股权的权益转让来获得其中的差额收益。投资期末，北京市基础设施投资公司将对北京地铁 16 号线的股权按原值进行回收。与北京地铁 4 号线、14 号线相同的是，A 部分仍由政府部门负责筹建，特许经营公司负责 B 部分工程的投资建设任务。

（三）北京市轨道交通概述

1. 北京市轨道交通的经济特征

一般而言，城市轨道交通的建设普遍存在着资金需求量较大，沉没成本较高的特点。有数据表明,平均每千米城市轨道交通建设的花费为 7 亿~8 亿元,北京地铁 16 号线城市轨道交通的建设费用甚至达到了 12 亿元/千米。并且,城市轨道交通一经动工建设,就难以变动、恢复,因此其沉没成本非常高。

经营盈利能力较差。从北京地铁 16 号线的例子中我们可以看到,特许经营公司从城市轨道交通中获利的途径通常为票款收入、非票款收入以及政府补贴三种。但是,城市轨道交通的公益性特点使其票价不得太高,因此票款收入与政府补贴是比较有限的。而非票款收入,是指通过在站点投放广告、其他营利性设施所取得的收入,这部分收入也存在较大的不确定性和不稳定性。综上所述,导致了城市轨道交通的盈利能力较差。

具有由规模经济导致的自然垄断的特征。由于城市轨道交通建设融资难、技术水平要求高,一般企业无法达到该水平。随着城市轨道交通建设的日益完备和不断扩增,其可获得的经济效益逐步增加,具备了较明显的规模经济特征。并且,城市轨道交通属于一座城市的大动脉,具有不可撼动的重要性地位,从而非常容易引致自然垄断。

资产升值潜力巨大,保值增值能力强。城市轨道交通的收入来源以及收入水平的高低,主要受到该轨道交通沿线的经济发展状况、人们出行需求以及路网结构的影响。从长期来看,随着我国城市的快速发展以及城市轨道建设质量的不断提高,城市轨道的使用寿命也在不断增长,保值能力较好,有利于给项目带来更多的经济效益以及更大的升值空间。

2. 北京市轨道交通建设面临的问题

资金需求量巨大是每一座城市轨道交通建设过程中所遇到的共性问题。北京城市轨道交通建设也毫不例外,北京地铁 16 号线的建设资金投入量更是达到了 12 亿元/千米,为保证项目在运行过程中拥有充足的资金储备,就必须在项目前期对社会资本进行充分考量,避免由于资金不足而导致政府变相兜底或者项目停滞的情况。

技术水平要求高,社会资本进入难度较大。为拓宽社会投资者的进入渠道,需要求城市轨道交通项目在 PPP 融资上进行更多的革新,如北京地铁 16 号线就采取股权融资与特许经营相结合的形式,吸引了不同层次的社会投资者进入北京地铁 16 号线的融资过程中,而股权投资人不拥有北京地铁 16 号线的经营管理权,此举不但有助于得到更多的资金支持,而且不会导致北京地铁 16 号线轨道交通建设过程中的管理混乱。

北京面积为 1.641 万平方千米，不同区域的地质有较大的差异。因此，要做到因地制宜，需要较高的技术水平以及较多的人才支持来实现城市轨道交通线路的科学规划。

具备良好建设能力的以及较高水平的潜在社会资本有限，目前取得成功的城市轨道交通 PPP 融资项目模式仅有港铁一家，因此如何培育有资质的社会资本、拓宽社会资本的进入渠道是亟待解决的问题。

城市轨道交通 PPP 项目的退出机制设置方面不完善。我国对 PPP 项目的信任度极高，从而导致了对项目退出机制方面的规定甚少，但国际上是存在 PPP 失败案例的，若退出机制不完善，不仅将导致政府部门与私人部门双方的损失，也可能对环境造成破坏。

3. 北京城市轨道交通建设的意义

作为我国的首都，北京长期以来都吸引着广大的青年人前往就业，北京市统计局、国家统计局北京调查总队发布的《北京市 2019 年国民经济和社会发展统计报告》显示，2019 年末北京市常住人口为 2153.6 万人。众多的人口以及有限的地域面积，使交通问题层出不穷。一方面是地面交通压力巨大，拥堵问题时有发生；另一方面是城市的快节奏要求交通运行效率能够符合城市的发展速度以及人们的日常出行需求。而城市轨道交通具备了运行速度快、票价低等特点，能够有效解决传统交通模式的拥堵问题和缓解地面交通的压力，提高城市的运行效率、提高居民出行的便利性有利于沿线商业模式的转型，带动区域经济的发展。并且，城市轨道交通作为一种公共交通工具，在节能减排方面发挥了重要的作用。

（四）PPP 模式应用于城市轨道交通项目的可行性分析

1. 理论可行性分析

从公共物品理论上看，城市轨道交通是介于公共物品与私人物品之间的准公共物品。其正外部性表现在城市轨道交通的发展将有利于城市的运行效率和经济发展水平的提高，而这些经济价值却未能在市场上准确体现，因此，从一定程度上看，社会收益是大于私人收益的。为使公益性与营利性相平衡，理论上应由社会部门向私人部门予以利益上的补贴和帮助，来实现私人部门的营利性目标。由此可见，城市轨道交通在政府部门与社会资本共同的作用之下，兼备了市场性与非市场性的特点，符合 PPP 融资对项目的准公共物品需求。

从项目区分理论上看，城市轨道交通对其使用者收取票款，具备了获取利润的可能，但是，同时它也具有公益性的一面，票价不宜定得过高，需要政府的介入，在城市轨道交通项目开展过程中会给予一定的补贴，因而被定性为准经营性项目。在市场的收费机制得到进一步完善时，该项目可以由原来的准经营性项目向经营性项目转变，从而使社会资本有了更多的获利可能，进而吸引更多的私人企业参与到城市轨道交通的项目融资中。由此可见，PPP 融资模式的引入，将给作为准经营性的城市轨道交通项目带来巨大的发展、提升、盈利空间。

2. 现实可行性分析

从应用基础来看，2004 年，在北京城轨建设中率先使用了 PPP 融资模式。此后，以公私合营模式为特征的 PPP 融资模式日益成为我国内地基础设施投资领域的主流，多个地方城市成功运用了 PPP 融资模式进行相应的基础设施建设。

从民营资本来看，随着我国经济的快速发展，民间资本的实力越来越雄厚。近年来，民营经济在我国经济发展中的地位和作用越来越明显，《全国 PPP 综合信息平台项目管理库 2019 年报》显示，在 2019 年 PPP 落地项目中，共有 11402 家社会资本参与了 PPP 项目，除国有企业外，民营企业成为 PPP 落地项目中的第二大投资者，如图 4-2 所示。由此可见，我国的民营资本成长迅速，在资金上基本能够满足城市轨道交通等基础设施的资金需求，同时在企业意愿上也能够看出民营企业对 PPP 融资项目也是较感兴趣的。

从城市轨道交通项目来看，城市轨道交通建设项目自身有中央政府或地方政府财政补贴，并且是人们日常生活中的切实所需，在城市生活中具备了较高的经济价值以及现实意义。因而，可以给社会公众更大的投资信心和期望，融资是较容易成功的，可融资性也相对较高。

从政府政策来看，自 2017 年中对 PPP 项目"规范发展"以来，我国的 PPP 相关融资政策得到了不断完善与重视。《关于加快运用 PPP 模式盘活基础设施存量资产有关工作的通知》《关于进一步激发民间有效投资活力促进经济持续健康发展的指导意见》的相继颁布都在一定程度上鼓舞了社会资本参与基础设施建设和公共事业的热情与信心。这些重要举措为 PPP 融资模式应用于各类基础设施建设中创设了良好的政策环境。

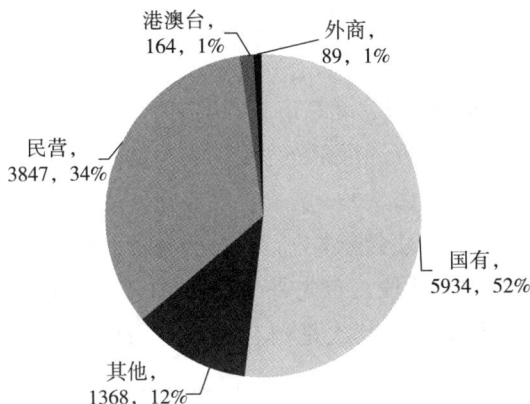

图 4-2 2019 年各类社会资本参与 PPP 项目的占比

资料来源：《全国 PPP 综合信息平台项目管理库 2019 年报》。

二、PPP 模式在北京地铁 4 号线项目中的运作

我国的 PPP 开展方式主要有采购服务、特许经营、股权合作三种。由于城市轨道交通的建设项目具备了公益性的特征，因此，城市轨道交通 PPP 项目一般采用特许经营方式进行。而作为我国首次采用 PPP 融资的北京地铁 4 号线也是通过特许经营方式进行融资的，故在本模块中，将对最经典的北京地铁 4 号线运作模式进行分析。

（一）PPP 模式下北京地铁 4 号线项目的主要参与主体及其职责

一般而言，政府或代表政府的国有独资公司、社会资本（特许经营公司）、咨询机构、金融及保险机构、审计部门等是城市轨道交通建设过程中最主要的参与主体，均为保障项目顺利实施的关键要素。在北京地铁 4 号线 PPP 融资项目中，北京市基础设施投资公司是代表政府的国有独资公司，而社会资本为港铁轨道交通有限公司以及北京首都创业集团有限公司，两者各出资 49%，并由北京市基础设施投资公司出资 2%，一同设立了北京京港地铁有限公司作为北京地铁 4 号线的特许经营公司。

1. 政府或代表政府的国有独资公司的工作职责

北京市基础设施投资公司作为代表政府的国有独资公司，是北京地铁

4号线PPP项目开展过程中的重要角色之一，对城市轨道交通建设起着至关重要的作用。

在PPP项目的准备阶段，北京市基础设施投资公司应组织相关的专家学者，对北京地铁4号线项目进行充分考量。一方面，需要制定出相关的政策措施和法律法规，以备后患。另一方面，既应充分调动社会资本参与PPP融资项目的积极性，又应对社会资本进行充分的考量，避免引入不良资本。

在PPP项目的建设阶段，首先是政府部门应做好沿线土地建设以及拆迁整改问题的落实与解决；其次是国有独资公司应对项目进行严格监督，既要监督其他运行主体的行为活动是否合规合法，又要监督项目的开展进程、施工效率、建设质量等。

在PPP项目的运行阶段，由于城市轨道交通项目属于准公共物品，盈利能力较差，因此，为使社会资本获得最低的投资回报率，政府部门以及北京市基础设施投资公司对项目进行合理的价格补贴，来促使北京地铁4号线项目取得成功。

2. 社会资本（特许经营公司）的工作职责

在北京地铁4号线的建设过程中，社会资本方需要向项目投入足够的资金以供项目的顺利运行。在中标后，社会资本积极规划北京地铁4号线的建设方案以及筛选施工方，承担起相应的机电工程建设工作，项目开展时，不但监督项目的施工进度，而且还监督项目的施工质量。最后，在项目的运营阶段，特许经营公司通过向政府部门租赁的方式取得特许经营权期（通常为30年），在这个阶段，社会资本可以通过票价收入、附加商业价值等实现预期的投资回报。与此同时，也应做好城市轨道交通相关设施的维护工作、保证乘客以及员工的人身安全。在30年的特许经营期结束之际，应将北京地铁4号线项目无偿转移给北京市政府相关部门，或与政府商议对特许经营协议进行续签。

3. 咨询机构的工作职责

城市轨道PPP项目作为城市建设的一项大工程，一旦开始施工，就难以逆转，因此，在项目建设之前就应该做好最充足的准备、细致的安排，不能忽视每一个细节和每一个环节。这就要求对项目进行专业化的管理，一方面要积极听取专家的相关意见，另一方面要主动配合咨询机构，做好备选方案以及各项解决措施。并且身为辅助的咨询机构应该做好协助工作，在 PPP 项目中主要的参与咨询机构有会计师事务所、项目管理咨询公司、律师事务所等。

咨询机构的工作职责，首先是体现在政府政策以及法律法规的制定上，要求相关咨询机构能够在以往项目建设过程中容易产生分歧处给出行之有效的政策建议，并对运行过程中可能产生的风险进行分析以及建立辅助风险分担机制。其次是应当协助项目的社会资本制定融资方案、投资比例以及预期投资回报率的测算。

例如，在北京地铁 4 号线的建设中，为了对客流量进行准确的评估，特别向国际著名的客流量预测公司——MVA 公司展开了相关的咨询工作。此时，作为咨询机构的 MVA 就应站在一个客观的、独立的立场上，对北京地铁 4 号线的客流量进行了充分的调查研究，并给出了专业的预测报告以供政府部门以及社会部门进行参考。

4. 金融及保险机构的工作职责

作为金融机构，其最主要的职责是为项目提供足够的资金，而保险最主要的作用就是规避风险。2010 年，我国《保险资金运用管理暂行办法》明确规定，城市基础设施的建设可以引入保险机构。因此，在城市轨道建设过程中，保险机构也起着分散项目建设过程中的风险、保障项目安全运营的作用。

5. 审计部门的工作职责

城市轨道交通 PPP 项目建设过程中所涉及的资金量巨大，因此审计部门应以"为使资金投放行之有效，避免寻租行为"为目标，参与对企业的规章制度、经营方针的考察以及对项目开展过程中的开支、费用等进行详细跟踪审计，以保证资金使用的安全。最后在项目施工完毕进入移交阶段时，也应配合相关部门做好资产状况的评估，以保证资产估值合理，最大限度地减少资金的浪费。

（二）北京地铁 4 号线 PPP 融资模式的运行环境

1. 政治环境

长期以来，我国的政治环境稳定，随着多项国家政策以及法律法规有序出台，在城市基础设施建设方面也具备了相应政策基础。并且北京作为我国的政治中心，各项政策措施得到了较好的落实，城市治安管理方面处于国内领先水平。

2. 经济环境

北京市的经济发展态势良好，地区生产总值连年攀升，如图4-3所示。从投资环境来看，北京作为一座国际化大都市，对基础设施的要求较高，而交通作为一座城市的大动脉，在城市中更是蕴藏着巨大的需求量，从而在客观上可以看到北京发展城市轨道交通的必要性。并且，近年来我国民营企业发展迅速，资金量充足，具备了良好的投资能力。

（亿元）

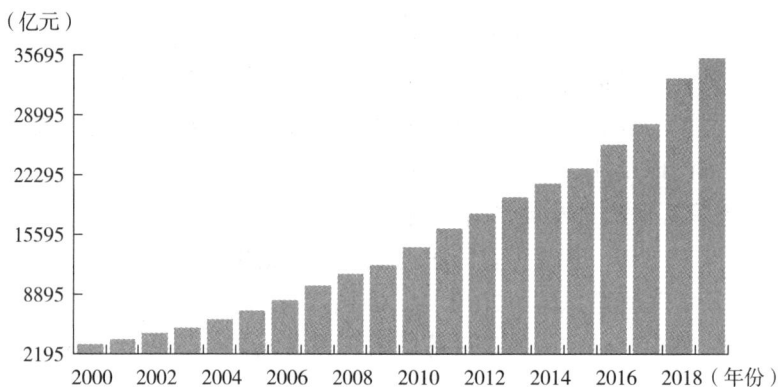

图4-3　2000~2019年北京市地区GDP

资料来源：国家统计局。

3. 社会环境

北京市常年吸引我国众多人口前往求职就业，人口密度较大，地面交通运行面临巨大压力，时常出现堵车、交通事故等现象。面对极大的客流量以及居民迫切的出行需求等问题，北京城市轨道交通建设刻不容缓。在这种社会环境下，城市轨道交通建设能够引起广大居民的欢迎，可以提升居民生活的幸福感。2000~2018年北京市总人口如图4-4所示。

4. 技术环境

在国际市场上，在城市轨道交通方面的PPP融资模式已相对成熟。并且，近年来我国科学技术水平得到不断提高，一方面不断引入一流设备，另一方面在设备研发上也有自己的创新和思路，由此可见，在北京地铁4号线引入PPP模式是具备一定技术基础的。

（万人）

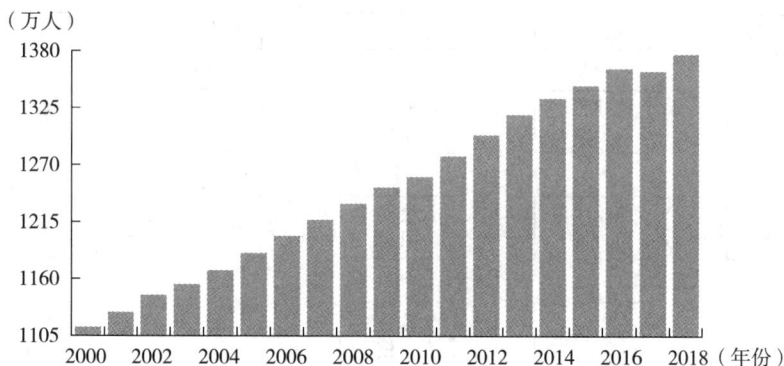

图 4-4 2000~2018 年北京市总人口

资料来源：国家统计局。

5. 生态环境

PPP 项目的开展采用了政府部门和私人部门相配合的方式。从单方面来看，作为私人部门，其首要的核心任务是营利，而政府部门不以营利为唯一目的，而是更加注重社会问题以及生态问题。因此，在北京地铁 4 号线 PPP 项目开展的过程中，北京市基础设施投资公司坚持将社会效益置于首位，对项目进行严格的把关筛选，在实施过程中给予严格的监督，有助于制定出对北京生态环境更有利的建设方案。

6. 法律环境

2003 年，国务院办公厅下发了《关于加强城市快速轨道交通建设管理的通知》（国办发〔2003〕81 号文）用以约束城市轨道交通的建设。城市轨道交通建设门槛的界定以及相关政策措施的相继出台，为北京地铁 4 号线的建设提供了政策支持。

（三）PPP 模式在北京地铁 4 号线的运作流程

依照财政部出台的《政府和社会资本合作模式操作指南（试行）》相关规定，可将城市轨道交通 PPP 项目划分为五个阶段，分别为识别阶段、准备阶段、采购阶段、实施阶段和移交阶段，如图 4-5 所示。

1. 识别阶段（前期分析阶段）

在北京地铁 4 号线开工建设之前，北京市基础设施投资公司就对该地区准备筹建的地铁 4 号线、5 号线、9 号线、10 号线进行了充分的考量。

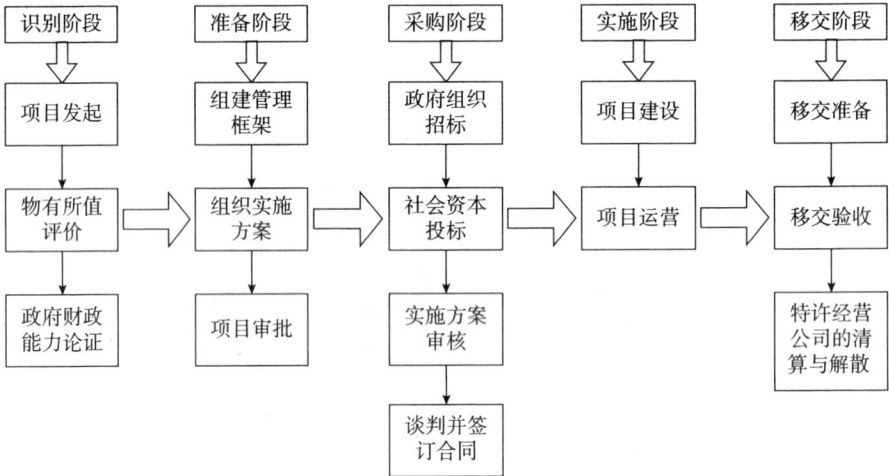

图 4-5　城市轨道交通 PPP 项目运作流程

资料来源：《政府和社会资本合作模式操作指南（试行)》。

从时间维度来看，当时正处于 2003 年，北京地铁 10 号线作为奥运线路，工程意义重大，不适宜引入社会资本，并且当时北京地铁 5 号线也已开始动工，此时再引入社会资本会产生较大的困难；从客流量维度来看，北京地铁 9 号线沿线客流量较少，对社会资本的吸引力不足，而北京地铁 4 号线经过北京南站、众多高校以及中关村等人口密集的地方，对社会资本拥有更强劲的吸引力。因此，在项目的识别阶段，北京市基础设施投资公司最终选定北京地铁 4 号线作为 PPP 融资的项目。

2. 准备阶段

在对北京地铁完成项目的识别以及通过初步可行性分析后，由北京市基础设施投资公司着手开展准备工作：一是组建起项目的管理框架；二是要求相关部门制定项目的实施方案；三是将相关材料报送政府相关部门进行审批。

3. 采购阶段

2004 年，代表政府的国有独资公司——"北京市基础设施投资公司"就开始编制招商文件，并由市政府引导、组织，召开了旨在广泛吸引社会资本的大型推介会。在本次项目中，具有投资意向的社会资本有十多家，但出于专业性以及土建租金等方面的考虑，北京市基础设施投资公司最终还是选择了港铁公司，并于 2006 年 4 月与港铁公司签订了特许经营协议。

同时，为科学建立风险分担机制，还引入了 MVA 公司对北京地铁 4 号线项目的客流量进行了第三方预测。此外，北京市基础设施投资公司还在票价补偿和终止补偿多方面与社会资本达成了共识。

4. 实施阶段

在北京市基础设施投资公司与港铁公司、首创集团创立起特许经营公司——北京京港地铁有限公司的那一刻起，就意味着该项目进入了实施阶段。在北京地铁 4 号线的建设中，为保证项目中的 A、B 部分能够实现准确的衔接与协调，引入了北京轨道交通建设管理有限公司对项目的 A、B 部分进行建设，但保留了北京京港地铁有限公司利用先进的技术和经验对项目 B 部分进行优化管理的权利，同时鼓励其对 A 部分提出更多的优化意见，以保证项目的建设效率和建造水平。实施阶段的又一关键环节是项目的运营，在北京地铁 4 号线建设完毕后，特许经营公司取得 4 号线全线的 30 年经营权，能够从 4 号线中获取票款收入以及其他商业价值的收入。但是，同时也应对北京地铁 4 号线的相关设备（如车站、车辆、轨道等）进行维护与管理。

5. 移交阶段

移交阶段发生在特许经营期结束之后，按照相关规定，北京京港地铁有限公司应对北京地铁 4 号线项目进行移交准备：一是将租赁取得的 A 部分归还北京地铁四号线投资有限责任公司（以下简称四号线公司）；二是将 B 部分无偿移交相关的政府部门；三是四号线公司以及政府部门对移交的资产进行验收；四是特许经营公司的清算与解散。

三、北京地铁 4 号线 PPP 模式的风险识别及分担

（一）风险因素识别

1. 政策风险

由于城市轨道交通建设属于一座城市的大工程，项目难度系数大、施工情况复杂，因而建设时间大多较为漫长，而其中就有由于政府政策的变动而带来的风险。在北京地铁 4 号线的建设过程中，由于其属于国内首次引入 PPP 模式，我国的相关政策仍不够完善，在此期间可能会产生政策上的变动和调整，需要项目的投资人紧密关注，但从北京地铁 4 号线的现实情况来看，其施工过程中没有出现对北京地铁 4 号线建设影响较大的政策变动。

2. 建造风险

城市轨道交通的建造问题波及面较广，主要有建造过程中的地质问题、生态问题、沿线的人流量问题、施工过程中的安全问题、拆迁问题等，此类问题都极有可能引发一系列的建造风险。一方面可能导致工期的延长以及工程质量的不过关，另一方面也可能导致成本的超支、环保问题的出现。在北京市人流量大、地质复杂、对生态环境的要求较高等情况下，能否按时完工是最大的风险。

3. 运营风险

在运营过程中，最常见的风险是票价风险以及预测客流量与实际客流量之间的误差风险。一方面，由于客流量受到的影响因素较多、较为复杂，而且项目施工时间较长，目前的情况不能完全代表将来的情况，因而，在项目的运营过程中存在着非常多的不确定性因素所引致的客流风险。另一方面，由于项目运营阶段的核心要素是现金流的供给，而资金链断裂及补贴机制的改变导致项目运转艰难的案例较多。所以，存在社会资本的现金流方面的风险，作为资金需求量巨大的城市轨道交通，在其运行阶段为保证乘客以及运行的安全，需要定期对相关设备进行维护和检查，其中的现金流问题也应得到重视。

4. 市场风险

市场的环境决定了项目是否具有可持续性。对于城市轨道交通 PPP 项目而言，最关键的市场风险是金融市场效率的风险，其决定了城市轨道交通建设过程中能否得到充足的资金量支持。其次是对于市场需求方面的风险，在城市轨道落成之后，客流量的变动问题以及预计客流量和实际流量带来的效益误差问题是城市轨道交通两个首要的市场风险。

5. 环境风险

城市轨道交通作为城市的一项重大工程，涉及的地点众多，施工期间，可能会对城市的环境造成不可逆转的伤害，因而存在相应的环境破坏风险。因为北京是我国的国际交流中心，城市环保局对相关的环境非常重视，这就要求地铁 4 号线在建设过程中应对环境问题进行严格把关。

6. 管理风险

在北京地铁 4 号线建设中，国内可供参考的政府与私人部门合作的城市轨道交通建设案例较少，在项目的实际运作过程中，社会资本常要求政府过度承担一些商业风险。承诺越多必然责任越多，其履行不了的风险也就相应加大，这就可能导致私人部门实现不了其预期的投资回报，不利于后续 PPP 项目的开展。

（二）风险因素调查分析

1. 城市轨道交通自身特性

如上所述，城市轨道交通具有投资回收期长、建设规模大、资金需求量高、合同关系复杂等特点，在较长的建设周期以及长时间的投资回收期中存在着复杂多变的不确定性风险因素，一方面是预期的投资回报无法得到保障，另一方面是沉没成本巨大。因此，容易引致上述的政策风险以及市场风险。

2. 城市轨道交通的建设涉及多方的利益问题

在 PPP 项目的开展过程中，参与主体不仅是政府部门和私人部门，还有一些协助开展的中介机构，如北京地铁 4 号线中负责对客流量进行预测的 MVA 公司。这些机构的参与虽然有助于项目风险得到不同程度的减少，但是不同的参与者以及不同的项目，其实施的效果不尽相同。参与者对该项目是否具备相关经验，参与者自身经济实力，参与者对经济风险认识深度，以及参与者的风险管理能力等都将直接影响到城市轨道交通建设中的建造风险、环境风险、运营风险。

3. 城市轨道交通 PPP 项目的运作方式

由于城市轨道交通 PPP 项目独特的运作方式，常导致各种管理风险、运营风险的产生。特许经营协议约定，在经营期内，私人部门能够取得票价收入等，并以此达到预期的投资收益，但这是一种在政府部门监管之下的运作形式，相比政府部门而言，更多的经济风险落在了社会资本上。此外，城市轨道交通不但要有营利性目标，而且其作为一项牵动着百姓之心的工程更应该做到公益性，且更应注重社会效益。因此，城市轨道交通的票价不宜定得太高，但政府的补贴也是有限的，所以其中就产生了较大的运营风险和管理风险。

4. 其他

例如，合同文本的表述不够明确、世界经济趋向的不确定性、国际贸易政策的趋向等造成某些部门的损失，从而引致的风险。

（三）北京地铁 4 号线的 PPP 模式的风险规避措施

较长的城市轨道建设工期中所产生的风险因素是不断变动的。因此，风险管理也应是动态的全过程的管理，如图 4-6 所示。除国家政策、市场、不可抗力因素所导致的系统性风险以外，应对可防可控的非系统性风险进行风险分担与规避。

图 4-6　PPP 项目的风险管理流程

1. 风险分担的主体

在进行风险分担前，首先需要明确的是项目的风险分担主体，考量各主体的风险承受能力，由此进行风险的合理化分配。风险分配完成后，应以签订合同或协议的方式进一步对各风险承担主体的责任和义务进行明确约定。当某一风险主体造成风险时，则由该风险主体承担相应的风险责任，其他参与者可以免受影响。在北京地铁 4 号线的建设过程中，主要的风险分担主体就是北京京港地铁有限公司以及北京市基础设施投资公司。

2. 风险规避策略

在目前现有的 PPP 融资模式中，最常见的风险规避策略有风险回避、风险转移、风险控制和风险分担。

风险回避①的规避策略常用于项目潜在的风险较大，并且难以采取措施进行规避的情况。这是一种比较极端的规避风险的有效措施，它在规避风险发生的同时，也彻底规避了利益产生的可能性。因此，在这种策略下，前期已经发生的投入很可能会付之东流，给项目参与者造成巨大的损失。

风险转移，是指将部分或者全部的风险以某种形式转移给更有能力承担风险的单位或者个人。例如，向保险公司进行项目的投保，以支付保险费为代价，就可以用合同约定的形式，将部分项目建设过程中可能产生的风险转移给保险公司。另外，还可以通过非保险方式进行风险转移，例

---

① 风险回避是指项目主体主动放弃或规避某项可能引发风险损失的方案。

如，在拟定项目合同前，私人部门应与政府部门进行协商，规定相应风险的承担者，如在项目运营收入不足的情况下，私人部门可以要求政府部门给予一定的补偿措施，以达到相应的投资收益预期。

风险控制可分为事前控制与事后控制两种。事前控制，即在风险发生前，对可能造成的事故采取积极的防御措施，如当气象台发布台风预警时，施工团队应该及时做好抵御台风的各项准备。事后控制主要是降低风险发生后所造成的损失，将风险损失最小化，同上例，由于事前控制的能力有限，若造成施工设备被泡水，这时应及时对这些设备进行处理和维护，以使其正常使用。

风险分担是对于不可避免或者难以避免的风险事项在参与者之间进行分担的行为。在城市轨道交通 PPP 项目中，最主要的两个参与主体便是政府与社会资本，因此，双方在订立合同前，应对项目施工运作过程中可能发生的风险进行合理的划分，明确双方的责任与义务。

3. 关键风险的规避措施

在项目的施工过程中，北京地铁 4 号线针对一些可防可控的风险因素也进行了风险的规避和分担。在 PPP 融资模式下，合同以及特许经营权协议是规避经济风险的首选方法和形式。因此，在本模块中，以北京地铁 4 号线为例介绍如何从合同订立的角度来规避城市轨道交通建设过程中可能发生的一些关键的风险因素。

融资建设风险规避方面。在城市轨道交通建设中，时常会出现工期拖延的情况，而这类情况将在很大程度上导致融资成本增加，因此北京地铁 4 号线在特许经营协议中特别设立了 23 个时间点，每一个时间点代表着政府部门和社会资本所共同确立的合理的完工日期，并且对于时间点的责任划分同样采取了 A、B 部分的形式进行。若未能按时完成各自所承担的那部分计划进度，那么将由相应的部门承担其所造成的损失并被处以一定的惩罚。

需求风险规避方面。城市轨道交通需求方面的风险主要是来自于对于预期的客流量和现实的客流量所产生的误差而引致的风险。在北京地铁 4 号线项目中，由于现实的运营情况复杂，即使有 MVA 公司出具的相关客流量的预测报告，但仍不能排除一些无法预估的风险因素。因此，在北京地铁 4 号线的特许经营协议中明确规定，由于客流量所引致的风险由特许经营公司作为主要的风险承担方。但是，如果连续三年的实际客流量低于预测客流量的比率超过了 20%，政府部门应给予私人部门一定的政策补贴。两年内，若政府部门与社会资本无法就补贴内容达成一致的，特许经营公司则有权提出终止协议。从而使双方对客流量所产生的风险有了明确的把握。

运营风险方面的规避措施。因为运营方面可能发生的问题较多，因此需要具体问题具体分析。其中，票价的定价方面所产生的风险是最主要的风险之一。在北京地铁四号线项目中，在北京京港地铁有限公司为期 30 年的特许经营期内，平均人次票价由经营期间的票价收入与实际客流量计算得出，并且在特许经营协议中也对平均人次票价进行了预测。若经过预测得到的平均人次票价高于实际的平均人次票价，政府部门则应就其差额给予北京京港地铁有限公司补贴。同时，为了预防私人部门获得超额利润，双方也明确约定若产生超额利润，将把超额利润的 70% 的差额上缴相关政府部门。通过这项约定能有效地解决票价定价所产生的风险问题。

四、政策建议

（一）设计合理的风险分担结构

风险分担是否合理是关系到 PPP 项目融资能否取得成功的最主要的因素。通常情况下，可以按照参与各方所享受的利益大小进行责任分配，利益越大，责任越大，承担的风险也相应较大。同时，在风险分配时应遵循的一项基础原则是：被分配到风险的一方应是对该项风险最有控制能力的一方。例如，在北京地铁 4 号线的建设中对完工日期做出了明确的约定：A、B 部分都由指定的部门予以监督完成，未达成的损失则由所负责的部门自行承担，与另一部门无关。

（二）加快政府职能的转变和角色的转换

在北京地铁 4 号线的 PPP 融资过程中，虽然社会资本投入了 46 亿元，但实际上每年政府在 4 号线项目上的补贴却达到了 7 亿元左右，这就背离了 PPP 融资模式提高政府资金利用率的初衷。因此，政府应加快转变自己的职能，由原来的主导角色转变为能与私人部门真正实现合作伙伴关系的监督、指导、合作角色，成为整个 PPP 项目的组织者和促进者，在真正意义上形成风险共担、利益共享的合作模式。

（三）促进 PPP 融资模式进行结构性改革

从北京地铁 4 号线的案例中可以看到，城市轨道交通建设的资金消耗量巨大，单一的特许经营模式，容易抬高社会资本的进入门槛，相应的风险也会随之加大，从而不利于 PPP 项目的长久发展。因此，在 PPP 融资方式上，应进行结构性改革和创新，如北京地铁 16 号线在北京地铁 4 号线的基础之上进行了创新，采用了"特许经营+股权融资"的形式，有效降低了社会资本的进入门槛，但又能够保证项目的有效运行，同时实现对社会资本的吸收。

（四）完善资金使用预算，建立全过程的动态监督机制

风险管理应是动态的全过程的管理。在项目进行的过程中，很可能会发生双方已承担的风险之外的风险。例如，在北京地铁 4 号线的定价机制中，由于实际客流量与预测客流量的偏差，政府部门与社会部门制定了弹性的解决办法，有效分担了偏差带来的需求风险。

（五）完善法律支撑体系，对 PPP 项目依法、合规、严格管控

就目前现有的法律体系来看，对于 PPP 模式的法律法规仍不够健全也不够完备。因此，相关部门应坚持"从群众中来，到群众中去"的思想对 PPP 模式进行完善，不能偏于一隅，既要参考相关专家的意见，又要广泛收集社会公众的建议和意见，集思广益，从多角度弥补政策上的不足。

第四节　福建省绿色基金发展的案例分析

一、兴业证券的"券商绿色金融业务标准与 ESG[①] 指数"

兴业证券的"券商绿色金融业务标准与 ESG 指数"被评为福建省

---

① ESG，即环境、社会和公司治理（Environment, Social and Governance），包括信息披露、评估评级和投资指引三个方面，是社会责任投资的基础，是绿色金融体系的重要组成部分。

2020 年度福建省十大金融创新项目。可持续投资对我国具有重要意义，既是落实党的十九大部署的切实行动，也是我国绿色金融的自然发展。

2020 年 8 月 6 日，兴业证券与中证指数有限公司联合开发的"中证兴业证券 ESG 盈利 100 指数"正式发布。该指数致力于在践行绿色发展理念、加强可持续投资应用、提升绿色投资专业能力等方面产生积极影响，助力中国 ESG 事业的发展，进一步将绿色可持续投资策略与基金产品应用紧密结合，为投资者持续创造价值。全球 ESG 投资具有良好的长期回报，并且投资者用 ESG 综合分析可以发现并规避风险。长期来看，中国资本市场处于红利释放期，ESG 投资可望获取超额收益，在全球资产荒背景下，服从 ESG 原则的全球资金也会争相配置中国市场。从投资机会层面来看，环境和社会等问题已成为金融投资不得不考虑的重要因素，中国践行 ESG 责任投资是重大历史性机遇。

ESG 投资是当前资管领域重要发展趋势，指数是 ESG 投资实践的重要载体，能够对促进上市公司质量提升、强化长期价值理念和引导中长期资金入市发挥重要作用。此次"中证兴业证券 ESG 盈利 100 指数"的成功发布，为中证指数与兴业证券发挥各自专业优势及合作推动 ESG 指数化投资提供了良好开端。此次兴业证券与中证指数公司合作编制的 ESG 盈利 100 指数，进一步将绿色可持续投资策略与基金产品应用紧密结合，为投资者持续创造价值。

ESG 等非财务信息是基本面分析的重要组成部分，对于反映企业经营效率、盈利质量和财务稳健具有重要价值。国内数据验证，ESG 评分较高的公司具有更稳健的财务表现和更低的特质性风险。如 2019 年以来，中证指数公司立足国际规范，积极构建符合中国发展特色、客观量化、可投资的 ESG 评价体系，并推出了 ESG 基准、领先和策略等系列指数，为投资者提供了更加丰富的工具。而在绿色发展理念引领下，兴业证券已在业内率先设立了以绿色证券金融部，建立了绿色融资、绿色投资、绿色研究、环境权益交易"四位一体"的服务体系，致力于成为绿色证券金融的倡导者和先行者。

二、红庙岭厨余垃圾处理厂项目投资

福建省积极推进金融改革创新，引导社会资本加速流向绿色产业。在福州红庙岭厨余垃圾处理厂，将厨余垃圾经过破碎、磁选、筛分、厌氧发酵等一系列处理后，沼气将用于发电，沼渣可转换为化肥，沼液则进入园区渗滤液处理厂进行深度处理，真正实现了厨余垃圾的资源化利用，真正做到变废为宝。红庙岭厨余垃圾处理厂这一项目总投资为 6.22 亿元，设计规模为日处理 800 吨。一期项目于 2020 年 10 月投入试运行，可"吃掉"福州市中心城区所产生的分类厨余垃圾及废弃果蔬等有机垃圾。全部建成投产后，预计可年产有机营养土 3.6 万吨，发电约 6000 万千瓦·时，发电余热回收利用约 752 万千瓦·时，年减排二氧化碳 6 万吨、二氧化硫 1818 吨、氮氧化物 900 吨。[①] 这是个公益性 PPP 项目，投资回收期长，急需足额、稳定、低成本的资金供应。兴业银行为福建省发放了省内第一笔垃圾分类项目贷款，并提供担保为项目申请获得省内首笔清洁基金低息贷款，既降低了企业资金的综合成本，也保障了资金的使用期限，又合理分配了还款现金流。

为撬动更多的社会资本投入绿色产业，2019 年 9 月，福建省财政厅、兴业银行与中国清洁发展机制基金管理中心在福州签署了三方合作协议，运用市场手段分担项目风险，共同打造福建"绿色创新投资业务"新模式。红庙岭厨余垃圾处理厂成为首个落地的"绿创贷"项目，以 PPP 项目特许经营权为质押，福建省为项目提供了 2.66 亿元、期限 15 年期的绿色节能减排贷款，并为项目担保，申请获得 6900 万元的清洁基金优惠贷款，利率较基准下浮 25%。待基金 5 年到期后，将由兴业银行承接项目贷款，推动绿色产业引入 PPP 模式，大力引入社会资本参与垃圾处理、污水处理等公共服务领域的绿色项目。[②]

2021 年 6 月末，福建省已有 23 个县（市、区）推出县域乡镇生活污水处理捆绑打包项目，累计录入生活垃圾处理 PPP 项目 31 个，总投资 121.8 亿元，福州市将所有河道项目整合形成 7 个 PPP 水系治理 PPP 项目包，治理总投资达 100 亿元。[③]

---

①②③ 绿色金融，助推经济迈向"高素质"［N］. 福建日报，2020-11-08.

第五章

福建省绿色保险：产品创新活跃，市场覆盖范围有待提升

第一节 绿色保险的基本介绍

一、定义

狭义上，绿色保险通常被理解为一种特定类型的保险产品，即环境污染责任保险。但广义上，绿色保险可延伸为与环境风险管理相关的各类保险计划，是为解决经济社会活动中衍生的环境风险而提供的保险制度安排与长期治理机制。绿色保险的重要功能是通过保险机制来实现环境风险成本内部化，助力解决环境承载力退化和生态保护的问题，减少自然灾害对经济社会的冲击破坏，并通过发挥保险增信功能和融资功能，支持绿色产业投资。据中国保险行业协会统计，2018~2020年，保险业累计为全社会提供了45.03万亿元保额的绿色保险保障，支付赔款533.77亿元，有力发挥了绿色保险的风险保障功效。2020年绿色保险保额达到了18.33万亿元，较2018年增加了6.30万亿元，年均增长23.43%。同时，2020年绿色保险赔付金额为213.57亿元，较2018年增加了84.78亿元，年均增长28.77%，高出保费年均增长6.81个百分点。

二、主要险种

（一）环境污染强制责任保险

企业高排放、高污染行为是我国实现"双碳"目标的"拦路虎"，除了行政法规手段外，环境污染责任保险是市场调节的有效机制，可帮助实现环境风险成本内部化。我国从 20 世纪 90 年代初开始探索环境污染责任险，2006 年开展环境污染责任险试点，此后相关制度建设持续推进。继 2013 年环境保护部与保监会联合发布《关于开展环境污染强制责任保险试点工作的指导意见》后，2017 年 6 月 9 日再次联合制定公布了《环境污染强制责任保险管理办法（征求意见稿）》（以下简称《办法（征求意见稿）》）。作为部门规章，《办法（征求意见稿）》覆盖了保险标的界定、具体保障范围、投保与水保、风险评估与排查、赔偿、罚则等，较为系统地构建了环境污染强制责任保险的行为规范与管理框架。

同时，多个地方政府出台了相关指导意见或试点实施方案，皆对当地推行环境污染责任保险的行业、投保程序、赔偿范围进行了界定。其中，广东省深圳市与山东省德州市均明确划分了强制投保的企业类型，并对其他环境高风险领域采取鼓励投保政策。2020 年 10 月底，深圳市出台了全国首部绿色金融法规——《深圳经济特区绿色金融条例》，要求建立环境污染强制责任保险制度，将从事涉及重金属、危险废物、有毒有害物质等高环境风险的企业纳入投保环境污染强制责任险的范围。截至 2020 年 12 月，全国 31 个省份（不包括港澳台地区，下同）均已开展环境污染强制责任保险试点。平安产险开发了业内首份环境责任险，并陆续开发了生态损害责任险、渐进污染责任险、草原生态险等险种。截至 2020 年，平安产险为近 4000 家企业提供了超 200 亿元的环境污染责任风险保障。2020 年，中国人寿通过环境污染责任险为 1830 家企业提供了超 30 亿元的风险保障，为 1.3 万家绿色产业企业提供了近万亿元的财产风险保障。此外，中国人寿为投保的森林、草原提供前期预警、中期定损、后期支付赔款的全流程风险管理服务；为跟上服务农业高质量发展，中国人寿在全国首创赤潮指数保险、茶叶低温指数保险；为产业发展融资增信，中国人寿创新绿色信贷保证保险、农产品质量安全保证保险；等等。随着绿色产业的发展，中国人寿的绿色保险险种不断丰富，产品服务种类在不断增加，保障范围也在不断扩大。

（二）巨灾保险制度

保险工具的风险防范机制，可以减少自然灾害对经济社会的冲击破坏。近年来，中国政府对于巨灾保险制度的重视程度不断上升。继党的十八届三中全会将巨灾保险制度建设纳入政府服务与财政制度化改革的重要任务之一后，2017 年 1 月印发的《中共中央、国务院关于推进防灾减灾救灾体制机制改革的意见》进一步明确了巨灾保险制度对于防范系统性风险的重要性。相比之下，2017 年 5 月启动的厦门市巨灾保险制度更侧重于对居民个体的保障。通过财政出资、5 家保险公司组成联保体的形式，厦门市全民均可获得针对台风、暴雨、洪水、地震等自然灾害的人身、住房与财产风险保障，且其赔偿标准均为目前中国巨灾保险试点的最高标准。

在此政策支持下，中国的气候巨灾保险取得了一系列进展，于多地陆续开展了各种形式的试点。2016 年 7 月，黑龙江省启动了国内首个农业财政风险巨灾指数保险试点，开创了我国农业财政风险巨灾指数保险制度的先河，这也是全球首例通过雷达遥感方式承担针对农业相关标的的洪水损失保险保障。2019 年，全球范围内自然灾害和人为灾难造成的经济损失达到了 1460 亿美元，其中全球保险业共赔付了 600 亿美元，占比达到了40%。瑞士再保险 *Sigma* 杂志 2020 年第二期发布的数据显示，巨灾造成的经济损失占保险赔付总额的 40%，其中欧洲和南美洲为 40%、大洋洲和北美洲为 60%、非洲为 15%，而中国的这个比例还不到 10%，虽然较 20 世纪及 21 世纪的前十年已经有大幅提升，但在国际上仍较落后。

（三）绿色建筑保险

绿色建筑保险可以对企业建筑开发项目的事前、事中、事后进行阶段性风险保障，有助于开发前项目投融资过程中的增信，开发中发挥风险管理作用，开发后针对保险范畴的损失进行及时补损。综合而言，绿色建筑保险有利于以市场化手段助力绿色建筑实现预期价值，推动建筑的"绿色化"从设计环节平稳过渡至运行环节。

资料显示，当前主流的国际绿色建筑保险产品主要可以分为绿色建筑财产保险和绿色建筑职业责任保险两类。绿色建筑财产保险产品以绿色建筑资产本身及附属设施、材料、装备为标的；绿色建筑职业责任保险产品以各类绿色建筑专业人员的职业责任风险为标的。2006 年，美国的 Fireman's Fund 保险公司开始提供名为 Green Gard 的绿色建筑保险，为美国商用建筑提供绿色建筑风险保障，代表着市场上绿色建筑保险产品初次面世。

2019 年 4 月 2 日，中国人民财产保险股份有限公司以北京市朝阳区崔各庄奶东村企业升级改造项目为试点，引入绿色建筑保险，对项目的启动阶段、设计阶段、施工阶段、运行阶段的重要节点进行风险防控。若保险建筑最终未取得合同约定的绿色运行星级标准，保险公司将采取实物修复和货币补偿的方式来保障项目方的权益。此试点项目在绿色金融创新模式指导下，充分调动社会资源，积极培育市场力量。2020 年，中国太保旗下产险北京分公司与北京一家房地产开发有限公司合作，签发了北京市首份高标准住宅绿色建筑性能责任保险。通过引入风险防控机制，为北京市朝阳区豆各庄乡孙家坡村住宅混合公建用地项目（绿城·沁园）达到预期绿色建筑三星级评价标准提供保险保障。2020 年 4 月 9 日，中国建筑节能协会发布了绿色建筑质量性能保险试点方案，希望通过探索、试点、示范和引领作用，突破城市建筑质量管理与政府管理的责任风险，实现政府和保险业的共赢发展。

（四）天气保险

天气保险，亦称天气指数保险，是指在因天气异常而导致企业或个人遭受经济损失后，由保险公司向投保者提供赔偿的保险。该保险以指数化气候条件（如气温、降水、风速等）为基础，当指数达到一定水平并造成保险条款限定的影响时，由被保险人获得相应标准的经济补偿。其中，以平抑和分散极端天气带来的气候风险为目标的天气指数保险，可以通过对绿色农业等绿色产业风险的转移，为企业的财产物资提供经济保障，减轻政府的财政负担，保障财政稳健性，这也是绿色保险的一种。

国外保险市场较为成熟，天气保险的种类更具多样性。代表性险种有英国的降雨降雪险以及日本的台风险、酷暑险等。而在发展中国家，印度的天气指数保险是较成功的案例。2003 年以来，印度的天气保险市场迅速发展，已成为全球最大的天气指数保险市场，其农业天气指数保险全部以天气指数为依据，以农作物受自然灾害、极端天气影响而造成的损失为标的，印度的农民可以为约 40 种农作物寻求极端天气下的保险保障。

天气保险在我国起步较晚，目前国内市场正进入快速发展时期。2014年 8 月，国务院出台了《关于加快发展现代保险服务业的若干意见》，提出"探索天气指数保险等新兴产品和服务"。2016 年，在中央一号文件《关于落实发展新理念加快农业现代化实现全面小康目标的若干意见》中，又提出了"探索开展天气指数保险试点"。目前，气象指数保险已在全国多地推行，涉及种植业、畜牧业、渔业等多个农业领域。2017 年 6 月 16日，安信农险与慕尼黑再保险及天气科技（北京）有限公司共同推出了我国首个全面针对台风的保险并成功出具首张保单，为台风可能造成的农作物、财产等损失提供风险保障，填补了我国保险行业在台风险领域的空白。2020 年，中国太平洋保险在全国 24 个省市开展了气象指数保险项目，为 5.3 万农户提供超过 14.6 亿元的气候变化损失保障，涵盖蔬菜、水果、茶叶、花卉、中药材、大闸蟹等多个品类。

（五）可再生能源项目保险

可再生能源项目保险是以可再生能源开发和使用过程中的风险为标的的保险。可再生能源项目保险有许多种类，如光伏项目保险、风电保险等。

1. 光伏项目保险

就国际而言，自 2010 年起，欧美的保险公司如慕尼黑再保险公司和国际电卫科技有限公司（Power Guard）纷纷开发了各自的 25 年期组件功率保险产品，光伏项目保险持续发展。2012 年 10 月，国内推出了首个光伏组件的 25 年期保险产品，在有效期内，一旦光伏组件企业倒闭，买方利益仍有经济保障。2014 年，国内第一份涉及光伏电站运营损失的险种推出。2016 年，多个光伏保险项目取得进展，苏美达能源与鼎和财产保险、德国莱茵合作，开展国内首例光伏电站发电量保险合作；汉能和中国人寿财险合作开启"光伏+保险"扶贫新模式；山东航禹与中路保险签订国内首份光伏扶贫项目综合运营保险。2021 年 1 月，友太安保险经纪有限公司介绍了与光伏市场装备、新材料相关的保险，主要针对光伏企业新装备、新材料在推广应用过程中存在的特殊风险提供定制化综合保险解决方案，承保质量风险和责任风险，为由装备、新材料的质量缺陷所造成的问题提供保障。

2. 风电保险

2013 年，我国出现了风力发电指数保险产品。2019 年，《中国风电叶片质量与保险研究白皮书》作为最佳实践案例同步发布，为保险从业人员及相关企业参保提供了详尽的参考依据。2020 年 6 月，瑞士再保险与 LOC 联合推出了《海上风电工程风险管理服务作业指南》，覆盖了风险管理的方法、流程，技术文件的审核，风险识别的执行，施工船舶和施工设备的适用性审核，装船作业过程风险识别，海上运输作业风险识别，海上吊装作业风险识别，海缆敷设作业风险识别以及针对识别出的风险提出整改建议，此举对于中国海上风电风险管理理念的进步具有重要意义。

（六）碳保险

碳保险的定义需要与低碳保险区分开，碳保险可以被界定为与碳信用、碳配额交易直接相关的金融产品，以《联合国气候变化框架公约》和《京都议定书》为前提、以碳排放权为基础，或是保护在非京都规则中模拟京都规则而产生的碳金融活动的保险，主要承保碳融资风险和碳交付风险。

在国际方面，目前，国际碳保险服务主要针对的是交付风险，对碳排放权交易过程中可能发生的价格波动、信用危机、交易危机进行风险规避和担保。一是碳信用价格保险、清洁发展机制支付风险保险、碳交付保险、"减排交易的或有限额期货"等。例如，2006 年，针对碳信用价格，瑞士再保险公司的分支机构——欧洲国际保险公司提供了一种专门管理其价格波动的保险。之后，又与澳大利亚保险公司 Garant 合作，根据待购买的减排协议来开发碳交付保险产品。二是碳排放的信贷担保及其他可再生能源相关保险产品。2006 年，美国国际集团与达信保险经纪公司合作推出了针对碳排放信贷担保与其他新的可再生能源相关的保险产品等。三是碳损失保险。2009 年 9 月，澳大利亚承保机构斯蒂伍斯·艾格纽（STEEVES AGNEW）于全球首次推出碳损失保险，为因森林大火、雷击、冰雹、飞机坠毁或暴风雨而导致森林无法实现已核证减排量所产生的风险提供保障，在条款事件被触发时根据投保者的要求为其提供等量且经核证的减排量。

在国内方面，森林碳汇指数保险对森林固碳能力、森林损毁修复成本以及碳排放权交易价值提供保险保障，为森林提供前期预警、中期定损、后期支付赔款的全流程风险管理服务。2016年11月8日，湖北碳排放权交易中心、平安保险湖北分公司和华新水泥集团签署了"碳保险开发合作协议"和中国首份"碳保险服务协议"，旨在帮助企业进行风险管理，规避碳排放交易企业在转型升级过程中因加强生产设备的升级换代、应用新技术而产生的风险。2018年，中国建设银行广州花都支行联合广州人保财险、广州碳排放权交易所推出了国内首份针对碳排放权抵押贷款的保证保险，由控排企业将自身拥有的碳排放权作为抵押物实现融资。截至2020年3月底，广州碳排放权交易所碳配额抵押融资业务累计开展8笔，抵押配额共计409.64万吨，融资金额为4335.62万元；国家核证自愿减排量（CCER）抵押融资累计开展3笔，抵押CCER 280万吨，融资金额为2000万元。

（七）绿色卫士装修污染责任险

绿色卫士装修污染责任险是聚焦于绿色建筑的创新型产品，实行全流程风险管控，提供施工时污染物评估、完工后污染物检测、出险后污染物治理等服务。此份保险致力于保障业主房屋装修后的室内空气质量安全以及是否符合居住标准，避免因为新装修后产生的污染物（甲醛、三苯、TVOC、氡等）对业主，尤其是对儿童身体健康的危害，并可对建筑物内因空气污染引起的人身伤亡和财产损失进行赔付。2018年9月27日，深圳市福田区政府、深圳保监局、平安产险深圳分公司、深圳经济特区金融学会绿色金融专业委员会达成战略合作，共同启动绿色卫士装修污染责任险，对福田区的新建或翻新公众场所进行承保。

三、主要特点

（一）环境风险管理能力不断提升

绿色保险与传统保险在功能上的差异不仅是对存量风险进行分散化管理，更重要的是绿色保险会通过事前有效干预手段对风险进行减量规划。例如，中国人民财产保险公司通过运用无人机、卫星遥感和人工降雨等技术，加强了农业自然灾害风险管理能力，在2016年提供农业风险保障2.8万亿元。防控技术及实时的风险检测等新兴的科技手段可以提早暴露环境风险，从而做出有效的干预和预防措施，进而减少风险的发生量。

（二）绿色保险产品创新助力环境保护和绿色产业

对于解决农村环境承载力退化与生态保护问题，绿色保险新型产品正发挥着日益显著的作用。在生态养殖方面，生猪保险与病死猪无害化处理联动机制自 2014 年在浙江省龙游县成功试点以来，已推广至浙江全省以及其他多个省份，为养殖业环境污染问题提供了有效的市场解决方案。

（三）社会管理职能日益凸显

根据现已发布的关于环境污染强制责任保险制度的政策文件，定期开展"环保体检"已逐渐成为投保程序中的标准环节。在这一背景下，绿色保险正在从单纯的"赔偿"职能向"赔偿+服务"职能转换，防灾防损的功能不断强化。在市场应用方面，多个环境风险管理的创新模式相继落地，这些实践大多从两个角度中推进环境风险防范。

（四）绿色保险的增信融资能力逐渐增强

作为重要的机构投资者，保险公司的绿色投资潜力不可小觑。保险资金具有期限长、成本低的特点。作为绿色金融体系的一环，绿色保险的功能已不再局限于传统的环境风险转移与管理，其为绿色产业发展提供增信及融资服务的能力也逐渐增强。其一，保险可以使企业信用级别增加。分担绿色信贷机构的经营风险，为绿色企业或绿色项目疏通融资渠道。其二，保险机构作为长期投资者，向绿色产业项目直接投资。保险资金期限长与绿色产业投资周期长具有较好的匹配性，可以弥补银行信贷资金的期限错配问题。2017 年 5 月，保监会发布的《关于保险业支持实体经济发展的指导意见》明确释放了对于保险资金投资于项目的正面政策信号。在监管层面的协调与支持下，保险机构既可通过购买企业股权或债权的形式直接投资于绿色产业，也可以通过购买绿色债券或参与设立绿色产业发展基金的方式提供资金支持。例如，中国人寿参与三峡新能源风电投资计划，支持清洁能源发展；中国人民保险资本注册长沙城投债权投资计划，为成嘉湖景区环境综合整治项目提供资金支持。中国人民保险集团与中国节能集团共同发起设立总投资规模为 10 亿元的环保产业基金股权投资计划，通过向中节能新材料投资有限公司增资扩股，支持节能环保项目建设。

第二节　中国绿色保险试发展前景分析

一、保险环境风险治理功能有待进一步发挥，将持续推进法律约束和政策激励

　　绿色保险虽然在我国目前仍处在初步发展阶段，许多绿色保险创新产品只是个案，未得到广泛应用，难以充分发挥其对于社会的环境风险治理职能。但是，作为一种规范化、市场化、社会化的环境风险治理机制，需要完善的法律体系与积极的政策引导以提供制度保障。一方面，完备的环境保护法律制度体系是发展绿色保险的重要前提。当前我国的环境保护法律制度对于绿色保险的强制力约束与具体的规定仍有待加强，《办法（征求意见稿)》的正式出台标志着环境污染强制责任保险制度的重大突破，并将为其他绿色保险的立法建设提供示范和借鉴。另一方面，有效的激励机制是发展绿色保险的保障。在国家层面，绿色保险制度的顶层设计正在稳步推进。在地方层面，不乏政府综合运用行政、财税等手段形成绿色保险激励机制的良好实践。基于现有经验与发展模式，充分发挥政府的职能作用对于绿色保险试点推广具有重要意义。在推进绿色保险"广覆盖"的过程中，应进一步强化政府的政策引导角色，推动政府部门通过保费补贴、税收优惠、加强环保执法、将投保与企业其他资质相挂钩等形式来完善绿色保险的长效激励机制与约束机制。

二、绿色保险的市场覆盖范围有待提升，应构建多层次市场风险分担机制

　　目前，许多绿色保险创新产品仍停留在试点阶段，市场覆盖率普遍偏低，难以满足保险经营的大数法则，致使保险公司面临较高的承保风险。例如，在环境污染责任保险方面，由于环境污染损害赔偿金额普遍较高，

承保范围主要集中在重大污染风险源，加上中国环境污染责任保险起步晚，相关评估鉴定技术与数据的支撑尤为不足，致使承保环境污染责任保险的经营风险远大于其他商业保险险种。在气候灾害保险方面，由于气候风险分散能力较弱，风险转移方式较为单一，且损失金额巨大，保险人通常难以独自承担巨额赔付。

因此，除法律约束和政策主导外，还需构建多层次市场风险分担机制。例如，综观国际先进的实践经验，构建再保险制度有利于建立多层次环境风险分散机制，进而提升保险经营的偿付能力与稳定性。但目前中国的再保险市场尚不完善，风险承担能力有限，考虑到环境风险的特殊性，环境再保险制度已跨越商业行为的范畴，而上升为国家层面的体制机制构建，尤其是在巨灾保险领域。因此，未来中央与地方政府需发挥积极主导作用，通过结合中国国情与国际先进经验，在组织架构、法律法规、准备金制度、与国外再保险机构合作等方面大力推动环境再保险制度建设。

三、保险业的绿色投资潜力有待开发，将进一步提高机构环境风险分析能力

当前，中国保险机构作为最大的机构投资者之一，绿色投资意识还相对薄弱，相关投资仍处于起步和试验阶段，其根本原因在于没有认识到环境风险给投资带来的挑战，以及缺少风险分析能力和缺少工具去量化环境风险，环境风险分析在其自身以及客户层面的运用还相当有限。而这有可能导致保险资产管理业在判断与环境因素相关的金融风险时发生错误定价。因此，下一步我国应从以下两个方面着力推进，进一步开发保险业的绿色投资潜力。

第一，广泛进行环境、社会和公司治理（ESG）的能力建设。中国的证监会（监管部门）、自律组织（基金业协会、交易所）、学术机构以及媒体与公众，将进一步积极倡导和普及 ESG 投资理念，让包括保险资管业在内的机构投资者认识到环境风险是真实存在的且会影响到投资收益。通过对投资者教育，帮助其理解并识别会导致金融风险的环境因素。

第二，开发环境风险分析工具并推动使用。学术机构、智库等研究机构要加强研究，开发出环境风险分析方法。将环境因素转换为数量和质量

信息，特别是环境风险对于投资组合的量化影响，以帮助机构投资者更好地了解环境风险可能给投资带来的潜在影响，并对投资决策提供帮助。2017 年 4 月，中央财经大学绿色金融国际研究院发布了中国首个适用于保险资产管理业的环境压力测试方法，为保险业测试并管理其投资组合的环境风险敞口提供了分析工具。随着保险机构对所投资产所处的环境风险分析能力的逐步增强，环境因素也将逐渐成为其投资决策中的重要组成部分。

四、公共环境数据有待加强建设，科技发展将促进绿色保险创新

当前，公共环境数据缺乏系统性建设，且在金融分析的运用中仍面临公共环境数据零散不系统、环境数据的搜索成本较高、环境成本效益评估方法不成熟、提供公共环境数据的商业模式尚不明晰等问题。未来，环保部门和金融监管部门将跨部门合作，推进公共环境数据库的建设。随着环境与气象数据监测系统的完善，以及跨部门数据共享平台的构建，保险公司在绿色保险产品研发过程中的数据可获得性将得到大幅改善。通过利用新数据源与创新平台来捕捉、存储与挖掘数据，保险公司将得以构建自动化的环境风险评估模型，从而减少承保成本；此外，大数据与新分析工具将提供更准确的高质量信息，进而提高环境风险评估与定价的准确度。

在分销方面，移动技术的普及使保险公司能更精确地寻找目标客户，并开展针对性营销，且简化的在线流程也将提高潜在客户的投保意愿，提高市场投放率，有利于保险公司分散环境风险，降低其经营损失的概率。从理赔角度来看，大数据等技术的运用将为快速定损与赔付提供技术保障，并进一步促进具有阈值触发特征的气候指数保险推广运用，从而实现对污染受害者与受灾区的及时救济，降低风险对环境与社会经济的损害程度。

第三节　福建省绿色保险案例分析

中国人民财产保险股份有限公司福建省分公司与宁德市中级人民法院

共同开发出了生态修复系列保险，已在闽江流域古田段翠屏湖区域开展试点，年度保障金额 1800 万元。

主要做法是：建立县域生态环境司法、行政与保险协同保护机制。以"保险+科技+服务"模式在闽江流域古田段翠屏湖区域开展了生态环境污染保险，该区域有突发性环境污染事件时，古田县人民政府主管部门在职责范围内开展应急救援与善后处置工作，相关司法、行政部门介入事故调查，同时将保险公司已赔偿部分的损失追偿权转让给保险公司，若是应由责任方赔偿损失的情况，人民法院支持保险人对责任方进行追偿。此种做法既能为生态环境污染应急处置快速提供资金，又不放任责任方，同时也能为保险公司的追偿提供有利的司法环境。中国人民财产保险公司每年按保费的一定比例提取损害灾害风险预防费用，用于生态环境巡查、检测等，以此完善生态损害风险防控体系。

探索生态司法修复履约保险。生态环境的致害人在造成生态环境损害后，应对已损害的环境进行修复，致害人（修复义务人）、受害人、人民法院共同协商生态环境修复方案，致害人应按修复方案履行修复义务，修复义务的履行情况是人民法院审判时适用刑罚的参考，为确保致害人（修复义务人）能按方案修复损害的生态环境，宁德市人民法院要求生态环境损害修复义务人为生态环境损害修复方案提供履约保证，对未按商定方案修复且未按方案约定赔偿给合同权利人的部分由保险公司先行赔偿。

探索替代性修复保险。对于无法修复的，人民法院要求生态环境致害人为其他生态环境投保作为替代性修复措施，致害人可选择投保区域性森林功能丧失保险，当约定的保险事故发生时，人保财险公司应给予赔偿；也可选择古树名木、不可移动文物进行投保，当约定的保险事故发生造成保险标的的毁损时，对由此产生的修复费用或原址重建的费用，保险人按照合同的约定负责赔偿。

第六章

环境权益市场：
探索完善绿色定价机制

气候问题日益严峻，为了实现环境和经济协调发展，国际社会积极倡导低碳经济。《京都议定书》不仅从法律层面规定了缔约方的减排义务，也催生出碳排放权的买卖机制，即在总量限额确定的前提下，二氧化碳排放权被当作一种商品进行交易。例如，具有较高能源利用效率的发达国家的温室气体减排成本大，而发展中国家主要以煤、石油为能源消费结构，资源配置效率低，通过技术创新就能达成减排目标，因此发达国家与发展中国家可通过市场交易，来完成减排目标。目的是经由市场手段推动全球减排，防止气候变化加剧环境问题。中国二氧化碳排放量大，在低碳减排领域谈判中应主动发展低碳经济，承担温室气体减排任务。

第一节　碳排放权交易发展进程和主要挑战

一、我国碳排放权交易的现状

我国采取的是欧盟碳排放市场的配额交易机制。其中，配额交易是企业依据自身减排完成情况，在碳排放市场对碳排放额度的自由交易。从2013 年开始我国相继成立了湖北、深圳、北京等 7 个碳排放交易试点和四川、福建两个非试点地区。2021 年 12 月 3 日，全国首个省级碳市场综合服务平台在福建省上线。各碳排放市场由于成立时间不同和地区差异，其市场的表现不尽相同，但市场活跃度普遍偏低。不过我国的碳交易市场运行已经初见成效，2017年的碳强度比2016年减少了5.1%，与2005年相比减少了约46%。2017年底，我国正式启动全国碳排放权交易市场，抓紧构建交易体系的进程，计划以发电行业为重点行业，经过基础建设期、模拟运行期和深化完善期，2021年7月正式开始交易。目前，全国碳交易试点建设以湖北省和上海市为领头，其他试点省份参与系统建设和运营，争取尽早实现在2030年比2005年下降60%~65%单位国内生产总值二氧化碳排放的承诺。

1. 碳排放总量

根据上述分析，本书采用IPCC提供的方法来估算福建省的碳排放量，得出福建省1995~2018年的碳排放总量。

在图6-1中可以清楚地看出1995~2018年福建省碳排放总量及其增长率的变动情况，由1995年的1037.15万吨增长到2018年的6247.47万吨，这24年来的平均增长率约为8.4%，属于上涨阶段。从图6-1中可以看出，可将福建省碳排放量的增长大致划分为三个不同的阶段：1995~1998年处于平稳状态，此时碳排放总量在1100万吨上下浮动，未出现大幅增长的情况。1999~2014年处于大幅度增长状态，可能的原因是，此时的福建省城镇化、工业化的脚步加快，人口的增长以及重工业的污染，带来经济发展的同时也导致了福建省碳排放量的急剧增高。2015~2018年，处于波动且不再进行大幅增长状态，尤其是2015年的碳排放量是6138.5万吨，比2014年的6521.8万吨减少了383.3万吨，2017年更是回落至5934.02万吨，与2014年相比降幅超过了9%，即使在2018年增长至6247.47万吨，但未突破2014年的二氧化碳排放量，可能的原因包括福建省在2016年6月成为国家生态文明试验区而做出的积极响应，福建省的工业化正在向低碳化前进。从图6-1中看出，二氧化碳的增长速率在2002年到达最高点后，呈现波动的下降形式。

2. 人均碳排放及碳排放强度

1995~2018年，福建省人均碳排放量总体呈上升趋势，由1995年的0.32吨/人增加到2018年的1.59吨/人，人均碳排放客观地反映了生产与个人生活中的能源消费关系。如图6-2所示。

从图6-2可以看出，人均碳排放量与碳排放总量趋势相同，大概可划分成三个阶段，可以看出人口的上升同经济的发展、碳排放的总量呈相对

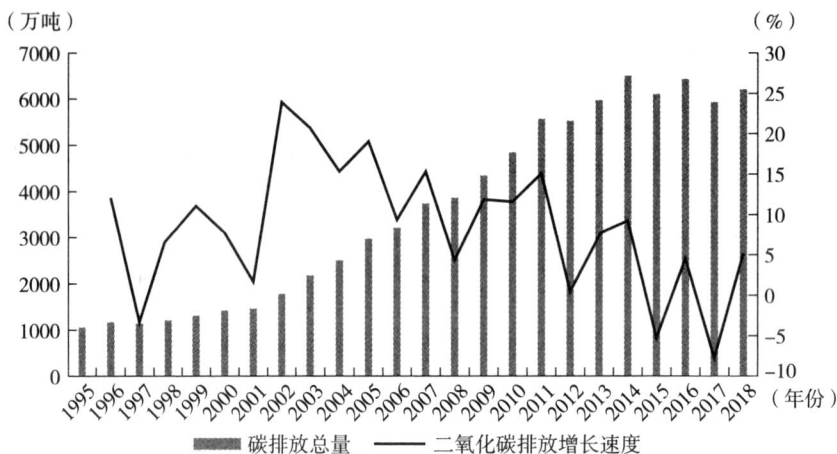

图 6-1　1995~2018 年福建省碳排放总量及增长率

资料来源：根据《福建统计年鉴》整理所得。

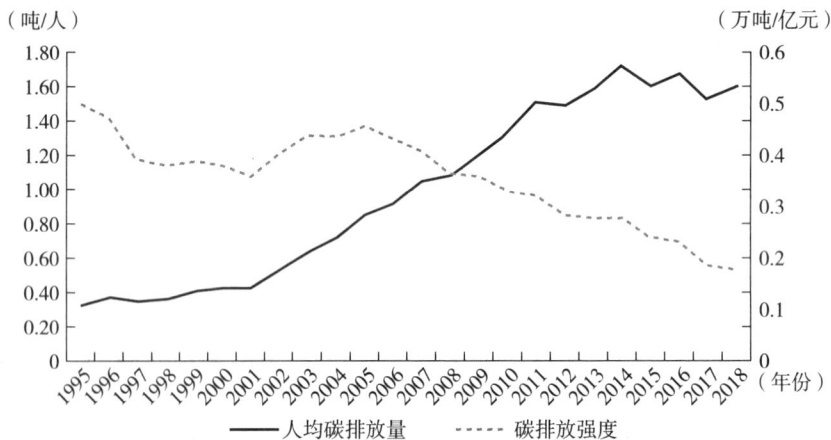

图 6-2　1995~2018 年福建省人均碳排放量及碳排放强度

资料来源：根据《福建统计年鉴》整理所得。

的正比例关系。2001~2014 年是斜坡式快速增长，这是因为从 2001 年开始一些工业产业的迅速扩大，高度消耗能源的产业在 2014 年到达了最高值，对全国气候造成了一定的影响，此时的全球变暖也是越发严重。"绿水青山就是金山银山"，这句话体现出了我国促进生态文明建设的决心，而福建省理应做出积极响应。

与人均碳排放量相反，碳排放强度在 1995～2003 年是呈上下增减浮动，此后开始持续下降，从 1995 年的 0.49 万吨/亿元减少到 2018 年的 0.17 万吨/亿元，下降幅度为 65%，说明福建省实施低碳经济的发展模式以及针对碳减排工作的展开取得了良好的成果。例如，2017 年，福建省发布了"一三五"方案等一系列有利于降低污染、促进生态环保的措施。

二、我国碳排放权交易试点的比较

我国的碳交易试点覆盖面广，涵盖了我国东部、中部、西部。试点都属于经济发达或次发达地区，但其发展主体产业不同，既包括能源消耗低、以第三产业为主的地区，也有高能源消耗的工业地区。因此，根据每个交易试点所在地区的不同发展状况，其纳入门槛也不相同（见表 6-1）。深圳纳入企业的门槛低于其他试点，要求 3000 吨二氧化碳排放量的企业就应被纳入碳排放权交易企业；湖北纳入企业的门槛最高，要求除国家规定外，耗能 6 万吨标准煤的工业企业就应被纳入碳排放权交易企业；上海的纳入门槛较为详尽，对工业和非工业设立了不同的门槛。北京、深圳、上海第三产业占比较大的地区，其二氧化碳排放量低于其他地区，所以纳入企业门槛相对较低。湖北的第二产业占比高于其他地区，其纳入企业门槛也高于其他地区。2021 年 7 月 16 日，全国碳排放权交易市场在上海环境能源交易所鸣锣开市。首批参与全国碳排放权交易的发电行业重点排放单位超过 2000 家，其中福建企业 40 家，包括 28 家发电企业和 12 家自备电厂。

从图 6-3 可以看出，各试点间的交易量也存在较大不同。晚于深圳、广东和上海等试点的湖北试点的交易量和成交额最高，成为我国最大的碳交易市场，这主要因为湖北产业偏重以及控排企业数量较多。广州和深圳的成交量排第二、第三名，说明东部沿海地区碳排放交易量较多。天津的成交量和成交额最低，主要是因为天津管理制度松散，惩罚制度不严格。福建试点成立时间较短，故其总交易量较少。

表 6-1　试点城市和地区的碳市场准入规则

地区	试点纳入企业的门槛	企业总计（家）
北京	固定设施年二氧化碳直接排放与间接排放总量 5000 吨（含）以上的单位和企业	945
天津	前三年中任意一年碳排放量 2 万吨以上的企业	344
上海	工业领域中年综合能源消费量 1 万吨标准煤以上单位[①]	381
湖北	年能耗 1 万吨标准煤以上的企业	236
深圳	任意一年的碳排放量达到 3000 吨二氧化碳当量以上的企业；大型公共建筑和建筑面积达到 1 万平方米以上的国家机关办公建筑的业主	811
重庆	任一年度排放量达到 2 万吨二氧化碳当量的工业企业	254
广东	电力、水泥、钢铁、石化、造纸和民航六个行业企业，排放 2 万吨二氧化碳（或年综合能源消费量 1 万吨标准煤）及以上的企业	296

资料来源：http：//www.tanpaifang.com/。

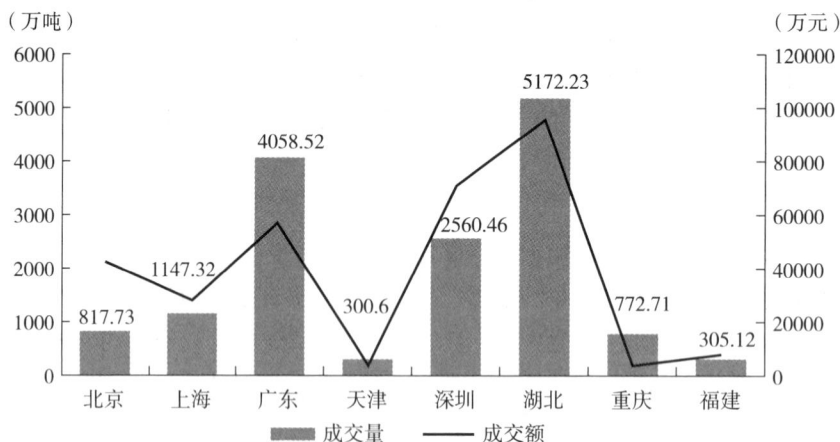

图 6-3　从交易开始至 2018 年 8 个碳交易试点的成交量和成交额

资料来源：中国碳排放交易网。

---

①　《上海市碳排放交易纳入配额管理的单位名单（2016 版）》，2016 年 2 月确定其门槛为工业领域中年综合能源消费量 1 万吨标准煤以上（或年二氧化碳排放量 2 万吨以上），以及已参加 2013~2015 年碳排放交易试点且年综合能源消费量在 5000 吨标准煤以上（或年二氧化碳排放量在 1 万吨以上）的重点用能（排放）单位；交通领域中航空、港口行业年综合能源消费量 5000 吨标准煤以上（或年二氧化碳排放量在 1 万吨以上），以及水运行业年综合能源消费量在 5 万吨标准煤以上（或年二氧化碳排放量在 10 万吨以上）的重点用能（排放）单位；建筑领域（含酒店、商业）年综合能源消费量 5000 吨标准煤以上（或年二氧化碳排放量在 1 万吨以上）且已参加 2013~2015 年碳排放交易试点的重点用能（排放）单位。

第二节 福建省碳排放权交易
存在的主要问题

一、外部环境问题

1. 法律制度及监管环境问题

我国的碳交易市场长期处于缺少专项法律制度的阶段，目前各试点除了 2014 年制定的《碳排放权交易管理暂行办法》外，主要以试点政府的规章和地方性文件为约束。各试点的立法效力也不同，上海市、广东省和湖北省具有政府制定的规章，深圳市和北京市具有地方性法规。并且各试点对未履约企业的惩罚制度不一，而广东省、深圳市、上海市对未能按时履约的核证自愿减排量和没有上交足额的碳配具有相对详尽的惩罚制度。天津市的惩罚较轻，而湖北省、北京市主要用罚金来约束企业。此外，在监管体系方面还存在欠缺，主管部门和监管部门相结合的方式不利于有效地监管市场。

2. 碳排放权初始分配制度不公平

目前，我国主要依照企业的历史碳排放量免费发放部分配额。我国在建立碳排放权交易试点前未能有效地对企业温室气体排放进行收集和整理，导致企业担忧未来控制实施总量时发放的配额会随着当前减排目标的达成量的增加而减少，从而降低企业自主减排的积极性。此外，排污权是公共资源，由政府作为社会的代表对其管制，但行政权力的过度放大造成了"寻租"现象滋生，"污染者付费原则"得不到有效实施，减少碳排放的目的无法实现。为确保参与企业的付出与收益等价，断绝企业为谋求更多利益而滋生"寻租"行为的可能，应保证碳排放权初始分配制度的公共性，使碳排放交易市场秩序不受干扰。

二、内部问题

1. 交易品种单一

当前我国的碳排放权交易市场处在初始阶段，与金融机构合作的业务刚起步，碳排放权交易市场以碳配额交易为主。我国虽然在自愿减排项目方面初见成效，碳金融产品在快速发展，但因其发展时间较短、各方面还不够完善等，致使核证减排项目和碳金融市场的企业参与度低、市场流动性差，而作为一个成熟的碳排放权交易市场应该是一个与金融活动联系密切的市场。除了单一的碳配额交易外，还可以发行基于节能减排目的的债券，进行碳排放权的期货期权交易，开发减排项目的绿色信贷产品，这些新的金融活动可以促进碳排放权交易市场的多样性。

2. 交易价格不合理

碳排放权价格是碳排放交易市场运行的关键因素之一，合理的碳价对市场的稳定性和有效性至关重要。虽然碳排放权交易试点的价格机制在逐渐完善，但与美国、欧盟相比市场尚不成熟。我国碳排放权交易试点的碳交易价格波动幅度大，各试点价格存在较大差别。深圳市加入碳排放权交易试点初期，价格在 25~130 元/吨波动，近年来价格渐趋于稳定，在 25~50 元/吨波动；北京市的碳排放权价格波动相对较大，在 35~75 元/吨波动；广东省碳价以 60 元/吨为起始价，在 10~20 元/吨波动；重庆市整体价格偏低甚至出现了每吨 2 元的价格；七个试点的碳配额价格在 1~130 元/吨波动。由此可以看出，碳排放权交易试点价格形成机制不完善，可能存在政府过度干预市场、操纵市场的行为。200~300 元/吨碳排放交易价格才是未来碳交易的理想价值。目前，我国的碳交易价格与这个目标存在很大差距，不完善的价格机制难以提高企业的资源使用效率和反映企业的边际减排成本。因此，进一步研究碳排放权价格的影响因素会对完善价格机制起到积极的作用。

三、福建省碳排放现状

1. 能源碳排放

在能源结构的消费方面，1995~2018 年，碳排放总量是逐年递增的，

1995~2003 年没有天然气，碳排放总量以原煤和石油为主，到 2004 年天然气加入。福建省能源多样性系数偏低，且在天然气出现的五年内，天然气均是小幅度波动，并未得到广泛使用，碳排放依然是以原煤和石油占据主导地位且不容易改变。表 6-2 的数据显示，原煤的碳排放总量从 1995 年的 667.19 万吨增长到 2018 年的 3393.86 万吨，增长了 2726.67 万吨。其中，2001~2009 年上升最快，从 2012 年开始，原煤的碳排放量开始波动下降；石油的碳排放总量从 1995 年的 369.96 万吨增长到 2018 年的 2458.60 万吨，增长了 2088.64 万吨；天然气的碳排放量从 2004 年的 5.35 万吨增长至 2018 年的 395.01 万吨，在三类主要的一次能源中占比较小。另外，能源的不充分、不恰当使用均会增加碳排放量。

表 6-2　原煤、石油和天然气的碳排放总量　　　　单位：万吨

年份	原煤	石油	天然气	年份	原煤	石油	天然气
1995	667.19	369.96	0	2007	2387.95	1348.86	4.20
1996	725.46	434.65	0	2008	2585.47	1293.65	13.72
1997	677.95	438.81	0	2009	2921.92	1355.56	69.14
1998	714.67	476.37	0	2010	2718.62	1896.47	228.17
1999	797.77	523.56	0	2011	3304.32	1993.23	271.41
2000	854.83	570.55	0	2012	3195.39	2049.33	297.37
2001	868.21	579.08	0	2013	3400.08	2178.96	390.30
2002	1073.43	716.03	0	2014	3427.36	2700.69	393.75
2003	1332.04	828.27	0	2015	3284.64	2493.38	360.03
2004	1542.62	945.73	5.35	2016	3688.99	2383.78	383.37
2005	1825.18	1139.6	3.40	2017	3023.67	2517.86	392.49
2006	2042.76	1197.72	3.78	2018	3393.86	2458.60	395.01

资料来源：中国能源网。

2. 产业碳排放

产业结构已成为经济进步中不可分割的一部分，可以说产业结构是经济发展的基石之一。应当重视产业结构并使之不断优化，其对碳减排有一

定的帮助。《福建统计年鉴》数据显示，1995~2000 年三大产业的比重差距较小，从 2001 年开始第二、三产业增加，尤其是第三产业增速较快，福建省工业化也随之加快。总的来看，1995~2018 年，三大产业产值总和从2094.9 亿元增长到 35804.04 亿元，其中最明显的是第二产业，从 882.34亿元增长到 17232.36 亿元，相差 16350.02 亿元；其次是第三产业，从747.74 亿元增长到 16191.86 亿元，相差 15444.12 亿元；最后是第一产业，从 464.82 亿元增长到 2379.82 亿元，相差 1915 亿元。近年来，第二产业的增长速度在三次产业中是最快的，虽然从生产总值上未占据第一，但随着低碳经济的发展，超越的可能性是极大的。

福建省能源结构以及产业结构均出现了"二三一"模式。三大产业对于能源的消耗并未公布具体的数值，依照前文列举的碳排放计算公式，将三大行业的生产总值及其占区域生产总值的比重代入式中，则可估算1995~2018 年以来三大产业的碳排放量。其结果同三大产业生产总值的增长趋势类似，第二产业从 2000 年开始便占据了首要位置，出现了匀速增长；第三产业自"低碳经济"提出后增长趋势开始逐渐超越第二产业，第三产业的生产总值增长对于福建省甚至对于我国而言都是好的表现，未来应以第三产业为着力点朝着绿色生活前进。

第三节　福建省碳排放影响因素的实证分析

一、碳排放影响因素的理论分析

通过上述的现状分析可知，福建省目前的能源消耗状况仍然不容乐观。福建省下辖福州、厦门等 9 个地级市如何才能在福建省有效推广运行低碳生活，应从影响碳排放的因素着手，进一步探究各因素对其碳排放量的影响程度以及针对性实施有关政策。

（一）因素分解

实际上，无论是人口还是技术均影响着环境，此外，一个社会的富裕程度也是与此密切相关的，在此基础上，产生了 IPAT 的算式：$I=P×A×T$。

代表的主要内容是：在其他因素不变时，人口的总量上升、资源的消耗增多、技术水平的应用程度提高，都将使环境受到的伤害加剧；社会的富裕程度、人们消费物品总量的增加也对环境有着影响。其算式主要的不足之处在于：上述三者不应该是相同的比重，而应当根据实际问题进行具体分析，对其加以细分才能更快速地找到最佳的减排路径。

（二）碳排放的影响因素

根据对上述因素的分解，以下对此分别进行剖析解读：

P 表示的是人口总量规模因子。总人口数主要是通过生活耗能、消费、人口增加、偏好产生影响。例如，人口数量增多引起生活用电、私家车出行以及住房需求等的迅速扩张，人口通常容易被经济发展好的城市所吸引，如北京这样的特大城市，福建的福州市和厦门市等。

A 表示的是经济状况，即人均 GDP 因子在一定意义上反映了地区的经济水平。人均生产总值主要由两个大因素和七个小因素组成，大因素即公式所展示的生产总值和常住人口数量。在生产总值相同的情况下，人口数量越多则人均生产总值会越少；在人口数量相同的情况下，区域生产总值越高则人均生产总值会越多。其中，区域经济发展水平由产业结构、财富水平、城市化水平构成。当人们的经济水平较低时，考虑的是如何提高经济来使自己的生活变得更好一些；当经济发展到一定程度时，进而转向对绿色低碳的关注，因为此时的环境已经遭受到了一定的破坏，工业化的进程对环境造成了不同层次的破坏，此时全球气温上升，碳排放成为焦点并走进了人们的生活。

T 表示的是技术。同时影响着能源结构，近年来我国能源消费结构出现了"新面貌"。整体情况来看，福建省能源消费总量是平稳上升的，且不断突破。能源结构的优化是有成效的，清洁低碳已成为新的能源结构转型方向。从种类上看，原煤的消费正在继续攀升，但从行业的角度来说，传统的煤化工需求逐渐降低，在房地产行业的支撑下，钢铁市场的煤炭消费有所增长，建材行业则相对较弱。此外，由于产业结构的调整，其他行业的用煤趋势是降低的，如居民的用煤情况。原油消费较为稳定，随着新能源汽车的推出以及动车、地铁、共享单车等低碳出行方式使汽油消耗得到些许减少。天然气消费是迅速增长的，其主要增量来自城镇煤气。目前，非化石能源的有效使用有待进一步加强，总体上碳排放的主要产生途径依然是化石能源。另外，能源强度因子代表了区域经济与能源消耗总量之间的联系，属于相对指标，其因子的大小并不表示效率的高低。通过表达式可以清晰地看出，若区域经济增长，其能源强度因子就会变小，或者能源消耗总量减少，因子也会变小，说明在这种情况下，意味着地区在一定程度上向低碳的目标靠近；反之，则依然存在高消耗、高污染的情形。

二、模型构建

为弥补 IPAT 的缺而提出的 STIRPAT 模型已经被广泛地应用到碳排放的探索之中。其公式为：

$$I = aP \wedge bA \wedge cT \wedge de \qquad (6-1)$$

其中，a 表示该模型的系数，是常数；b 表示 P 的指数项；c 表示 A 的指数项；d 表示 T 的指数项；e 表示随机的残差项。

该模型实证分析，先对其式子的两边取对数的模式进行处理，这样既可以消除数据异方差的影响，让数据更加具有实际意义，也有利于更好地研究变量之间的弹性关系，这种处理方式契合了经济模型的理论之一。由于 STIRPAT 模型具有较强的可操作性，同时参考福建省的实际情况分析，本书将 T（技术因素）拆分为两个分块，分别是能源强度以及能源结构。由此可得出以下公式：

$$\ln It = \ln a + b\ln Pt + c\ln At + d\ln Tt + e\ln Ft + \ln e \qquad (6-2)$$

其中，t 表示年份；I 表示二氧化碳的碳排放量，其测算过程与结果在前文已进行阐述，由于前文二氧化碳的排放量均用 CO_2 表示，为保持一致性，本书将继续使用 CO_2 表示碳排放量；T、F 分别表示能源强度和能源结构，测算能源强度的方法为：能源消费总量÷区域生产总值，前文选定原煤、石油、天然气进行分析，因此此处依然在能源结构上选择原煤进行测算；A 是经济水平，人均 GDP 在某一程度上可以折射出一个地区的经济情况，因此选用该数据；人口则选定常住人口。以上所有相关数据均取自《中国能源统计年鉴 2018》《福建统计年鉴 2019》以及测算所得。本书将使用 Stata14 对数据进行分析。

三、数据的实证检验

1. 描述性分析

变量在经过基本性描述统计后，可以对这些变量有一个新的认识，如它的平均值、最大值等，如表6-3所示。获得这些指标可以对分析的数据有一个大体的把握。

表6-3　描述性分析结果

变量	观测值	平均值	标准偏差	最小值	最大值
$lnCO_2$	24	7.995799	0.674157	6.944232	8.782906
lnP	24	8.183583	0.0608538	8.079309	8.27919
lnA	24	0.896812	0.8449591	0.4320471	2.206626
lnT	24	0.5176638	0.283734	-1.047962	0.0858348
lnF	24	4.012469	0.1087166	3.758872	4.18205

在对变量进行时间序列分析时发现：数据的变化特征主要为增长的趋势，所有的变量均有时间趋势，并且经过操作验证，这些解释变量在一阶差分值是没有这种趋势的。

另外，进行相关性分析，若得出了式子中的变量，接下来考虑是否需要进行后面的操作，又或者是否需要增加"新成员"等。分析结果表明，在对没有取对数的原始数据进行相关性分析时会发现其差距较大，而在取对数后这种差距明显缩小，这充分说明了进行对数变化处理是非常有必要的。

2. 单位根检验

若数据不平稳，则会使自回归系数向左并偏向于零。因此，对于该模型而言，数据的平稳性是不可忽视的。本书采用的大多数是经济变量，如果直接进行 OLS 回归，其数据在大多数情况下是非平稳时间序列，因此极有可能出现"假性回归"的情况，导致模型的结果失真，接下来我们对平稳性做进一步的研究。

单位根检验的常见方法有很多种，如 DF 检验、DF-GLS 检验等。而单位根检验是确定平稳性的标准方法，本书将采用 ADF 检验 $lnCO_2$、lnP、

lnA、lnT、lnS、lnF 各个变量的平稳性，如表 6-4 所示。

根据表 6-4 的检验数据结果可以直观地了解到，所有变量在初始阶段的不同显著性水平下接受原假设，则表示存在单位根。

表 6-4　ADF 单位根检验结果

变量	检验量	p 值	结论
$lnCO_2$	−1.231	0.6601	不平稳
D. $lnCO_2$	−3.691	0.0042	平稳
lnP	−0.800	0.8191	不平稳
D. lnP	−4.572	0.0001	平稳
lnA	0.564	0.9867	不平稳
D. lnA	−4.606	0.0001	平稳
lnT	0.120	0.9674	不平稳
D. lnT	−3.898	0.0021	平稳
lnF	−1.052	0.7338	不平稳
D. lnF	−5.404	0.0000	平稳

注：D. $lnCO_2$ 表示 $lnCO_2$ 的一阶差分，其余同理。

3. 协整关系

变量在一阶差分后均取得平稳状态，使原来不平稳的数据改变了。接下来使用 EG 检验，直接先回归分析，通过 $lnCO_2$ 对 lnP、lnA、lnT、lnF 的回归。由此得到残差项 e，其经过检验属于平稳的序列，方程存在某种长期关系。其结果如表 6-5 所示。

表 6-5　残差项的 ADF 检验

	检验量	1%Value	5%Value	10%Value	p 值	结论
残差项	−4.404	−3.750	−3.000	−2.630	0.0003	平稳

四、数据结论及分析

1. 回归分析

二氧化碳排放量的对数是因变量，其他因素的对数均为自变量。首先通过操作结果可以看到整个式子的拟合情况，$\overline{R}^2$ 为 0.9926。这样的数值表明了所构建的模型对整个样本数据拟合程度是比较好的，即解释变量 lnP、lnA、lnT、lnS、lnF 对被解释变量 $lnCO_2$ 大多数值的不同给出了较好的解释。其次在展示这个操作结果的同时也能够看到整个式子的 F 统计量的数值为 989.35，它相对应的 p 值为 0.0000，这种情况表明整个回归式子是高度显著的。最后是研究式子的现实意义。

回归最终得到的模型结果为：

$$lnCO_2 = -7.91 + 1.69lnP + 1.06lnA + 1.19lnT + 0.44lnF \qquad (6-3)$$
$$p 值 \quad (0.30) \quad (0.09) \quad (0.00) \quad (0.00) \quad (0.06)$$

从模型中可以看到，除了截距项不显著外，影响碳排放的各因素均显著。通过怀特检验，得出方程不存在异方差；同时应用 DW 统计量检验残差的自相关，Stata 至今还未给出 DW 统计量准确的临界值。经过检验得出 DW = 1.98，这样的数值距离 2 是相当接近的，因此大概率可以认为没有存在正自相关。相关分析表明，方程没有需要修改的地方。

2. 结果分析

由回归结果中的各变量系数看出，各影响因素之间长期存在的联系。

在此类因素当中，人口数量对碳排放的影响最大。当人口总量变化 1% 时，碳排放的总量变化为 1.69%，《福建统计年鉴》的数据表明，1995~2018 年，年末常住人口从 3227 万增长到 3941 万，这是因为福建属于沿海省份，能够吸引各地人员来福建生活，因此福建省总人口数增长较快，导致耗能持续增加。从全国角度来看，1995~2017 年，人均生活用能量涨了 3.17 倍。随着国家政策的开放，人口增长带来的对能源方面的需求是不会减少的。

其次是能源强度，当能源强度变化 1% 时，碳排放的总量变化为 1.19%，其从技术、结构两个角度来影响碳排放。在福建省发展越来越全面的过程中，若能在一定程度上减少能源强度，必然也可以抑制碳排放量的继续上升。通常情况下，能源强度同产业、能源结构等具有紧密联系。

再次是经济水平，说明人均收入对其影响较大，当人均生产总值变化 1%，碳排放的总量变化为 1.06%，是正向影响，这在众多人眼中是显而易见的一个因素。

最后是能源结构，能源结构的回归系数为 0.44，表明了一次能源结构

对其是呈现正向影响的，在研究的因素系数中是最小的一个。原煤变化
1%，碳排放则变化0.44%。因为能源结构自身的变化不大，因此目前对碳
排放的限制作用也有限。根据福建省数据可看出，在化石能源的结构中，
依然是原煤的占比最大。这也意味着原煤在福建省依然占据优势地位，而
当煤炭与石油、天然气等进行比较时，同等条件下原煤所产生的二氧化碳
是多于石油、天然气的。因此，在减少碳排放的有效途径中需要不断地优
化能源消费结构。

五、结论

绿色金融的发展不仅关乎我国的经济，也影响着全球。本书根据绿色
金融分支中的相关因素，分别从理论和实证两个角度分别探究了福建省碳
排放的影响因素。首先，在当前全球变暖、环境遭到严重破坏、短暂性经
济增长放缓的背景下，通过IPCC的碳排放测算方法，以能源消耗量、折
合系数推算出福建省1995~2018年的碳排放总量。其次，将排放总量分解
成各因子，分别解析了这些因子对碳排放所产生的影响。最后，将STIR-
PAT模型进行进一步扩展从而得到新的拓展式，并进行实证分析，得出
回归模型。通过上述分析，得到如下结论：

（一）整体趋势

1995~2018年福建省碳排放总趋势是上升的，在2014年以后得到有效
控制，呈现波动式平稳，有望逐步下降。总体而言，虽然第二产业的生产
总值在数量上是超过第三产业的，但随着低碳产业的逐步发展，第三产业
必然会往前推进。说明了福建省在不断改善能源结构的同时，也在进一步
地靠近绿色金融的目标，且取得了较好的反馈。

（二）分解因素反馈

从分解情况来看，各因素可以大致分解为：一是碳排放强度因子，
其在一定程度上取决于能源的消费结构。二是能源结构因子，目前福建
省的发展依然处于对能源的依赖性强的阶段，在能源结构上原煤仍然占
有较大的比例，1995年原煤、石油在能源消费量中占比分别为54.8%、
19.5%，在2004年增加了天然气这一能源类型，天然气当年仅占能源总

量的 0.2%，在 2018 年这个比重改变为 48.4%、22.5%、5.1%，原煤的"霸主"地位在短期内不会轻易改变。三是人均生产总值因子，这不仅反映了一个地区的经济水平，而且也表明了经济水平在一定程度上和碳排放存在某种关系。四是人口总量规模因子，通过人口的增加带来了耗能量的提高，它们之间存在一种拉动作用。随着经济发展水平的不断提高、新能源的出现，人均生活能源的消耗量得到了较大的改变，人均生活消耗煤炭从 1995 年的 50.44 千克下降到 2018 年的 5.86 千克，得到了实质性的改变。

（三）实证研究分析

经济模型的实证分析证明了从长期来看，各解释变量与被解释变量之间存在一种长期的影响关系。1995~2018 年，影响福建省碳排放的主要因素是人口规模，但无论是哪个解释变量，均对碳排放有正向影响，即福建省应当对这些方面加大调整优化力度。

第四节　完善福建省碳排放市场的政策建议

一、完善碳排放权价格机制

（一）加强能源市场宏观调控

根据上述实证分析可知，能源因素对碳排放权价格的影响最大。为了完善碳排放权交易价格，可通过加强能源市场的宏观调控；且相对于碳排放市场的调控，我国对能源市场的调控更富有经验。通过宏观调控能源市场可以影响企业的减排成本，当能源市场的价格下降时，企业减排成本也会降低，有利于提高企业自愿参与碳排放的积极性。此外，企业减排成本下降，参与企业有富余的碳排放配额进行交易，这有助于增加碳排放权交易量。只有是活跃的碳排放权交易市场，才能为合理的碳排放权价格提供保障。因此，出于对合理碳排放权价格的考虑，加强对能源市场的调控有助于通过计划调节方式形成价格机制。

(二) 加快与国际市场接轨进程

通过实证分析结果可知，欧盟排放配额价格对碳排放权价格有一定影响，但影响效果不大。中国作为碳排放的大国，发展潜力巨大，但还处于对碳市场的探索阶段。欧盟和美国的碳市场成立时间久，且作为成熟的碳排放权交易市场已形成合理的价格机制。目前，我国的碳权价格与合理的价格相差甚远，我们应积极参与到国际事务中，与国际市场接轨，借鉴成功经验，完善我国的碳排放价格形成机制。例如，2014 年美国的加利福尼亚州与加拿大的魁北克省、安大略省的碳交易体系正式联通，成为第三大碳市场。欧盟也与瑞士达成了初步协议，为市场间连接做准备。我国可借鉴国外经验参与多边合作，为我国的碳排放交易注入新的活力，改善交易过于集中引起价格波动大的问题。

(三) 抓紧全国碳排放权市场建设

根据实证分析可知，我国经济指标对碳排放权价格影响程度不大。主要是因为我国碳排放市场还不成熟，仍采用政府定价的方式，当政府在定价时出现预估偏差时，将不利于碳权价格的稳定；并且我国的碳排放权交易处于各试点间的独立运行，关联性小，碳排放权的价格未能反映碳排放交易权的真实价格和碳市场的供求关系。所以，我国政府应抓紧碳排放权市场的建设，逐步实现碳排放权交易市场化，通过市场调节改善价格形成机制。

二、完善监管法律体系，实现市场稳定发展

目前，我国监管法律体系还不完善，缺少专项的法律制度且缺乏严格的监管。以欧盟为例，欧盟排放交易体系针对碳交易市场制定的《金融工具市场指令》《市场滥用指令》等详细的法律制度，且对纳入企业的类型、具体减排内容都有明确规定。与此同时，参与企业受第三方认可机构的严格监管，未能按时履约的企业将受到相应惩罚，并且次年还将在配额中扣除超出的排放量。所以，为了保障碳交易市场的运行，我国于 2020 年 12 月出台了《碳排放权交易管理办法（试行）》，明确了交易流程、交易纠纷

处理方案、交易参与者的权利义务以及对违反者的惩罚制度等。另外，还应总结各试点省市的经验，确保做好与试点的衔接工作。严格的监管制度是保证法律有效执行的关键。首先要明确监管的对象和内容；其次要保证监管的透明性，充分发挥政府监管体系、第三方监管体系、内部自我监管的作用；最后要规范信息披露制度，加大监管力度。交易市场风险综合监督管理体系应该是一个包含政府、中介机构、服务平台、企业多元主体的法律制度和监管机制，只有在碳市场建设初期不断完善监管法律体系，才能确保碳交易机制的运行和保障碳市场的健康发展。

三、进行碳金融产品创新

碳金融作为新兴的金融领域，发展多样化的碳金融产品是必不可少的。为碳产品创新建立碳交易衍生品市场，有利于新资本的注入，增强市场的流动性，其衍生品可有效地调节碳排放权交易价格。衍生品市场的发展能为企业参与碳交易提供有效的风险规避工具，有利于企业管理碳资产的风险敞口，促进碳市场的稳定。目前，我国交易品种单一，仍以配额交易为主，市场的活跃度低。但随着市场的成熟，发展多样的碳金融衍生品是必然的。国家可以鼓励银行、保险等金融机构推出碳保险、碳基金、碳理财等碳金融产品；推动低碳投融资政策的出台进程；鼓励发行碳期权、碳远期、碳掉期等金融交易工具，提供多元化的交易平台，为碳市场的发展注入新的活力。

四、保证初始分配的公平性

目前，我国主要采取的是无偿分配模式，根据企业历史的排放量或者可以证实排放量的相关数据来确定参与企业的初始分配额。无偿分配适用于市场初期，虽然能够降低企业的减排成本，但配额由政府分配易造成权力寻租现象，无法保证初始分配的公平性。国外有些交易体系采用有偿分配的方式，参与企业的初始分配额由其购买的碳排放份额来决定，不提供免费的排放额。有偿分配可以确保初始分配的公平性，但完全由市场决定碳价，可能会被资金雄厚的企业所控制。因此，可以借鉴澳大利亚政府主导碳排放交易逐步市场化的方案，先"以固定价格向政府购买配额"，后循序渐进转变为"灵活拍卖配额"的方式，或者借鉴欧盟采用免费配额分配与拍卖配额相结合的模式，这种"灵活拍卖配额"的方式均衡了两种模式的利弊，不同的体系可以根据实际情况调整分配比例，更利于市场的稳定发展。

五、持续发展，倡导低碳生活

基于笔者的研究认为，人口规模是影响福建省碳排放量的主要因素。近些年福建省人口以平稳的速度增长，可以从多个方面展开行动，从而改变人们的认识。

引导居民建立绿色低碳的消费理念，提倡居民的绿色行为。例如，对产生的大量生活垃圾没有进行适当处理，会增加碳排放量，严重污染环境，因为目前垃圾的处理方式多是焚烧、填埋，而很多垃圾在进行焚烧时会产生大量的二氧化碳。因此，从居民生活的角度而言，应当努力做到垃圾的循环分类利用，尽可能地降低不必要的焚烧。

从目前我国的金融行业来看，虽然已有了初步的绿色金融体系基本框架，但各项标准依然不够完善。对金融机构的引导可以采取以下方式：引导金融机构估算自身的碳足迹，规划和提交碳中和相关具体措施，将碳中和目标融入战略目标等多个层次，推动绿色低碳金融体系建设，鼓励金融机构发展低碳金融产品，并通过贴现率予以帮助。

合理应用新的技术与新的方法，由政府、金融机构和市场三元共建，打造与碳排放有关的环境信息大数据平台；支持智能化、自动化和投资控制管理，并为三方机构的风险提供融资，鼓励三方机构利用卫星遥感器、区块链和其他技术开发公共数据生产，为企业和金融机构提供风险管控工具。

六、不断优化能源产业结构

从产业结构的角度来看，能源产业结构决定了能源的消费。目前，福建省的工业比重依然保持在重要的位置。因此，只是简单地通过提高第三产业的发展来降低第二产业的比重，这样的产业结构调整方式虽然是重要的，但也是不够的，可以深入探究工业内部（产业的内部格局）。从工业内部的耗能产业是否属于高耗能入手，若属于高耗能产业，如何引导使其向低耗能的方向进行优化，逐步淘汰高耗能、高排放的产业。从产业的碳排放中各产业比值及增长倍数来看，第三产业在近些年有着非常大的上升潜力，目前正处于潜力的爆发期，有望将福建省产业结构调整为"三二一"模式，开创出一条优质的工业化发展之路。

本书的实证分析表明，能源结构正向影响碳排放，从福建省的能源结构比例中可以看出，原煤的比重虽然在持续下降，石油、天然气的比重在上升，但原煤依然保持"优势地位"。2018年，原煤的生产量为710.44万吨标准煤，而当年的消费量是3393.86万吨标准煤，约为生产量的4.78倍。《福建统计年鉴（2018）》数据显示，风能、核能、电能占比从1995年的42%达到了2018年的82.6%。福建省应当继续利用当前拥有的自然资源，进一步扩大清洁能源的占比。福建省属于沿海地区，可在拥有优势的水能资源方面积极推进，并且福建的风能优势更是得天独厚，如福州平潭是风能产业的优先发展地。福建省新能源产业的未来发展空间如此之大，更应重视能源结构的调整，加快构建以绿色能源为核心的现代化能源产业结构。

七、技术创新，提高能源利用

在分析中，能源强度每变化1%会引起碳排放总量变化1.19%。改革开放至今，福建省的能源利用率不断提高，碳排放强度在2014年之后不断下降。处于发展中的福建省对能源的消费需求日益增加，在这种情况下，提高能源的利用率，从科技创新的角度改善能源利用水平，必将成为福建省低碳发展和寻找有效减排途径的有效方法。但该技术的成熟度还不够高，福建省可以向国内发展低碳城市较为先进的省份学习，继续加大对低碳环保前沿技术的研发力度，扩大研发平台，根据具体情况制定完善的法律规则与制度，把握时机，不断探索减排路径，让技术的提高成为减排路上的助力器。

第五节　福建省环境权益市场案例分析

一、开展碳排放权配额交易试点

《国家生态文明试验区（福建）实施方案》提出："支持福建省深化碳排放权交易试点，设立碳排放权交易平台，开展碳排放权交易，实现与全国碳排放权交易市场的对接。"2016 年底，福建碳市场建成并启动交易，成为国内第八个试点区域碳市场之一。经过 4 年探索，已初步建成具有福建特色的碳排放权交易体系，为国家碳市场建设提供了"福建经验"。福建碳市场试点相关工作虽起步较晚，但起点高。在碳市场的核心制度、运行规则、分配方法上全面对接全国碳市场总体思路，并结合福建实际积极创新，建立起了系统完善的制度体系：2016 年，市场建立时就初步构建了以《福建省碳排放权交易管理暂行办法》为核心，以《福建省碳排放权交易市场建设实施方案》为总纲，以 7 个配套管理细则为支撑的"1+1+7"政策体系；2020 年，根据应对气候变化工作的新形势、新要求，福建省及时对有关政策制度进行了修订，进一步实现了交易手段市场化、交易主体多元化。为切实落实"双碳"工作，按照全国碳排放权注册登记系统和交易系统中建设和运维工作的合作原则协议，福建省作为九个联建省市之一积极出资参与联建，主动融入全国碳市场。

覆盖范围广。除国家规定的石化、化工、建材、钢铁、有色、造纸、电力、航空八大行业外，福建省还针对陶瓷企业数量多、产能大的产业特点，在全国率先将陶瓷业纳入。目前，在福建省 9 个行业中，年综合能源消费达 1 万吨标准煤以上（约 2.6 万吨二氧化碳当量）的 269 家企业均已被纳入碳市场交易，覆盖 2 亿多吨二氧化碳排放，占全省工业领域排放总量的 80% 以上。其中，陶瓷行业企业就有 100 多家。

交易品种全。除对接国家市场的碳排放配额、国家核证自愿减排量外，结合福建省丰富的林业资源，创新开发福建林业碳汇。

2020 年，福建碳市场发放的年度配额总量已突破 2 亿吨，位居试点省份第三；碳市场成交量从首个履约年度的 428.29 万吨、1.13 亿元，增至 697.42 万吨、2.09 亿元；4 个履约周期，履约率保持 100%。福建碳市场累计成交量已达 2749.67 万吨、金额 7.82 亿元。福建碳市场运行 4 年来，全省纳入交易的九大行业碳排放强度平均下降了 8.2%，碳市场的减排成效逐步凸显。"十三五"时期，全省碳排放强度持续降低，累计下降幅度超 20%，提前完成了国家下达的"十三五"减排目标任务，单位 GDP 碳排放强度优于大多数省份，居全国第四位。与此同时，福建的碳排放权交易试点也在不断深化。目前，纳入福建碳市场的企业每年都根据生产情况实行动态更新。福建省生态环境厅大气处相关负责人说，"我们正探索将碳交易的企业从年综合能源消费总量 1 万吨标准煤以上，拓展至 5000 吨以上的企业，预计全省参与企业将达到 300 家左右"。此外，海洋碳汇、林业碳汇等更多碳汇方法正在研究制定，碳金融体系正在深化探索中。

全国碳市场选择以发电行业为突破口，是因为发电行业二氧化碳排放量较大，同时整个行业的管理制度相对健全，排放数据基础较好，能够充分发挥碳市场控制温室气体排放的积极作用。福建省是全国市场启动前先行试点开展碳排放权配额交易的八个省份之一，企业履约率达 100%，为企业进入全国市场做好了充分准备。配额不够就得到市场去买，而多余的减排配额可到市场卖。面对新形势，发电企业破局密码在于创新转型。赛得利（福建）纤维有限公司（以下简称赛得利）为有效推动所属企业的碳管理，特别成立了碳管理委员会，推动能源效率提高，使碳排放强度逐年下降。根据目标，赛得利到 2030 年将实现 30% 碳减排，2050 年实现净零排放。

碳市场在促进其管控的高排放行业加快碳达峰的同时，也为碳减排释放价格信号，激励高耗能公司开始提前储备清洁能源资产。有 5 家福能集团权属企业纳入了全国碳市场的首批发电企业，其中有 3 家之前已参与福建省碳市场交易。福能集团结合福建省的规模优势、资源优势和政策优势，加快投资建设海上风电、陆上风电、热电联产等项目。2020 年底，福能集团运行发电装机 519.30 万千瓦，清洁能源发电占比达 49.62%。2019 年风电发电量可替代标准煤约 91 万吨，可减少排放二氧化碳约 258 万吨。

二、碳汇买卖市场活跃

2020 年以来，国能（泉州）热电有限公司拥有 4 台燃煤火电机组，每年都需拿出部分资金购买配额。企业完成的 2 台燃煤机组工业供热系统优化改造科技项目，年可节约 9 万余吨标准煤、增加收益近 5400 万元，减排 25 万吨二氧化碳、826 吨二氧化硫、719 吨氮氧化物。

2021 年 3 月，海峡股权交易中心受永安市林业局委托，挂牌出让福建永安国际核证碳减排标准（VCS）林业碳汇项目，完成了福建省首单 VCS 林业碳汇交易。签约销售了永安市实施的 VCS 林业碳汇项目第一个核查期（监测期）剩余的 21.3 万吨碳汇减排量（现货），并且签约预售第二、三、四个监测期预计 79 万吨的碳汇减排量期货，成为我国东南地区销售量最大的林业碳汇项目，并为福建省碳市场增添了新品种。

2021 年 4 月，在福州举行的第四届数字中国建设峰会期间，主办方通过海峡股权交易中心购买福建林业碳汇与新造碳汇林结合的方式，抵消因交通、餐饮、住宿、展会等活动产生的二氧化碳排放量 1097 吨，实现了零排放。大型活动碳中和已成为福建省内各地践行低碳理念的重要方式，购买碳汇也成为一种常见行为。

三、林业碳汇业务

海峡股权交易中心建成全国首个集碳排放权、排污权及用能权交易功能于一体的资源环境交易流转平台，通过市场机制探索支持绿色发展的新路径。其中，2016 年底，在全国创新推出福建林业碳汇交易，正式启动林业碳汇交易试点。截至 2020 年 10 月 31 日，累计备案福建林业碳汇项目 15 个，签发碳汇达 217.56 万吨，累计成交金额 3861.87 万元，居全国前列。2014 年，永安市林业局整合当地 10.8 万亩山场，实施了福建永安 VCS 林业碳汇项目开发试点。

三钢闽光发行福建省首单碳排放权绿色信托计划，顺昌县国有林场获得"全省首例林业碳汇质押+全国首例远期碳汇回购"组合融资，福建金森获得福建首笔 100 万元林业碳汇收益权质押贷款……2021 年以来，一系列金融产品创新激活了福建碳市场。

四、兴业银行系列碳金融产品

兴业银行在碳金融领域实现了诸多创新，与国内所有碳交易试点地区建立了合作关系，2021年6月16日又与上海环境能源交易所签订了战略合作协议，为全国碳市场的启动做好了充分准备。

五、全国首个省级碳市场综合服务平台在闽上线

2021年12月2日，全国首个省级碳市场综合服务平台——福建省碳市场综合服务平台正式上线运行，以助力企业绿色低碳转型，加快推动福建省碳达峰碳中和工作。据介绍，福建省碳市场综合服务平台在福建省生态环境厅的"亲清服务平台"基础上打造，共设置企业端、公众端、服务端和管理端四个版块。企业端包含碳市场的注册登记、监测核查、配额管理三个应用系统，让重点排放企业能在线"一站式"管理碳资产、实现碳履约、促进碳减排、方便碳交易、寻求碳帮助；公众端通过"碳科普""碳行动""碳公益""碳监督"等功能，倡导社会公众树立低碳意识；服务端展示最新最全的碳资讯，提供政策文件、标准规范及相关知识教育培训，引入专家、机构等专业力量"把脉问诊"，并对接银行、保险等金融机构；管理端则面向监管部门和第三方核查机构，支撑MRV（碳排放监测、报告与核查）、履约等碳排放管理，畅通政企沟通渠道。

当天上午，福建省东南电化股份有限公司、福建省鸿山热电有限责任公司、福建华电可门发电有限公司、厦门瑞新热电有限公司等企业现场通过福建省碳市场综合服务平台开展交易，短短1小时就成交了21.6万吨碳配额。在当日平台上线的仪式上，还进行了碳配额公益竞拍，福建三钢闽光股份有限公司、福州耀隆化工集团公司分别以自身额外减排的5000吨碳配额，用于抵消福建省大型活动和公务会议的碳排放。

活动中，发布了《福建省大型活动和公务会议碳中和实施方案（试行）》，该方案以福建省各级党政机关为重点，鼓励企事业单位、社会团体

组织等各类单位和个人自愿参与，开展大型活动和公务会议碳中和，活动、会议组织方可以直接通过福建省碳市场综合服务平台或"八闽碳惠"小程序开展碳排放量测算，使用福建林业碳汇、碳配额进行碳中和。当天，福建省生态环境厅、福建省发展和改革委员会等部门发出了《"双碳"行动绿色先行，低碳生活从我做起》倡议书，进一步弘扬绿色低碳新风尚。

第七章

福建省绿色金融对区域经济生态化发展的影响

"十三五"规划确定"环境保护"和"绿色生态"为下一个五年的重要国策，2017 年福建省制定了《福建省绿色金融体系建设实施方案》来解决我国面临的资源与环境双重约束压力。在此背景下，通过运用 2008 ~ 2016 年福建省各地级市的面板数据，进行了"绿色金融对区域经济生态化发展的影响"的实证分析，研究如何发挥绿色金融对区域经济发展的支撑作用，希望为福建省乃至全国制定绿色金融政策提供一定借鉴。区域经济生态化是一种从宏观层面研究不同区域经济发展及区际关联的决策性科学，最早是由美国经济学家 Kenneth（1966）提出的，认为生态经济学就是研究并拓展生态系统与经济系统之间关系的学科，并将现代经典环境经济学和受生态影响的学科都纳入其中。沈满洪（2009）认为，生态经济学是将研究重心锁定在生态经济的问题上，努力不丢弃经济不断发展与对环境加以保护这两个方面，他采用了生态经济综合指标、生态效率、生态能值研究和生态模型研究等方法，研究并拓展生态与经济系统内部的关系，解决经济生态实际存在的问题，探寻经济生态系统的内在关联性和本质规则，促进生态系统与经济系统的协调和共同发展。

第一节　福建省绿色金融与区域经济
生态化发展进程

一、福建省绿色金融发展的现状

（一）碳排放权交易市场发展迅速

碳排放交易的主要目的是激励生产者减少能源消耗、提高能源效率、减少 CO_2 等污染气体排放。福建省作为第一个国家生态文明建设的试验基地，积极推动具有环境资源优势的地方构建碳排放交易市场，研究并推行福建省内碳市场可交易的林业碳汇业务。从表7-1可以了解到，福建省碳排放权交易市场从 2016 年 12 月 22 日开盘到 2017 年 8 月 31 日，累计碳排放权成交量从 78.63 万吨上升到 422.49 万吨，累计成交额从 1822.65 万元上升到 11131.94 万元。其中，全国创新开发的福建林业碳汇累计成交量为 27.42 万吨、累计成交额为 525.17 万元，发展速度迅猛。

表 7-1　开盘至 2017 年福建省碳排放权成交情况

时间	累计成交量 （万吨）	累计成交额 （万元）	林业碳汇累计成交量 （万吨）	累计成交额 （万元）
2016 年 12 月 22 日	78.63	1822.65	—	—
2017 年 6 月 30 日	382.30	10044.00	—	—
2017 年 7 月 7 日	401.67	10562.00	27.40	525.00
2017 年 8 月 31 日	422.49	11131.94	27.42	525.17

资料来源：搜狐财经网。

（二）林业金融不断创新

福建省森林覆盖率排在全国第一的位置，通过创新林业金融使"静态资产"转变为"动态资金"。其最先开发出林权抵押贷款项目，并创建新的林权收储组织，带头发展林权按揭贷款项目等林业金融模式。如表 7-2 所示，2016 年，福建省累计林权抵押贷款余额达到了 169.7 亿元，比 2009 年增长了 81.5%，2009 年福建省累计林权抵押贷款余额为 93.5 亿元，比 2003 年增加了 405.4%，虽然 2016 年的福建省累计林权抵押贷款余额增速放缓，但仍具前景。

表 7-2　福建省林权抵押贷款情况　　　　　　　单位：亿元

年份	累计林权抵押贷款余额
2003	18.5
2009	93.5
2016	169.7

资料来源：搜狐财经网。

(三) 设立基金发挥高效作用

福建省通过设立政府引领基金，发挥其杠杆作用，撬动绿色资金投入，大力促进区域经济生态化。福建省通过 PPP 领头的投资基金总额为 2.4 亿元，例如扶持了龙岩市四个县城及乡镇地区的污水排放系统一体化业务。兴业信托的"环保节能创业投资产业基金"投资的福光数码产业，通过先进的生产工艺技能为安全防范系统提供了性能更好的智能硬件，给设备提供一定的支撑并能改进各种环境监测系统，投入的"三能"节能采取中国科学院发明的新型循环流化床技术手段，为传统能源消耗的企业提供更优质的清洁能源，能直接高效地降低碳排放。

(四) 绿色信贷发展循序渐进

在银监会督促下，福建省银监局大力倡导绿色信贷理念，银行业提高对环境风险的社会意识和责任感，积极拓展绿色信贷项目的业务和开发绿色信贷产品，能源减排领域获得了更高水准的金融服务，开拓了经济可持续发展和环境得到有效庇护的"双赢"局面。如表 7-3 所示，2017 年 6 月末，福建省内金融组织绿色信贷余额为 1640.28 亿元，同比增长 12.58%；相比 2016 年，2017 年增长率快了 3 倍，且仅仅在 2017 上半年，福建省从高能耗、高污染和高环境风险行业领域累计退出贷款 110 多亿元。

表 7-3　2014~2017 年福建省绿色信贷余额及同上年的增速情况

年份	绿色信贷余额（亿元）	同比增长（%）
2014	1298.43	—
2015	1398.47	7.70
2016	1456.99	4.18
2017	1640.28	12.58

资料来源：搜狐财经网。

二、福建省区域经济生态化现状

福建省是我国重要的生态屏障，生态文明建设根基好，多年来坚持开展生态战略，在区域经济生态文明体制创新方面进行了一系列的探索，且取得了积极成效。福建省区域生态化优势较突出，但也遭遇"加速发展与资源环境约束"带来的压力。现有的资源环境政策很难适应绿色经济发展的结构性需求，但近年通过引进绿色金融，福建省各地区的区域经济生态化得到了改善。

（一）经济发展受到一定抑制

在国内外严峻的经济环境下，福建省采取了各类措施，以提升经济匀速增长为中心，改革创新发展，全省经济呈稳中有进的趋势。2017 年，福建省实现 GDP 32298.28 亿元，比 2016 年增长了 8.1%。其中，第一产业增长了 3.6%，第二产业增长了 6.9%，第三产业增长了 10.3%。

如图 7-1 所示，2007~2017 年福建省 GDP 一直维持上升态势，由 2007 年的 9249 亿元增长至 2017 年的 32298 亿元，GDP 总量明显上升，说明近年来福建省经济发展迅速，经济发展水平显著提高。虽然福建省经济总量不断增加，但 GDP 增长速度却呈现出逐渐下降趋势，由 2007 年的 13.4% 下降到 2017 年的 8.1%。可能是由于受到国内外经济环境的干扰，经济并不是很景气，经济发展受到了一定程度的抑制，增长速度逐年放缓。

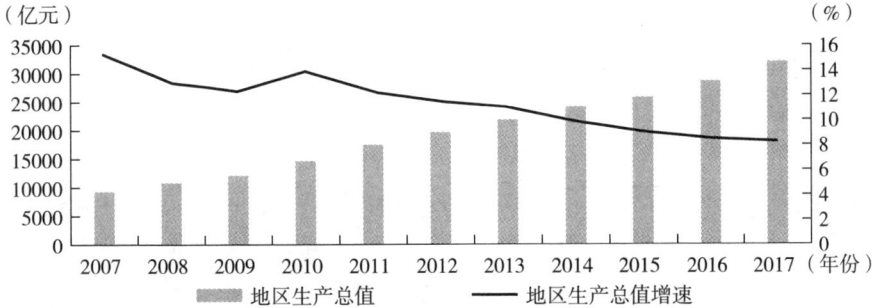

图 7-1　2007~2017 年福建省 GDP 及增速情况

资料来源：历年《福建统计年鉴》。

(二) 产业结构逐步合理化

如图 7-2 所示，2007~2017 年福建省第一产业所占比值逐年下降，从 2007 年的 11.3% 下降到 2017 年的 7.6%，对福建省 GDP 贡献越来越少。福建省第二产业在三大产业中一直占据主要地位，但在 2016 年、2017 年第二产业的占比略有下降。第三产业逐年提升，从 2007 年的 39.5% 到 2017 年的 43.6%，对福建省的经济发展贡献率不断提高。可见，福建省对产业结构所采取的一些行动产生了很好的效果，产业结构的调整向合理化、高级化方面前进。

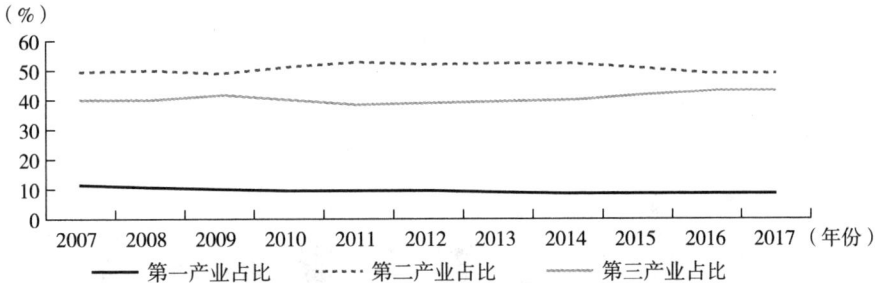

图 7-2　2007~2017 年福建省三大产业在全省 GDP 中所占比重

资料来源：历年《福建统计年鉴》。

(三) 能源消费达到 "双控" 目标

如图 7-3 所示，2017 年福建省的能源消耗总量达到了 12889.97 万吨标准煤，比 2016 年增长了 4.3%，能源消耗增量为 532.8 万吨标准煤。福建省单位 GDP 能耗同比下降了 3.5%，能源消耗强度降低了 1%。

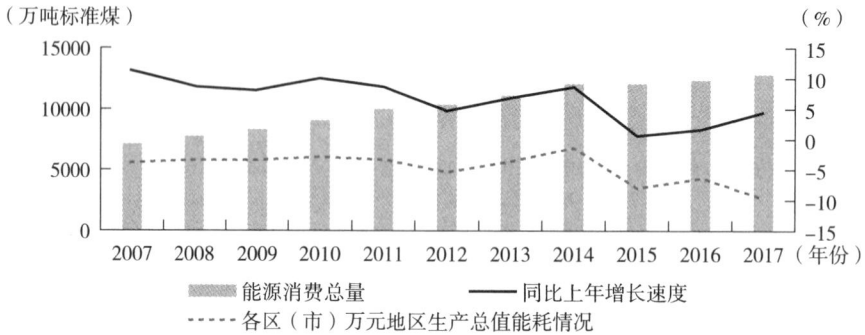

图 7-3　2007~2017 年福建省能源消费变动情况

资料来源：历年《福建统计年鉴》。

（四）主要污染物排放有所降低

如图 7-4 所示，2016 年福建省的废水排放量为 23.7 亿吨，2007~2017 年的废水排放量在 22 亿吨到 32 亿吨平稳波动；但化学需氧量排放量在 2011 年上升到 65 万吨左右后，直到 2016 年才有所下降；二氧化硫排放量在 2007~2017 年都有所下降，特别在 2016 年同比下降了 44%；可见，主要污染物排放开始呈下降趋势。

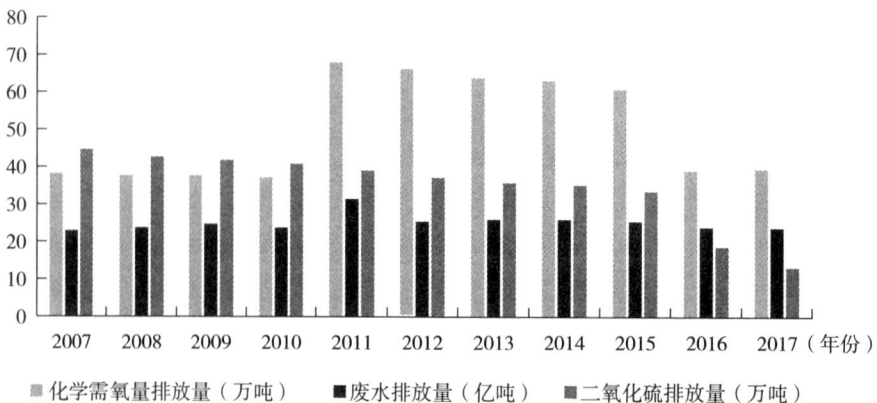

图 7-4　2007~2017 年福建省排放情况

资料来源：历年《福建统计年鉴》。

第二节　福建省绿色金融影响区域经济生态化发展的实证研究

一、绿色金融与区域经济生态化的测度

（一）绿色金融指标的构建与测度结果分析

1. 绿色金融指标的构建

通过采用绿色投入这一指标来对绿色金融进行核定。第一，它能够很好地代表绿色金融，因为绿色金融主要就是将市场上存在的资本结合在一起再进行投资，主要投入既节能又环保的项目当中，并使资金的使用率得到相应的提高。第二，该指标可以进行定量分析，并且投资对于我国国民经济有至关重要的作用，数据较全面，所以在一定程度上使测度结果更加准确和科学。有关测度指标的计算，主要是选取各个市环保投入占 GDP 的比值评估绿色投入，计算公式为：

$$绿色投入 = \frac{环保投入}{GDP}$$

2. 测度结果分析

经过数据归整与计算，2008~2016 年福建省 9 个市的绿色投入值如表 7-4 所示。

如表 7-4 所示，各地市的绿色投入水平虽然时有波动但仍呈现逐年上升趋势，且各地市水平差异较大。绿色投入水平在 0.35 及以上的地区有厦门、南平；龙岩、三明、宁德、漳州等地区处于 0.2~0.35；福州、泉州等少数地区绿色投入水平较低。绿色投入水平在 0.35 及以上的厦门地区，是因为该地区有关的环保产业较发达，当地政府对环保相关产业也比较支持，投入了较大的财力。南平的绿色投入水平较大的原因是该地区以农业生产为主，工业和第三产业的发展相对落后，所以若采取牺牲环境换得高

经济增长的形式发展经济，必然引起环境的高度污染，致使需要更多的环保投入来缓和环境污染。

表7-4 2008~2016年福建省9个市的绿色投入值

时间＼地区	福州	厦门	漳州	三明	莆田	龙岩	宁德	南平	泉州
2008	0.066	0.120	0.135	0.228	0.062	0.149	0.114	0.117	0.090
2009	0.122	0.337	0.355	0.236	0.263	0.327	0.439	0.376	0.145
2010	0.137	0.496	0.272	0.291	0.281	0.252	0.183	0.325	0.136
2011	0.167	0.270	0.163	0.315	0.140	0.281	0.159	0.279	0.138
2012	0.156	0.367	0.279	0.279	0.164	0.302	0.191	0.280	0.123
2013	0.160	0.371	0.250	0.314	0.169	0.382	0.359	0.397	0.187
2014	0.258	0.169	0.259	0.314	0.194	0.383	0.255	0.371	0.212
2015	0.220	0.510	0.326	0.382	0.131	0.403	0.333	0.531	0.185
2016	0.319	0.574	0.250	0.404	0.313	0.460	0.309	0.475	0.143
平均值	0.178	0.357	0.254	0.307	0.191	0.326	0.260	0.350	0.151

资料来源：历年福建省及各市统计年鉴。

（二）区域经济生态化指标体系的构建与测度结果分析

1. 区域经济生态化指标体系的构建

为了能够既科学又合理地评价区域经济生态化，本书主要从内部和外部两个方面进行探究，且结合存在的问题进行构建。该体系主要分为三层：第一层为目标层，第二层为标准层，第三层为指标层，每层又各具模块，对影响它发展的问题进行多层把控和细究，如表7-5所示。

2. 测度结果分析

首先，在对数据进行正向统一归整时，采取了信息熵模型进行各个测度指标权重的规定，用加权法来分析福建省区域经济生态化的发展进程。

表 7-5　指标系统

目标层	标准层	指标层
区域经济生态化	经济生态化	第三产业占 GDP 比重
		居民可支配收入
		经济增长
	社会生态化	城镇化
		社会保障支出
		失业率
		城市人口
		消费性支出
	环境生态化	主要污染物排放量
		工业固定废物排放量
		建成区绿化覆盖率
		城市建设用地规模
	资源生态化	万元 GDP 能耗
		规模以上工业企业万元增加值能耗
		万元 GDP 电耗
	科技生态化	R&D 支出占 GDP 比重
		R&D 人员数量

（1）明确各指标的熵权。求出 R_{ij}：

$$R_{ij} = R_a - y_a \times \frac{\sum\limits_{i=1}^{n} y_a}{a}$$

（2）求出 R_{ij} 后，继续求出 R_{ij} 中各变量的多样化信息熵，得出：

$$E_{ij} = \frac{\sum\limits_{i=1}^{n} R_{ij} \ln(R_{ij})}{\ln(n)}$$

$$E'_j = \frac{E_j}{\sum\limits_{i=1}^{n} E_j}$$

（3）对 E_j 作统一归整，让各参考指标的总权重值为 1，然后算出各指标的最终权重。

（4）通过上列步骤，计算结果如表 7-6 所示。可见近几年福建省各市的生态化发展有一定的提升，但是差距亦显著。其中发展较好的福州、厦门、漳州、泉州作为福建省主要的经济城市，GDP 总量较大，产业构成合理，特别是第三产业占比远高于其他地区。同时，这几个地区对环境规章制度有一定的强化作用，十分重视对持续循环发展经济、生态化的建设，资源的使用率和环境保护意识逐步提升。由此可知，经济情况、社会情况、环境情况、资源情况、科技情况等均会影响各市的区域经济生态化。以 2016 年为例，厦门的区域经济生态化计算结果为 3.178，而南平只有 1.309，从差距不难看出，各种不同的情况对其值的影响很大。

表 7-6　2008~2016 年福建省 9 个市区域经济生态化计算结果

地区＼年份	2008	2009	2010	2011	2012	2013	2014	2015	2016
福州	1.254	1.405	1.563	1.804	2.074	2.23	2.424	2.862	2.996
厦门	1.297	1.47	1.67	1.969	2.263	2.472	2.609	3.041	3.178
宁德	0.545	0.625	0.673	0.763	0.959	1.028	1.028	1.374	1.491
莆田	0.664	0.787	0.608	0.722	0.965	1.198	1.302	1.49	1.587
漳州	0.798	0.932	0.965	1.232	1.225	1.322	1.398	1.416	1.924
泉州	1.018	1.134	1.195	1.365	1.531	1.614	1.73	2	2.032
龙岩	0.605	0.647	0.701	0.901	1.04	1.135	1.133	1.407	1.573
南平	0.489	0.529	0.592	0.768	0.872	1.078	1.192	1.343	1.309
三明	0.471	0.526	0.591	0.703	0.747	1.048	1.048	1.426	1.483

2015 年、2016 年福建省 9 个市的生态化发展情况如表 7-7 所示。其中三明和南平两个市的生态化发展情况值较低，且经济发展情况相对前几名较差，能源消耗量和污染物的排放相对于前几名较大，在资源利用和环境保护上意识较弱，对生态化发展的构建程度投入也不够，自然而然导致生态化进程较低。

表7-7　2015年、2016年福建省9个市的生态化发展情况

地区	2015年得分	2016年得分
福州	2.862	2.996
厦门	3.041	3.178
宁德	1.374	1.491
莆田	1.490	1.587
漳州	1.416	1.924
泉州	2.000	2.032
龙岩	1.407	1.573
南平	1.343	1.309
三明	1.426	1.483

二、绿色金融影响区域经济生态化发展的计量分析

(一) 变量选取与数据的说明

1. 被解释变量

建设相应指标系统，以区域经济生态化（Y）充当被解释变量来分析该变量与解释变量二者之间的联系。

2. 解释变量

以绿色金融（X_1）充当本书的解释变量，考虑到数据的易获取性，本书用绿色投入来代表绿色金融，用各市环保投入占GDP的比值来计算。

3. 控制变量

选取第三产业发展水平（X_2）、城镇化率（X_3）、污染物排放量（X_4）、城区绿化覆盖率（X_5）作为控制变量，其对区域经济生态化发展有很大的影响。所以，为了能够更好地分析绿色金融和区域经济生态化二者之间的影响关系，本书在做计量时将会控制这些变量的变化，这样才能够更有效地研究被解释变量与解释变量二者之间存在的联系。

4. 数据说明

通过选取2008~2016年福建省9个市的面板数据进行研究，探索绿色金融对区域经济生态化二者之间存在的影响。数据来源于历年《福建统计

年鉴》、福建各市的统计年鉴，各市环保局、国家统计局等官方网站。

（二）模型构建

希望更科学地研究绿色金融对区域经济生态化的影响，构建计量模型如下：

$$Y_{it} = \beta_0 + \beta_1 X_{1it} + \beta_2 X_{2it} + \beta_3 X_{3it} + \beta_4 \ln X_{4it} + \beta_5 X_{5it} + a_{it}$$

可知，区域经济生态化用 Y 表示，绿色金融用 X_1 表示，第三产业占比用 X_2 表示，城镇化率用 X_3 表示，污染物排放量用 X_4 表示，城区绿化覆盖率用 X_5 表示，地区维度用 i 表示，时间维度用 t 表示，残差项用 a_{it} 表示，截距项为 0。

（三）实证过程与结论

1. 各变量的统计特征描述

如表 7-8 所示，Y 的平均值为 1.33374，该标准差为 0.637467。由此可以得出，Y 的标准差相对 $\ln X_4$ 较小，序列较平稳，波动程度相对来说也较低。X_1 的平均值为 0.263938，该指标最小值为 0.062，最大值为 0.574，二者之间的差值还是较大的，表明在不同的发展阶段，福建省各市之间绿色金融的进程有较大区别。在剩余的控制变量中，除了 X_4 的标准差相较于其他变量区别较大外，剩余的变量标准差差别较小，序列趋于稳定，污染物的排放数量数值大，这也反映了各个市的进程情况和区域经济生态化发展。总之，各个变量都是趋于稳定的。

表 7-8　各变量的统计特征描述

变量	样本量	平均值	标准差	最大值	最小值
Y	81	1.33374	0.637467	3.17766	0.471093
X_1	81	0.263938	0.11568	0.574	0.062
X_2	81	0.382305	0.066859	0.299	0.582
X_3	81	0.570586	0.119426	0.42	0.89
$\ln X_4$	81	10.09017	0.693557	9.071124	11.52755
X_5	81	0.413477	0.026022	0.298	0.461
id	81	9	4.915068	1	17

2. 豪斯曼检验（Hausman Test）

构建截距维随机效应模型进行豪斯曼检验来确定具体的模型，结果如表 7-9 所示。

表 7-9　Hausman Test

变量	固定效应	随机效应	方差（Diff.）
X_1	0.759156	0.660537	0.04632
X_2	2.109438	2.719803	0.323259
X_3	6.393812	2.901884	0.347809
lnX_4	0.08887	0.063357	0.002948
X_5	1.705679	3.264903	0.528314
p	—	0.0000	—

由上述结果发现，p 值 0.0000<0.1，因而拒绝原假设"H0：随机干扰项与该解释变量不存在关系"，所以采取截距维的固定效应模型来研究绿色金融对区域经济生态化存在的影响。笔者对异方差和自相关整理后，最终回归结果如表 7-10 所示。

3. 实证结论

如表 7-10 所示，绿色金融（X_1）对区域经济生态化（Y）的影响是正相关的，说明福建省绿色金融的进步对区域经济生态化程度起着促进作用，在保证控制变量不变时，X_1 每提升 1 个单位，Y 将提升 0.759156 个单位。虽然该影响效果明显，但整体影响效果并不是让人很满意。总体来看，福建省绿色金融发展对区域经济生态化发展进程的提升具有深远影响。通过该结构研究不难看出，其余控制变量对区域经济生态化发展进程的影响还是相当大的，均显示正向相关，尤其是城镇化率（X_3）对提升区域经济生态化（Y）程度的影响最突出，X_3 每提升 1 个单位，Y 将提升 6.393812 个单位。其次是第三产业（X_2）发展水平，X_2 每提升 1 个单位，Y 将提升 2.109438 个单位。

表7-10　福建省各地级市面板数据回归结果

变量	系数	标准误差	t 统计量	概率
C	-4.923429	0.951208	-5.175973	0
X_1	0.759156	0.335771	2.260932	0.027
X_2	2.109438	0.987678	2.135754	0.0364
X_3	6.393812	0.747552	8.553005	0
$\ln X_4$	0.08887	0.073199	2.56296	0.0124
X_5	1.705679	1.297144	3.038903	0.0033

固定横截面（Dummy 变量）			
R^2（可决系数）	0.889362	均值相关 var	1.333741
可调整可决系数	0.867895	S. D. dependentvar	0.62744
S. E. 回归	0.228051	Akaikeinfo 标准	0.037426
Sum Squared Resid	3.484482	施瓦茨准则	0.451282
对数似然	12.48423	Hannan-Quinncriter	0.203471
F-统计量	41.42911	Durbin-Watsonstat	0.96205
概率（F-统计量）	0		

三、实证研究结果以及在实践中存在的问题

综上所述，绿色金融（绿色投入 X_1）、经济生态层面（第三产业占比 X_2）、社会生态层面（城镇化率 X_3）、环境生态层面（污染物排放量 X_4）、资源生态层面（城区绿化覆盖率 X_5）对福建省区域经济生态化的正向影响都较突出。

（一）绿色经济效益好的项目不易得到支持

在保证控制变量不变时，绿色金融每提升 1 个单位，区域经济生态化将上升 0.759156 个单位，影响十分明显，说明绿色金融与福建省的区域经济生态化正向相关。因此，各金融组织对绿色金融政策提供支持能够使绿色金融现金流提高。但从各金融组织的绿色项目分布来看，主要集中在污

水的治理、饮用水安全项目、环境综合治理等公共服务类的项目，以及风发电、太阳能、水力发电等清洁能源电力类项目。据统计，这两类项目的贷款余额在绿色金融筹集资金余额中占比近60%，风险低是这两种项目的共同特点。而那些对绿色经济效益好但风险相对高或抵押物不够的项目，如环境保护科技研发项目、节约能源的产品研发项目、小中型企业节约能源减排项目等，则不容易获得绿色金融的支持。

（二）产业结构不够优化

笔者选取区域经济生态化经济生态化层面中"第三产业占GDP的比重"这个变量进行了衡量。发现在其他变量不变的情况下，第三产业占GDP的比例每提升1个单位，区域经济生态化水平将提升2.109438个单位，也说明第三产业占GDP的比例上升会使福建省经济生态化发展加快。但是，单单从福建省来看，政府过多地对资源管控与盲目追求经济增长，从而使整个市场的形式发生了变化，致使市场不能够正规、高效地调控资源配置，最终形成了高污染和高浪费的经济架构。

（三）缺乏统一的绿色金融核定标准

各组织对绿色项目的核定标准都有所不同。各机构虽然都对绿色信贷进行了划分，但对绿色项目的认定标准并不完全相同，尺度把握也不一致。第一，组织在绿色信贷方面制定了详细的核定标准和操作步骤，而其余一些机构尚未制定；第二，在现实操作中，各个组织对绿色金融的判断标准并不一致。例如，在绿色农业的核定方面，兴业银行对农产品的核定标准是农业产品可否输出到欧洲和美国等国家和地区或出产的基地是否大型农业；而农村信用社核定绿色农业的标准是只要满足有机、绿色、生态就可以认定为绿色农业。

（四）消费者对绿色消费的意向不够强

消费者的传统消费习惯已经坚不可摧了，对绿色消费的认识度不够，并且不能正确地辨析绿色商品，而且承担高昂价格的绿色商品阻挠了绿色消费行为意愿，政府对绿色消费的外部性的问题也不能采取一些有效性的措施和方案来解决。因此，消费者对于绿色消费的偏好意向和其最终的实际消费行为之间存在较大的落差。

（五）环保信息不能很好地满足绿色金融的需求

第一，信息的时效性与银行信贷业务审查标准存在一定的差距，导致有关的绿色项目不能很好地得到支持；第二，信息牵涉的企业领域还不够广，金融组织对绝大部分不属于国家监控范畴的企业、项目的环保情况，只能借助传媒渠道和通过实地调研来获取；第三，信息的内容还做不到面面俱到，难以满足业务需求；第四，环保部门和金融机构之间并未建立一个较完善的环保信息共享平台，反而机构需要的环保信息还要通过当地政府才能够获取。

第三节　福建省绿色金融支持区域经济生态化发展的前景展望

一、加大金融组织对绿色金融项目的支持力度

第一，福建省必须加强完善绿色信贷制度，企业在绿色产业发展上要提高相关的意识。金融机构还要加强宣传绿色信贷相关内容，让经济实惠的政策激励企业自觉构建环境系统。第二，建立一个绿色信贷交易端口，用于流通绿色贷款和衍生品。让更多满足条件的机构能够借助该端口发展更多的绿色业务，这能对区域经济生态化发展起到推动作用。第三，改善绿色贷款交易端口，指导绿色款项服务于绿色环保机构，而且还可以鼓励环保意识差的企业向绿色企业靠拢，以此使整个区域的环境质量有所改良。第四，加强对中小型绿色金融机构的引导，降低融资成本，让环保意识强的新兴小企业可以获得贷款，提升这些绿色企业的发展信心。

二、大力发展绿色产业

第一，福建省在传统产业改造升级上加强资源节约意识，在环保技术部门中加强对产品的创新，对重要的行业、企业及关键的工艺流程进行技

术改造和升级，提高资源生产效率，控制污染物的排放量。第二，在节能产业上，加大节约能源关键技术的开发与研究力度，提升技术、装备和产品成熟度。第三，在综合利用资源产业上，充分运用产业的发展空间，构建再生资源的加工、集散、回收"三位一体"回收系统。第四，在发展新能源行业上，重点开发风能、太阳能、核子能、地热能和生物质能。第五，在推动环保产业上加强水环境保护和大气环境保护，可通过建设城镇污水处理设施和减少工厂、汽车废气污染物的排放实现。

三、构建标准化的绿色金融体系

福建省亟须构建一个完整的"绿色金融"系统，来指导投入的资金和利益最大化的绿色项目投资相匹配，以此促进整个社会绿色产业的转型，形成新的经济增长点。当前的绿色金融市场大部分还是商业贷款，但事实上，绿色金融市场存在很大的缺口，我们不能停留在商业贷款上，应投身证券市场，构建绿色债券市场，了解绿色投入的准确定义和实际标准，并对相关信用进行评级。另外，为绿色资产的抵押担保和绿色信贷证券化开辟绿色通道，普及绿色优惠，从而带动金融组织、政府、企业发展绿色金融的积极性。

四、培养绿色消费理念

加强消费者的绿色消费理念。首先，福建省需加强对绿色投资者的培育，主要是提高投资者的环境保护意识；其次，要强化人们的绿色消费观念并普及该方面的知识，让绿色投资和绿色消费成为大家普遍认可的观点，形成低碳、文明、健康的投资和消费的绿色理念，举行"添绿、造绿、爱绿、护绿"等活动，以此成为构建绿色金融体系的核心；最后，在整个活动中传播绿色消费理念，同时要掌握好绿色消费的引导功能，促进机构在低碳和环保产业中推行和运用技能，以此更好地实现产业绿色转型。

五、完善信息共享机制

采取信息共享机制是实现金融资源的更好配置和成本的降低最有效的方法。第一，使金融部门和环境保护部门之间信息共享，积极推动将企业环境中存在的违法违规信息和环境信用评价信息纳入福建省征信业务综合化平台，构建绿色信贷系统；第二，构建跨政府组织和金融机构的信息共享平台，实现各行业的监督管理部门、环保监管部门和金融机构的信息互相流通；第三，在收集信息时还要借助社会力量，更好地发挥政府、银行和有联系企业之外的第三方企业评价和反馈功能，前提是要保证信息的完整性和可靠性，接着进行高效率的信息共享，有助于改善金融组织在绿色金融市场上的不确定性经营风险。

附 录

附录 1 中国绿色金融大事记

领域 1 顶层设计

事件类型 A 政府/顶层推动事件

日期	施行主体	事件描述	信息来源
2016/8/31	中国人民银行、财政部、国家发展和改革委员会、环境保护部、银监会、证监会、保监会	联合印发了《关于构建绿色金融体系的指导意见》，标志着中国全面推进构建绿色金融体系的开始	中国人民银行网站. 关于构建绿色金融体系的指导意见. 2016-08-31. http://www.pbc.gov.cn/goutongjiaoliu/113456/113469/3131687/index.html

续表

日期	施行主体	事件描述	信息来源
2016/12/5	国务院	印发《"十三五"生态环境保护规划》，提出建立绿色金融体系	中国政府网.《"十三五"生态环境保护规划》.2016-12-05.http://www.gov.cn/zhengce/content/2016-12/05/content_5143290.htm
2016/12/22	国家发展和改革委员会、科技部、工业和信息化、环境保护部	印发《"十三五"节能环保产业发展规划》，提出发展绿色金融	国家发展和改革委员会网站.《"十三五"节能环保产业发展规划》.2016-12-22.http://hzs.ndrc.gov.cn/newzwxx/201612/t20161222683264l.html
2017/1/5	国务院	发布《"十三五"节能减排综合工作方案》，指出健全绿色金融体系，加强绿色金融业务创新的顶层设计，推进绿色金融业务创新	中国政府网.《"十三五"节能减排综合工作方案》.2017-01-05.http://www.gov.cn/zhengce/content_5156789.html2/05/content_5143290.htm
2017/3/16	国务院	《政府工作报告》提出要大力发展绿色金融	中国政府网.政府工作报告.2017-03-16.http://www.gov.cn/premier/2017-03/16/content_5177940.htm
2017/4/24	环境保护部、外交部、国家发展和改革委员会、商务部	发布《关于推进绿色"一带一路"建设的指导意见》，提出加强对外投资的环境管理，促进绿色金融体系发展	环境保护部网站.《关于推进绿色"一带一路"建设的指导意见》.2017-04-24.http://www.zhb.gov.cn/gkml/hbb/bwj/201705/t20170505_413602.htm

续表

日期	施行主体	事件描述	信息来源
2017/5/11	环境保护部	印发《"一带一路"生态环境保护合作规划》，指出要促进绿色金融政策的制定	环境保护部网站．"一带一路"生态环境保护合作规划．2017－05－12. http：//www.zhb.gov.cn/gkml/hbb/bwj/201705/t20170516_414102.htm
2017/6/8	中国人民银行、银监会、证监会、保监会、国家标准委	联合发布《金融业标准化体系建设发展规划（2016—2020年）》，将绿色金融标准化工程作为重点工程，努力建设与多层次绿色金融市场体系相适应、科学适用的绿色金融标准体系	中国人民银行网站．金融业标准化体系建设发展规划（2016—2020年）．2017－06－08. http：//www.pbc.gov.cn/zhengwugongkai/127924/128038/128109/3322096/index.html
2017/6/8	中国人民银行、银监会、证监会、保监会、国家标准委	联合发布《金融业标准化体系建设发展规划（2016—2020年）》，确立了"十三五"时期我国金融业标准化的5项重点工程，其中有绿色金融标准化工程	中国经济网．5部委联合发布《金融业标准化体系建设发展规划（2016—2020年）》．2017－06－08. http：//www.ce.cn/xwzx/gnsz/gdxw/201706/08/120170608_23506706.shtml
2017/7/14	全国金融工作会议	全国金融工作会议召开，习近平总书记出席会议并发表重要讲话，提出要鼓励发展绿色金融	新华社．全国金融工作会议讲话．2017－07－15. http：//news，xinhuanet.com/for－tune/2017－07/15/c_1121324747.htm
2017/10/18	中国共产党第十九次全国代表大会	中国共产党第十九次全国代表大会开幕，中共中央总书记习近平代表十八届中央委员会向大会作报告，提出要构建市场导向的绿色技术创新体系，发展绿色金融	中国网．中共十九大开幕，习近平代表十八届中央委员会作报告．2017－10－18. http：//www.china，com.cn/cppcc/2017-10/18/content_41752399.htm

189

续表

日期	施行主体	事件描述	信息来源
2018/6/24	国务院	《关于全面加强生态环境保护坚决打好污染防治攻坚战的意见》深入学习贯彻习近平新时代中国特色社会主义思想和党的十九大精神，决胜全面建成小康社会，全面加强生态环境保护，打好污染防治攻坚战，提升生态文明，建设美丽中国	中华人民共和国中央人民政府. http://www.gov.cn/zhengce/2018-06/24/content_5300953.htm

领域 2　地方

事件类型 A　政府/顶层推动事件

日期	施行主体	事件描述	信息来源
2017/6/14	国务院	国务院常务会议决定，在浙江、江西、广东、贵州、新疆五省（区）建设绿色金融改革创新试验区，推动经济绿色转型升级	新华社.建设绿色金融改革创新试验区. 2017－06－14. http：//news. xinhuanet. com/2017-06/14/c_1121144822. htm
	中国人民银行、国家发展和改革委员会、财政部、环境保护部、银监会、证监会、保监会	发布《新疆维吾尔自治区哈密市、昌吉州和克拉玛依市建设绿色金融改革创新试验区总体方案》. 方案指出，通过5年左右的时间，逐步提高试验区绿色信贷、绿色债券、绿色股权融资等在社会融资规模中的占比，"两高一剩"行业贷款规模和占比逐年下降，绿色贷款不良贷款率低于新疆维吾尔自治区小微企业贷款平均不良贷款率水平	中国人民银行.关于印发新疆维吾尔自治区哈密市、昌吉州和克拉玛依市建设绿色金融改革创新试验区总体方案的通知. 2017－06－26. http：//www. pbc. gov. cn/goutongjiaoliu/113456/113469/3332945/index. html
2017/6/26		发布《江西省赣江新区建设绿色金融改革创新试验区总体方案》，提出了八大任务，包括构建绿色金融组织体系、创新发展绿色金融产品和服务、拓宽绿色金融资金渠道、稳妥有序探索建设环境权益交易市场、发展绿色保险、夯实绿色金融基础设施、构建服务产业转型升级的绿色金融发展机制、建立绿色金融风险防范机制	江西省人民政府.江西省赣江新区建设绿色金融改革创新试验区总体方案. 2017－06－26. http：//www. jiangxi. gov. cn/zzcx/tzgg/2017 06/t20170630_1345009. html

续表

日期	施行主体	事件描述	信息来源
		发布《贵州省贵安新区建设绿色金融改革创新试验区总体方案》，将通过5年左右时间，基本建立多层次的金融组织机构体系、多元化的金融支撑服务体系和高效灵活的金融产品市场运作机制、绿色信贷投放规模逐年上升，绿色债券发行初具规模，初步形成辐射面广、影响力强的绿色金融服务体系，推进试验区生态文明建设和绿色金融创新协调发展	中国人民银行. 贵州省贵安新区建设绿色金融改革创新试验区总体方案. 2017-06-27. http://www.pbc.gov.cn/gout-ongjiaoliu/113456/113469/3332973/index.html
2017/6/26	中国人民银行、国家发展和改革委员会、财政部、环境保护部、银监会、证监会、保监会	发布《广东省广州市建设绿色金融改革创新试验区总体方案》，指出将在广州市花都区率先开展绿色金融试点。力争5年内通过组织、市场、产品、服务、保障等措施等领域的创新探索，基本建立综合服务辐射周边、工作机制灵活有效、风险防控稳健有序的绿色金融服务体系	中国人民银行. 广东省广州市建设绿色金融改革创新试验区总体方案. 2017-06-26. http://www.pbc.gov.cn/goutongjiaoliu/113456/113469/3332928/index.html
		发布《浙江总方案》，衢州市建设绿色金融改革初步构建各具地方特色、服务绿色产业、组织体系完备、产品服务丰富、政策协同顺畅、基础设施完善、稳健安全运行的绿色金融体系，在优化产业结构、改善生态环境，促进地方生态文明建设和经济社会发展方面发挥显著作用	中国人民银行. 关于印发浙江省湖州市、衢州市建设绿色金融改革创新试验区总体方案的通知 2017-06-26. http://www.pbc.gov.cn/goutongjiaoliu/113456/113469/3332861/index.html

续表

日期	施行主体	事件描述	信息来源
2017/12/26	中国银行业协会	《中国银行业绿色银行评价实施方案（试行）》为规范银行业绿色信贷工作，中国银行业协会绿色银行评价在中国银保监会政策研究局的全程指导下，就中国银行业绿色银行评价的总则、实施机构与职责，评价依据、权重和计分方法，评价流程、评价定级、评价结果应用及附则七个方面进行编制和解释	http://hqkc.hqwx.com/uploadfile/2018/03/12/20180312113751148.pdf
2018/4/4	中国人民银行	《关于开展银行业存款类金融机构绿色信贷业绩评价的通知》总则指出，绿色信贷业绩评价每季度开展一次。绿色信贷业绩评价指标设置和定量和定性两类，其中，定量指标权重为80%，定性指标权重为20%。绿色信贷业绩评价定量指标包括绿色贷款余额占比、绿色贷款余额同比增速、绿色贷款余额份额占比、绿色贷款增量占比、绿色贷款增量同比增速、绿色贷款不良率5项。绿色信贷业绩评价结果纳入银行业存款类金融机构宏观审慎考核	https://gfm.sceex.com.cn/upload/20200120/7db24def5417506a344b593d7fc5825f.pdf
2019/3/8	中国人民银行、国家发展和改革委员会、财政部、环境保护部、银监会、证监会、保监会	《绿色产业指导目录（2019年版）》共分三级，其中包括节能环保、清洁生产、清洁能源、生态环境产业、基础设施绿色升级和绿色服务等6大类	中华人民共和国中央人民政府. http://www.gov.cn/fuwu/2019-03/08/content_5371892.htm

193

续表

日期	施行主体	事件描述	信息来源
2019/4/26	中国人民银行	印发《关于支持绿色金融改革创新试验区发行绿色债务融资工具的通知》，贯彻落实创新、协调、绿色、开放、共享的发展理念，进一步发展我国绿色金融市场，加强绿色金融改革创新试验区建设，支持绿色金融改革创新试验区发行绿色债务融资工具	中国人民银行. http://www.pbc.gov.cn/goutongjiaoliu/113456/113469/3824914/index.html
2019/10/26	国家发展和改革委员会	《关于进一步明确规范金融机构资产管理产品投资创业投资基金和政府出资产业投资基金有关事项的通知》	中华人民共和国中央人民政府. http://www.gov.cn/xinwen/2019-10/26/content_5445159.htm
2020/7/21	中国人民银行	开展金融机构绿色债券业绩考核，提升金融业内生动力。就《关于印发〈银行业存款类金融机构绿色金融业绩评价方案〉的通知》公开征求意见，在2018年开展的绿色信贷业绩评价基础上，进一步增加对绿色债券业务开展情况的考核评估	中国人民银行. http://www.pbc.gov.cn/tiaofasi/144941/14979/3941928/4265531/index.html
2021/4/27	中国人民银行、国家发展和改革委员会、证监会	发布《绿色债券支持项目目录（2021年版）》和构建绿色金融体系方案》《生态文明体制改革总体方案》，落实《生态文明体制改革总体方案》，进一步规范国内绿色债券市场，充分发挥绿色金融在调结构、转方式、促进生态文明建设、推动经济可持续发展等方面的积极作用，助力实现碳达峰、碳中和目标	中华人民共和国中央人民政府. http://www.gov.cn/zhengce/zhengceku/2021-04/22/content_5601284.htm

续表

日期	施行主体	事件描述	信息来源
2021/5/27	中国人民银行	《中国银行业绿色银行评价实施方案》结合实际制定辖区内银行业金融机构（法人）绿色金融评价实施细则并做好评价工作，积极探索拓展评价结果应用，着力提升银行业金融机构绿色金融绩效，自 2021 年 7 月 1 日起施行。《中国人民银行关于开展银行业存款类金融机构绿色信贷业绩评价的通知》（银发〔2018〕180 号）同时废止	中华人民共和国中央人民政府. http: // www. gov. cn/zhengce/zhengku/2021 – 06/ 11/content_5616962. htm

事件类型 B: 市场／基层响应事件

日期	施行主体	事件描述	信息来源
2016/8/31	青海省省人民政府	印发了《关于发展绿色金融的实施意见》，促进青海省金融业绿色发展	青海省人民政府. 关于发展绿色金融的实施意见. 2016 – 08 – 31. http: //xxgk. qh. gov. cn/html/1670/297739. html
2016/9/26	中国人民银行江苏省苏州市中心支行、苏州市政府金融办、苏州市经信委、苏州市环保局	联合发布了《苏州市银行业金融机构绿色金融绩效评估暂行办法》，指出将以一年为期，对银行机构进行定量与定性的绿色金融绩效评估	中国金融信息网. 苏州市银行业金融机构绿色金融绩效评估绿色金融绩效评估暂行办法. 2016 – 09 – 26. http: // greenfinance. xinhua08. com/a/ 20160928/161588. shtml

续表

日期	施行主体	事件描述	信息来源
2016/11/11	厦门市金融办公室	发布《关于促进厦门市银行业金融机构发展绿色金融的意见》，提出从财政增量奖励、贷款贴息、风险分担、挂钩财政考评标准及风险共担细则，并由厦门银监局对绿色信贷项目进行认定	厦门市金融办公室. 关于促进厦门市银行业金融机构发展绿色金融的意见. 2016－11－11. http://www.fujian.gov.cn/zc/zxwj/sqswj/xm/201612/120161206_1278074.htm
2017/5/12	天津市金融工作局等八部门	联合发布《关于构建天津市绿色金融体系的实施意见》，从绿色信贷、绿色投资、绿色保险、绿色租赁、环境权益、绿色信用评价体系等方面提出了绿色金融重点发展任务	天津市金融工作局. 关于印发构建天津市绿色金融体系实施意见的通知. 2017－05－12. http://www.tjjr.gov.cn/jrfz/dfzcfg/2017 051202475 2928NwZ.shtml
2017/5/31	福建省人民政府	印发《福建省绿色金融体系建设实施方案》，提出将从绿色信贷、资本市场绿色化、绿色保险、社会资本支持生态文明试验区建设、绿色金融产品和工具创新、配套政策等方面大力推动绿色金融发展	福建省人民政府. 关于印发福建省绿色金融体系建设实施方案的通知. 2017－05－31. http://www.fujian.gov.cn/zfxx/zfxxgkml/jgzn/csjrzcwj/201705/120170531_1527683.htm
2017/7/17	新疆维吾尔自治区人民政府	印发《关于自治区构建绿色金融体系的实施意见》，在明确绿色经济发展领域支持的基础上，进一步提出了加强绿色金融服务水平的具体措施	新疆维吾尔自治区人民政府. 关于自治区构建绿色金融体系的实施意见. 2017－07－17. http://www.xinjiang.gov.cn/2017/07/17/142188.html

续表

日期	施行主体	事件描述	信息来源
2017/6/26	中央全面深化改革领导小组第三十六次会议	审议通过了《国家生态文明试验区（贵州）实施方案》，提出需建立健全绿色金融机制与绿色金融制度	贵州省人民政府. 中央全面深化改革领导小组第三十六次会议审议通过《国家生态文明试验区（贵州）实施方案》. 2017-06-27. http://www.gzgov.gov.cn/xwdt/gzyw/201709/t20170926_1015530.html
2017/7/11	广东省花都区政府	出台支持绿色金融和绿色发展"1+4"配套政策体系，明确了对于绿色金融机构、绿色企业、专业人才的激励政策	中国金融信息网. 广东率先出台绿色金融试验区细则"1+4"配套政策体系. 2017-07-12. http://greenfinance.xinhua08.com/a/20170712/1715043.shtml
2017/7/19	贵州省政府办公厅	印发《贵安新区建设绿色金融改革创新试验区任务清单》	贵州省人民政府. 省政府办公厅印发《贵安新区建设绿色金融改革创新试验区任务清单》. 2017-07-19. http://www.gzgov.gov.cn/xwdt/djfb/201709/t20170925_876147.html
2017/8/7	鄂尔多斯市人民政府办公厅	印发《鄂尔多斯市构建绿色金融体系实施方案》	鄂尔多斯市人民政府. 关于印发鄂尔多斯市构建绿色金融体系实施方案的通知. 2017-08-07. http://xxgk.ordos.gov.cn/xxgk/information/ordos_xxw51/msg102042 56838.html

续表

日期	施行主体	事件描述	信息来源
2017/9/26	江西省人民政府办公厅	印发《江西省"十三五"建设绿色金融体系规划》，在总结江西省绿色金融发展的基础上，明确提出了"十三五"期间的绿色金融发展目标、战略与具体举措	江西省人民政府. 关于印发江西省"十三五"建设绿色金融体系规划的通知. 2017-09-26. http://xxgk. jiangxi. gov. cn/bmgkxx/sbgt/fgwj/gfxwj/201709/t20170926_1397668. htm
2017/9/29	北京市金融工作局	印发《关于构建首都绿色金融体系的实施办法》，提出将积极推动银行业、资本市场、基金、PPP、保险业等领域绿色化发展，并支持开展环境权益交易、绿色金融功能区、绿色项目储备机制，绿色金融科技等	北京市金融工作局. 关于构建首都绿色金融体系的实施办法. 2017-09-29. http://www. bjjjj. gov. cn/zcfg/c19-al964. html
2017/10/13	江西省发展和改革委员会、江西省扶贫和移民办、江西省林业厅	印发《江西省推进生态保护扶贫实施方案》，提出将健全生态价值转换机制，加大绿色金融扶持力度	江西省人民政府. 关于印发《江西省推进生态保护扶贫实施方案》的通知公告公示. 2017-10-13. http://xxgk. jiangxi. gov. cn/bm gkxx/sfzggw/gzdt/gggs/201710/t2017 1013_1400231. htm
2017/11/13	江西省环保厅	印发《江西省企业环境信用评价及信用管理暂行办法》，构建环境保护"守信激励"和"失信惩戒"机制，推动环境信用评价体系建设	江西省人民政府. 省环保厅印发《江西省企业环境信用评价及信用管理暂行办法》. 2017-11-13. http://xxgk. jiangxi. gov. cn/bmgkxx/shbj/zwdt/201711/120171103_1405689. htm

续表

日期	施行主体	事件描述	信息来源
2017/11/21	江西省人民政府办公厅	出台《关于加快绿色金融发展的实施意见》	江西省人民政府. 关于加快绿色金融发展的实施意见. 2017 - 11 - 21. http: //xxgk. jiangxi. gov. cn/fgwj/gfxwj/201711/t201711 21_1411432. htm
2017/11/21	浙江湖州市人民政府办公室	提出《关于湖州市建设国家绿色金融改革创新试验区的若干意见》,鼓励全市金融改革创新	湖州市政府. 关于湖州市建设国家绿色金融改革创新试验区的若干意见. 2017 - 11 - 21. http: //www. huzhou. gov. cn/art/2017/ 11/21/art_12399_1186. html
2017/11/22	南通市政府	由南通银监分局牵头、联合市发展和改革委、市财政局、市环保局、市金融办、人行南通市中心支行联合制定的《关于加快绿色金融发展支持全市生态文明建设的实施意见》,内容主要包括推进绿色信贷、推进绿色投资、推进绿色保险,吸引社会资本、创新金融产品和完善着配套体系六个方面	南通市政府. 关于转发南通银监分局等六部门关于加快绿色金融发展支持全市生态文明建设的实施意见的通知. 2017 - 11 - 22. http: //xxgk. nantong. gov. cn/govdiropen/ jcms_files/jcms1/webl/site/art/2017/11/28/ art_5341_5U135. html
2017/11/28	广州市税务部门	发布了关于支持绿色金融改革创新试验区建设的10项纳税服务举措	中国广州人民政府. 广州10项纳税服务举措支持绿色金融改革创新试验区建设. 2017 - 12 - 04. http: //www. gz. gov. cn/gzg ov/s5862/201712/8ee63d25ec7645cca96a364 dc438036e. shtml

续表

日期	施行主体	事件描述	信息来源
2018/1/5	甘肃省人民政府办公厅	提出《关于构建绿色金融体系的意见》	甘肃省人民政府. 关于构建绿色金融体系的意见. 2018－01－05. http：//www.gansu.gov.cn/art/2018/1/5/art_4786_330294.html
2018/1/11	江西省人民政府办公厅	印发《赣江新区建设绿色金融改革创新试验区实施细则》	江西省人民政府. 关于印发赣江新区建设绿色金融改革创新试验区实施细则的通知. 2018－01T1. http：//xxgk.jiangxi.gov.cn/gddt/zwdt/201801/120180108_1421493.htm
2018/1/18	四川省人民政府办公厅	印发《四川省绿色金融发展规划》，提出以绿色信贷、绿色债券、绿色保险、绿色基金等多种金融产品创新为主导，以证券市场多层次资本市场为支撑，逐步建立多元化、广覆盖的四川省绿色金融创新体系和绿色市场体系	四川省人民政府. 关于印发四川省绿色金融发展规划的通知. 2018－01－18. http：//zc-wj.sc.gov.cn/xxgk/NewT.aspx？i＝201801 2218 1808-404953-00-000
2018/1/28	厦门市人民政府办公厅	印发《关于促进厦门市资本市场发展绿色金融的意见》，明确提出对于绿色企业上市、发行绿色债券、创投机构绿色投资的财政奖励政策	厦门市人民政府. 转发市金融办关于促进厦门市资本市场发展绿色金融意见的通知. 2018－01－28. http：//www.xm.gov.cn/zfxxgk/xxgkznml/szhch/zsfzgh/2018 02/12018 0212_1849436.html

领域 3　绿色信贷

事件类型 A　政府/顶层推动事件

日期	施行主体	事件描述	信息来源
2016/8/16	青海省	发布《青海银行业绿色信贷政策实施效果考核评价办法（试行）》，建立并实施绿色信贷按月通报制度，实现了监管考核的制度化、标准化和系统化	中国银监会网. 青海银行业 2016 年绿色信贷发展报告. 2017－06－13. http：//www. cbrc. gov. cn/qinghai/docPcjgView/782A4E0428247D8AC724E7B1628B545/32. html
2016/9/29	人民银行江苏省苏州市中心支行、苏州市政府	发布《苏州市银行业金融机构绿色金融绩效评估行办法》，定量分析银行机构的绿色信贷的规模特征、发展水平和速度	中国金融信息网. 苏州出台银行业绿色金融绩效评估办法. 2016－09－28. http：//greenfinance. xinhua08. com/a/20160928/1661588. shtml
2016/11/11	厦门市	发布《关于促进厦门市绿色金融的意见》，提出从六个方面助推金融机构发展绿色信贷	中国金融信息网. 厦门出台地方绿色金融发展意见真金白银奖励绿色金融业务. 2016－11T1. http：//greenfinance. xinhua08. com/a/20161118/1671009. shtml

续表

日期	施行主体	事件描述	信息来源
2016/11/15	财政部	在第四次中法高级别经济财金对话中，双方提出将鼓励双方金融机构提供能源转型信贷	财政部网. 第四次中法高级别经济财金对话联合情况说明. 2016－11－15. http：//wjb. mof. gov. cn/pindaoliebiao/gongzu-odong tai/201611/t20161115_2458172. html
2016/12/28	陕西省安康市	创新一批绿色信贷产品，实现辖区内各银行业金融机构绿色信贷业务全覆盖，且所放贷款100%为绿色信贷产品	安康市政府网. 安康市人民政府办公室关于印发安康市绿色金融示范市建设工作方案的通知. 2017－12－28. http：//www. ankang. gov. cn/Content-101543. html
2016/12/5	广东银监局	建立绿色信贷统计制度，建立"广东银监局绿色信贷统计制度"和重点关注行业贷款监测报表，建立健全环境风险分析和预警机制	中国银监会网. 广东银监局建立绿色信贷统计制度，全方位指导银行机构推动发展绿色金融. 2016－12－05. http：//www. cbrc. gov. cn/guangdong/docPcjgView/99C6423D009A473A A027A07F32FF2DE6/601710. html
2016/12/6	国务院	印发《"十三五"生态环境保护规划》，鼓励对绿色信贷资产实行证券化。明确贷款人尽职免责要求和环境保护法律责任，鼓励各类金融机构加大绿色信贷发放力度	中国政府网. 国务院印发《"十三五"生态环境保护规划》. 2017－12－06. http：//www. gov. cn/xinwen/2016/12/05/contends143464. htm

续表

日期	施行主体	事件描述	信息来源
2016/11/25	广东省环保厅、中国人民银行广州分行、广东省金融办	发布《关于加强环保与金融融合促进绿色发展的实施意见》，指出要充分发挥货币信贷、环保产业、地方支持等政策的协同作用	中国金融信息网. 广东召开环保与金融融合促进绿色发展工作推进会. 2016－12－13. http：//greenfinance. xinhua08. com/a/20161213/1675759. shtml
2017/1/5	国务院	发布《"十三五"节能减排综合工作方案》，提出健全市场化绿色信贷担保机制，对可使用绿色信贷的项目单位，可按规定申请财政贴息支持。对银行机构实施绿色评级，鼓励金融机构进一步完善绿色信贷机制	中国政府网. 国务院关于印发"十三五"节能减排综合工作方案的通知. 2017－01－05. http：//www. gov. cn/ zhengce/content/2017-01/05/content_5156789. htm
2017/3/1	山东省	发布《山东省企业环境信用评价办法》，积极推进企业环境信用评价工作，作为审查信贷、公共采购、评先创优，金融支持等方面的重要参考	中国金融信息网. 山东3月1日起开始实施企业环境信用评价办法. 2017－03－01. http：//greenfinance. xinhua08. com/a/20170301/1690899. shtml
2017/3/9	衢州市	建立绿色信贷名单制和"三优一限"管理机制。成功开办衢州市首笔排污权抵押贷款。2016年末，全市绿色信贷余额124. 24亿元	中国金融信息网. 探索绿色金融改革创新助力衢州绿色发展. 2017－03－09. http：//greenfinance. xinhua08. com/a/20170309/1692407. shtml

续表

日期	施行主体	事件描述	信息来源
2017/4/1	甘肃省	发布《甘肃省关于发展绿色金融的指导意见》，鼓励金融机构加大对绿色信贷项目的金融创新，组织开展绿色信贷导向效果评估	中国金融信息网. 姜再勇：甘肃绿色金融发展潜力大. 2017-04-01. http://greenfinance.xinhua08.com/a/20170418/1700011.shtml
2017/4/27	黑龙江省	公布截至2016年末，黑龙江省金融机构仅节能环保产业的贷款余额达85.6亿元	中国金融信息网. 黑龙江省节能环保产业贷款余额达85.6亿元. 2017-4-27. http://greenfinance.xinhua08.com/a/20170427/1701646.shtml
2017/4/29	中关村管委会	对于"绿色企业"通过科技信贷产品融资的，按照40%的贴息比例给予补贴。对单家企业同一笔科技信贷融资的年度补贴支持不超过50万元，同一笔科技信贷融资的补贴不超过3年	中国金融信息网. 中关村出台新政促进绿色金融发展给予贷款和债券贴息. 2017-04-29. http://greenfinance.xinhua08.com/a/20170502/1702247.shtml?f=arecommend
2017/5/5	工业和信息化部办公厅、国家开发银行办公厅	联合开展2017年工业节能与绿色发展重点信贷项目推荐工作	工信部网. 关于推荐2017年工业节能与绿色发展重点信贷项目的通知. 2017-05-05. http://www.miit.gov.cn/n1146295/n1146592/n3917132/n4061768/c5615678/content.html

续表

日期	施行主体	事件描述	信息来源
2017/5/7	中国人民银行扬州市中心支行	发布《关于构建绿色金融体系指导意见的实施细则》，强化绿色信贷产品，服务和融资模式创新，重点发展能效贷款，合同能源管理项目贷款	江苏省政府网. 扬州出台实施细则推进构建绿色金融体系. 2017－05－07. http：//www. jiangsu. gov. cn/jszfxxgk/sylm/sxgzdt/201705/t20170508517006. html
2017/6/13	青海省	公布截至2016年12月末，青海省银行业绿色信贷余额2028.11亿元，较年初增加402.36亿元，增长24.75%，高出各项贷款平均增幅13.18个百分点，绿色信贷覆盖率达到35.48%	中国银监会网. 青海银行业2016年绿色信贷发展报告. 2017－06－13. http：//www. cbrc. gov. cn/qinghai/docPcjgView/782A4E0428247D8AC724E7B1628B545/32. html
2017/7/17	新疆维吾尔自治区人民政府办公厅	发布《关于自治区构建绿色金融体系的实施意见》，对于新疆维吾尔自治区符合"绿色清单"标准的绿色信贷可按规定申请贴息等"正向奖励"，对于不符合"绿色清单"标准的项目贷款采取收紧支持等"负奖励"	新疆维吾尔自治区人民政府办公厅. 关于自治区建绿色金融体系的实施意见. 2017－07－17. http：//www. xinjiang. gov. cn/2017/07/17/142188. html
2017/6/27	河南省	公布截至2017年第一季度末，河南银行业绿色信贷余额接近1500亿元	新华网. 河南银行绿色信贷余额近1500亿元. 2017－6－28. http：//www. ha. xinhu－anet. com/news/2017－06/28/c_1121224524. htm？from＝singlemessage

续表

日期	施行主体	事件描述	信息来源
2017/7/12	广州市花都区	探索在国内率先把绿色信贷资产纳入货币政策操作抵押品范围，把绿色信贷业绩评价纳入人民银行宏观审慎评估体系	广州市政府网. 绿色金融创新花都先行先试. 2017-07-12. http://www.gz.gov.cn/gzboftecjg/hdq/201707/0476b2c5c75f4a5ea75a27ed52e0ef8e.shtml
2017/11/23	江西省	《关于加快绿色金融发展的实施意见》	江西省人民政府. http://www.jiangxi.gov.cn/art/2017/11/23/art_5498_365192.html
2018/1/23	四川省	根据《四川省绿色金融发展规划》，到2020年，四川绿色信贷（节能环保项目贷款）占比达到15%，绿色信贷年均增速不低于各项贷款平均增速	中国金融信息网. 四川计划到2020年绿色信贷占比达到15%. 2018-01-23. http://news.xinhua08.com/a/20180123/1746259.shtml
2018/9/27	浙江省湖州市	《湖州市人民政府办公室关于湖州市建设国家绿色金融改革创新试验区的若干意见》	湖州市人民政府金融工作办公室. http://www.huzhou.gov.cn/hzgov/front/s70/xxgk/zcwj/bmwj/2018/0927/i1166071.html
2018/11/5	浙江省湖州市	《湖州市重大项目专项贷款和财政绿色专项贴息资金实施办法》	湖州市人民政府. http://www.huzhou.gov.cn/hzgov/front/s25/xxgk/gfxwj/20181123/i1258259.html
2020/04/24	广东省广州市	《广州市黄埔区 广州开发区促进绿色金融发展政策实施的通知》	广州黄埔区人民政府. http://www.hp.gov.cn/gzjg/qzfgwhgzbm/kfqjrgzj/xxgk/content/post_5807196.html

续表

日期	施行主体	事件描述	信息来源
2020/7/15	甘肃省兰州新区	《2020年兰州新区建设绿色金融改革创新试验区实施方案》	https://baijiahao.baidu.com/s? id=16722502020252548 3017&wfr=spider&for=pc
2020/8/21	浙江省衢州市	《绿色企业评价规范》《关于印发2020年衢州市绿色金融考评办法》	衢州市人民政府. http://www.qz.gov.cn/art/2021/2/23/art_1229499752_4522153.html
2021/06/23	广东省广州市	《关于印发广州市黄埔区广州开发区绿色项目、绿色企业认定管理办法（试行）的通知》	广州市黄埔区人民政府. http://www.hp.gov.cn/xwzx/tzgg/content/post_7345820.html

事件类型 B：市场/基层响应事件

日期	施行主体	事件描述	信息来源
2016/9/23	世界银行、华夏银行	共同推出的京津冀大气污染防治融资创新主权贷款项目正式启动，该项目总规模达100亿元	中国金融信息网. 京津冀大气污染防治融资创新项目启动. 2016-09-24. http://greenfinance.xinhua08.com/a/20160924/1660930.shtml
2016/10/13	国家开发银行、光大国际	共同签署《绿色金融支持生态环境建设战略合作协议》，国家开发银行将在2016~2020年，给予中国光大国际有限公司总量200亿元的金融支持	中国金融信息网. 光大国际与国开行签协议获200亿元金融支持. 2016-10-13. http://greenfinance.xinhua08.com/a/20161013/1663621.shtml

续表

日期	施行主体	事件描述	信息来源
2016/11/22	金砖国家新开发银行	预计将为福建莆田平海湾海上风电项目提供20亿元的主权贷款	中国金融信息网. 金砖国家新开发银行批准中国又一绿色能源项目. 2016-11-23. http://greenfinance.xinhua08.com/a/20161123/1671559.shtml
2016/12/22	中国农业发展银行	通过银行间债券市场公开招标发行60亿元绿色金融债券,这是目前为止境内机构首次通过公开招标方式发行的最大规模绿色金融债券	中国债券信息网. 中国农业发展银行2016年首期绿色金融债券发行文件. 2016-12-22. http://www.china-bond.com.cn/Info/25019644
2016/12/26	江苏银行	成为继兴业银行之后,中国内地第二家遵守"赤道原则"的商业银行	中国金融信息网. 江苏银行董事会决议同意采纳赤道原则. 2016-12-27. http://greenfinance.xinhua08.com/a/20161227/1678343.shtml
2017/1/7	安吉农商行	制定《绿色信贷行业准入标准》与《绿色信贷工作指导意见》,优化绿色信贷评审制度	中国金融信息网. 浙江首家绿色金融事业部诞生安吉. 2017-01-26. http://greenfinance.xinhua08.com/a/20170126/1684887.shtml
2017/1/11	公众环境研究中心	开发了绿色信贷和绿色证券数据库,提供超过30万条企业监管和处罚记录,以及每日上百万的实时数据	中国金融信息网. 环境信息应用落地绿色金融再添"利器". 2017-01-11. http://greenfinance.xinhua08.com/a/20170111/1681307.shtml

续表

日期	施行主体	事件描述	信息来源
2017/1/12	中国工商银行	将与环保部门合作，就全行业的环保标准制定和成本效益数据进行分享，并扩大压力测试覆盖范围	中国金融信息网. 促进金融机构开展环境压力测试提升绿色投资偏好. 2017 - 01 - 12. http：//green finance. xinhua08. com/a/20170112/1681717. shtml
2017/4/12	北控水务	北控水务（中国）投资有限公司 2017 年第一期绿色信托资产支持票据于 4 月 12 日在交易商协会成功注册	中国金融信息网. 全国首单绿色资产支持票据成功注册. 2017-04-14. http：//greenfinance. xinhua08. com/ a/20170414/1699578. shtml
2017/5/16	大同绿色商业银行	国内首个经过专家评审通过的绿色银行组建方案	中国金融信息网. 国内首家绿色银行方案通过评审. 2017 - 05 - 17. http：//greenfinance. xinhua08. com/ a/ 2017 0517/1704764. shtml
2017/6/17	贵州省人民政府、兴业银行	共同签署战略合作协议，兴业银行承诺在"十三五"期间为贵州省提供各类绿色融资 500 亿元	中国金融信息网. 借势发力：商业银行助推绿色金融改革创新试验区起航. 2017 - 06 - 23. http：//greenfinance. xinhua08. com/a/20170626/1711961. shtml
2017/6/30	浙江省人民政府、兴业银行	共同签署战略合作协议，承诺在未来 5 年内为浙江省提供各类绿色融资 1000 亿元	人民网. 兴业银行 1000 亿元融资助力浙江绿色改试验区. 2017 - 6 - 30. http：//ah. people. com. cn/n2/ 2017/0720/c338265-30502903. html

续表

日期	施行主体	事件描述	信息来源
2017/7/18	内蒙古自治区人民政府、兴业银行	兴业银行将在"十三五"期间为内蒙古自治区提供各类绿色融资300亿元,实现绿色资产管理规模1000亿元	中新网. 兴业银行"十三五"期间拟为内蒙古提供绿色融资300亿. 2017-07-19. http://www.chinanews.com/fortune/2017/07-19/8281604.shtml
2017/11/29	兴业银行、九江银行	在江西省赣江新区签订绿色金融合作协议,标志着国内首个绿色金融同业合作正式落地	兴业银行. 探索绿色金融技术输出兴业银行携手九江银行开启绿色金融合作"融智篇". 2017-11-29. https://www.cib.com.cn/cn/aboutCIB/about/news/2017/2017 1130.html
2017/12/14	马鞍山农商银行、世界银行国际金融公司	马鞍山农村商业银行转型发展暨与世界银行集团国际金融公司(IFC)绿色转型项目启动大会在马鞍山市举行,将联手打造我国首家具有国际水准的绿色商业银行	中国金融网. 全国首家绿色商业银行将在马鞍山诞生. 2017-12-15. http://www.financeun.com/News/2017 1215/2013cfn/13131461 7500.shtml

领域 4　绿色证券

事件类型 A　政府/顶层推动事件

日期	施行主体	事件描述	信息来源
2016/11/15	财政部	公布第四次中法高级别经济财金对话联合情况说明并指出，中法两国金融机构承诺将支持绿色债券在两国发行，推动环境信息披露的设计和实施	中国金融信息网. 中法双方同意推动环境信息披露的设计和实施. 2016－11－15. http：//greenfinance. xinhua08. com/a/20161115/1670007. shtml
2016/12/13	广东省环保厅、中国人民银行广州分行、广东省金融办	发布《关于加强环保与金融融合促进绿色发展的实施意见》，支持环境友好企业开展债务直接融资，推动发行绿色金融债和信贷资产证券化	中国金融信息网. 广东召开环保与金融融合促进绿色发展工作推进会. 2016－12－13. http：//greenfinance. xinhua08. com/a/20161213/1675759. shtml
2017/3/2	证监会	发布了《中国证监会关于支持绿色债券发展的指导意见》，对绿色公司债券、绿色产业及项目作出界定，要求募集资金必须投向绿色产业项目	中国证监会网站. 中国证监会关于支持绿色债券发展的指导意见. 2017－03－02. http：//www. csrc. gov. cn/pub/zjhpub-lic/G00306201/201703/20170303_313012. htm

续表

日期	施行主体	事件描述	信息来源
2017/3/13	中国人民银行	在第二届绿色债券年会暨绿色债券领军者颁奖典礼上，中国人民银行荣获"创新监管者"奖	新华社. 中国央行和多家机构获国际绿色债券奖项. 2017-03-13. http://greenfinance.xinhua08.com/a/20170313/1693099.shtml
2017/3/22	中国银行间市场交易商协会	发布《非金融企业绿色债务融资工具业务指引》及配套表格。明确了企业在发行绿色债务融资工具时应披露的具体信息，以及绿色债务融资工具可纳入绿色金融债券募资资金的投资范围	中国银行间市场交易商协会. 关于发布《非金融企业绿色债务融资工具业务指引》及配套表格的公告. 2017-03-22. http://www.nafmii.org.cn/ggtz/gg/201703/t20170322_60431.html
2017/3/22	财政部	发布《关于试点发展项目收益与融资自求平衡的地方政府专项债券的通知》，鼓励有条件的地方立足本地区，积极探索有一定收益的公益性事业分类发行专项债券	财政部. 关于试点发展项目收益与融资自求平衡的地方政府专项债券品种的通知. 2017-03-22. http://www.mof.gov.cn/mofhome/yusuansi/zhuantilanmu/dfzgl/zcfg/201707/t20170724_2656632.html
2017/3/23	中国人民银行、欧洲投资银行	共同主办"绿色债券—发展绿色金融的综合途径研讨会"，双方同意将推进中欧绿色债券标准趋同化展开合作研究	中国人民银行. "绿色债券—发展绿色金融的综合途径研讨会"在京举行. 2017-03-23. http://www.pbc.gov.cn/goutongjiaoliu/113456/113469/3278401/index.html

续表

日期	施行主体	事件描述	信息来源
2017/4/6	科技部	印发《中关村国家自主创新示范区促进科技金融深度融合创新发展支持资金管理办法》，指出绿色企业贷款将获贴息支持	科技部. 关于印发《中关村国家自主创新示范区促进科技金融深度融合创新发展支持资金管理办法》的通知. 2017－04－06. http：//www. most. gov. cn/kjzc/gjsd－kjzc/gjzzcxsfqsdzc/zgc/zgckjjr/201706/t20170629_133840. htm
2017/10/26	中国人民银行，中国证券监督管理委员会	联合制定发布了《绿色债券评估认证行为指引（暂行）》，从机构资质、业务实施、业务承接等方面对绿色债券评估认证报告出具及监督管理等方面对绿色债券评估认证作出了具体规范和要求	中国金融网.《绿色债券评估认证行为指引（暂行）》. 2017－12－27. http：//www. cnfinance. cn/articles/2017－12/27－27448. html
2018/3/14	中国人民银行	发布《中国人民银行关于加强绿色金融债券存续期监督管理有关事宜的通知》，将对存续期绿色金融债券募集资金使用情况进行监督核查，主要内容包括发行人经营状况、募集资金投放进度、绿色项目情况等	中国人民银行. 关于加强绿色金融债券存续期监督管理有关事宜的通知. 2018－03－14. http：//www. pbc. gov. cn/zheng－wugongkai/127924/128038/128109/3493704/index. html

事件类型 B　市场/基层响应事件

日期	施行主体	事件描述	信息来源
2016/9/1	兴业银行	发行首期"万利宝—绿色金融"理财产品,募集资金主要投向绿色环保项目和绿色债券,投资标的均属于中国人民银行和中国银监会相关文件列明重点支持的绿色环保资产	兴业银行. 2016年年度可持续发展报告. 2016-09-01. http://snap.windin.com/ns/bulletin.php? id=852 54408&type=1
2016/9/2	中国农业银行	推出的"农银穗盈—金风科技风电收费收益权绿色ABS"通过上交所绿色通道,从申报到拿到无异议函,仅用了6天时间	新华网. 绿色金融顶层设计落地绿色公司债专辟"绿色通道". 2016-09-02. http://news.xinhuanet.com/fortune/2016-09/02/c_129267207.htm
2016/9/6	Trucost、东方金诚	联合推出中国绿色债券评估框架,将所评绿色债券分成5个等级,并在债券存续期内持续跟踪	中国金融信息网. Trucost和东方金诚推出中国绿色债券评估框架. 2016-09-06. http://green-finance.xinhua08.com/a/20160906/1658351.shtml
2016/9/29	中国民生银行	发行了我国首单中央企业绿色循环经济资产证券化项目——"汇富华泰资管-中再资源废弃电子产品处理基金收益权资产"支持专项计划资产"	中国新闻网. 2016-09-29. http://www.chinanews.com/cj/2016/09-29/8019526.shtml
2016/10/13	博天环境	中国农业银行. 2016年度企业社会责任报告	中国新闻网. 博天环境发行绿色公司债开非上市民营企业先河. 2016-10-13. http://greenfinance.xinhua08.com/a/20161013/1663599.shtml

续表

日期	施行主体	事件描述	信息来源
2016/11/1	兴业银行、无锡交通产业	无锡交通产业集团公交经营收费收益权资产支持专项计划落地	全国首单上市公司绿色资产证券化（ABS）——兴业银行. 2016 年年度可持续发展报告. 2016 – 11 – 01. http://snap. windin. com/ns/bulletin. php? id = 85254408&type = 1
2016/11/22	华泰资管	发行了全国首单水电行业绿色 ABS——"华泰资管—葛洲坝水电上网收费权绿色资产支持专项计划"	中证网. 全国首单水电行业绿色 ABS. 2016 – 11 – 22. http://www. cs. com. cn/tzj/tidh/201611/20161123_5100874. html
2016/11/24	协合风电、金风科技	按照中国银行间市场交易商协会要求，主动定期披露募集资金用途	中国金融信息网. 两家绿色债务融资工具发行人按期披露信息. 2016 – 11 – 24. http://greenfinance. xinhua08. com/a/20161124/1671805. shtml
2016/12/1	安康市	发布《安康市绿色金融示范市建设工作方案》，鼓励发行绿色债券，探索绿色债券第三方评估和评级标准	安康市人民政府办公室. 安康市人民政府办公室关于印发安康市绿色金融示范市建设工作方案的通知. 2016 – 12 – 01. http://www. ankang. gov. cn/Content–101543. html
2016/12/2	兴业银行	主承销 "16 盾安 GN002" 并顺利完成了簿记建档，并在簿记建档环节引入 "绿色投资人"，在国内尚属首次	上海证券报. 绿色债务融资工具首次引入 "绿色投资人". 2016 – 12 – 02. http://greenfinance. xinhua08. com/a/20161202/1673508. shtml

215

续表

日期	施行主体	事件描述	信息来源
2016/12/15	中债资信	发布了绿色债券评估认证方法体系，并首家构建绿债支持项目目录评估标准，以更好地服务绿色债券市场发展	经济日报. 首个绿色债券支持项目评价标准出炉. 2016T2-15. http://greenfinance.xinhua08.com/a/2016 1215/1676255.shtml
2017/1/6	中债登	"发布中债——兴业绿色债券指数"，其指数成分券选取与"中债——中国绿色债券指数"成分券选取采用相同参考标准	中国金融信息网. 中央结算公司试发布中债——兴业绿色债券指数. 2017-01-06. http://greenfinance.xinhua08.com/a/20170106/1680286.shtml
2017/3/20	中央财经大学绿色金融国际研究院、深交所、卢森堡证券交易所	在北京中央财经大学联合推出首个在中国和欧洲两地同步发布的中国绿色债券指数——"中财—国证绿色债券指数"	深圳证券交易所. 中财—国证绿色债券系列指数今日发布. 2017-03-20. http://www.szse.cn/main/abou tus/bsyw/39766890.shtml
2017/3/27	东方金诚	发布《东方金诚债券绿色认证评估方法》（2017年版），新增了"发行人绿色程度"绿色认证评估要素	东方金诚.《东方金诚债券绿色认证评估方法》正式发布. 2017-03-27. http://bond.10jqka.com.cn/20170328/c597205578.shtml
2017/4/20	新世纪评级	发布《绿色债券评估认证方法》，从多方面评估债券的绿色程度，并以此评估其绿色等级	中国金融信息网. 新世纪评级发布《绿色债券评估认证方法》. 2017-04-20. http://greenfinance.xinhua08.com/a/20170420/1700500.shtml

续表

日期	施行主体	事件描述	信息来源
2017/4/21	联合赤道	发布《绿色债券评估认证方法体系》，增加了项目的绿色程度评价	联合赤道环境评价有限公司. 联合赤道发布绿色金融领域首个完整的"主体+债项"绿色评级认证方法体系. 2017-04-21. http：//www. lheia. com/news_detail 02/newsid＝278. html
2017/4/27	北控水务	发行我国首单绿色资产支持票据（ABN），发行金额 21 亿元，其中 20 亿元优先档评级全部为 AAA 级	中国金融信息网. 我国首单绿色资产支持票据（ABN）解析. 2017-04-27. http：//greenfinance. xinhua08. com/a/20170427/1701555. shtml
2017/5/19	中国电力新能源发展有限公司	在银行间市场成功发行 2017 年度第一期绿色非公开定向债务融资工具，该债券是国内首只境外非金融企业绿色熊猫债	中国金融信息网. 全国首单境外非金融企业绿色熊猫债成功发行. 2017-06-15. http：//greenfinance. xinhua08. com/a/20170605/1708187. shtml
2017/6/7	四川纳兴实业	获准发行 10 亿元的绿色债券，成为四川第一只绿色债券，也是全国首只以非公开方式发行的绿色债券	中国经济导报. 四川：首只绿色债券获准发行. 2017-06-07. http：//www. ceh. comcn/xwpd/2017/06/1036558. shtml
2017/6/23	上海证券交易所	发布《上海证券交易所上市公司信息披露工作评价办法（2017 年修订）》。进一步完善和促进上市公司信息披露工作评价机制和持续提高信息披露质量	上交所. 关于发布《上海证券交易所上市公司信息披露工作评价办法（2017 年修订）》的通知. 2017-6-23. http：//www. sse. com. cn/aboutus/mediacenter/ho -tandd/c/c_20170623_4330667. shtml

续表

日期	施行主体	事件描述	信息来源
2017/9/12	国家开发银行	发行2017年第三期绿色金融债券（17国开绿债03），发行规模50亿元，在全国银行间债券市场上市，募集资金用于三个污染防治项目，这是绿色金融债券首次面向个人零售	中国金融信息网. 绿色金融债绿色债券数据库. http://greenfinance.xinhua08.com/zt/database/indexshtml
2017/9/14	青岛特锐德电气股份有限公司	发起"特锐德应收账款一期资产支持专项计划"，发行规模9.83亿元，在深交所交易，募集资金投向电动汽车充电设施建设运营。这是深圳证券交易所首单绿色资产证券化项目，也是新能源汽车充电业务领域首单绿色资产证券化项目	中国金融信息网. 绿色资产支持证券/票据—绿色债券数据库. http://greenfinance.xinhua08.com/zt/database/greenabsabn.shtml
2017/9/26	山西晋煤华昱煤化工有限责任公司	发行2017年公开发行绿色公司债券（第一期）（G17华昱01），发行规模5亿元，在上交所上市，募集资金拟用于污染防治、清洁交通等领域。这是非公开发行的山西省首只绿色债券	中国金融信息网. 绿色公司债—绿色债券数据库. http://greenfinance.xinhua08.com/zt/database/lsgsz.shtml
2017/11/2	嘉实资本、中节能	发行绿色建筑资产支持专项计划（嘉实节能1号），这是首只中央企业绿色认证商业房地产抵押贷款支持证券	中国金融信息网. 绿色资产支持证券/票据—绿色债券数据库. http://greenfinance.xinhua08.com/zt/database/greenabsabshtml

续表

日期	施行主体	事件描述	信息来源
2017/11/22	中电投融和融资租赁有限公司	发行 2017 年度第一期绿色资产支持票据（17 融和绿色项目绿色 ABN），这是首单基础资产和募投项目均为绿色项目的"纯双绿"资产支持票据	中国金融信息网．绿色金融债—绿色资产支持证券/票据—绿色债券数据库．http：//greenfinance.xinhua08.com/zt/database/greenabsabn.shtml
2017/12/7	浙江泰隆商业银行股份有限公司	发行 2017 年绿色金融债券（17 泰隆商行绿色金融债），募集资金全部用于绿色产业项目，这是全国首单小微金融债	中国金融信息网．绿色金融债—绿色债券数据库．http：//greenfinance.xinhua08.com/zt/database/index.shtml
2017/12/22	中国进出口银行	发行 2017 年第一期绿色金融债券（17 进出口绿色债 01），这是国内首只以市场化方式面向全球投资者簿记发行的绿色金融债券	中国金融信息网．绿色金融债—绿色债券数据库．http：//greenfinance.xinhua08.com/zt/database/index.shtml
2017/12/22	富国基金	发行富国绿色纯债一年定期开放债券型基金（005383），成立规模 2.07 亿份，是市场上首只聚焦于绿色债投资的公募产品	中国金融信息网．富国绿色纯债基金首发聚焦绿色债投资．2017-12-22．http：//greenfinance.xinhua08.com/a/20171222/1741823.shtml
2017/12/28	首都机场集团公司	认定其一类企业—注册项下注册的债务融资工具（DFI）中的 100 亿元为绿色债务融资工具，募集资金全部用于北京新机场建设。该债券是全国首单 DFI 企业注册的绿色债务融资工具	中国金融信息网．全国首单 DFI 绿色债务融资工具成功注册．2017-12-29．http：//greenfinance.xinhua08.com/a/20171229/1742844.shtml

续表

日期	施行主体	事件描述	信息来源
2017/12/21	中国农业银行	发行"农盈"2017年第一期绿色信贷资产支持证券（17农盈），募集资金专项用于节能、污染防治、资源节约与循环利用、清洁交通、清洁能源及生态保护，以及适应气候变化的绿色项目投放，这是首单经认证的绿色信贷资产证券化产品	中国金融信息网. 绿色资产支持证券/票据—绿色债券数据库. http://greenfinancexinhua08. com/zt/database/greenabsabn. shtml
2018/1/4	中证指数有限公司	正式发布沪深300绿色领先股票指数、中证股权激励和主题指数和中证竞争优势主题指数	全景网. 沪深300绿色领先股票指数今日发布. 2018-01-04. http://www. p5w. net/stock/news/zonghe/2018 01/120180104_2056319. htm
2018/1/17	启迪桑德环境资源股份有限公司	发行"天风平银—启迪桑德废电产品基金补贴信托受益权绿色资产支持专项计划"，这是深交所首单国有控股企业绿色资产支持专项计划	中国金融信息网. 绿色资产支持证券/票据—绿色债券数据库. http://greenfinance. xinhua08. com/zt/database/greenabsabshtml

领域 5　绿色发展基金与 PPP 项目

事件类型 A　政府/顶层推动事件

日期	施行主体	事件描述	信息来源
2016/10/10	国家发展和改革委员会、环保部	联合印发《关于培育环境治理和生态保护市场主体的意见》，提出系列具体措施以推动生态环保领域的市场化发展	环保部. 国家发展和改革委环保部联合印发意见　培育环境治理和生态保护市场主体. 2016-10-10. http：//www.zhb.gov.cn/xxgk/hjyw/201610/t2016 1010_365188.shtml
2016/10/10	贵州省	发布大生态十大工程包和绿色经济"四型"产业发展引导目录，覆盖生态环保项目共 200 个	新华网. 贵州省发布大生态十大工程包和绿色经济"四型"产业发展引导目录. 2016-10-11. http：//www.gz.xinhuanet.com/2016-10/11/c_U19690978. htm
2016/10/12	财政部	发布《关于在公共服务领域深入推进政府和社会资本合作工作的通知》	财政部. 关于在公共服务领域深入推进政府和社会资本合作工作的通知. 2016-10-12. http：//www.mof. gov.cn/pub/jinrongsi/zhengwuxinxi/zhengcefabu/201610/t20161012_243695.html

续表

日期	施行主体	事件描述	信息来源
2016/12/21	国家发展和改革委员会、证监会	印发《国家发展和改革委 中国证监会关于推进传统基础设施领域政府和社会资本合作（PPP）项目资产证券化相关工作的通知》，旨在加速推动政府和社会资本合作（PPP）项目融资方式创新	国家发展和改革委 中国证监会关于推进传统基础设施领域政府和社会资本合作（PPP）项目资产证券化相关工作的通知. 2016-12-21. http：//www.ndrc.gov.cn/gzdt/201612/t20161226_832633.html
2017/4/25	国家发展和改革委员会	印发了《政府和社会资本合作（PPP）项目专项债券发行指引》，从适用范围和支持重点、发行条件、审核要求、信息披露和投资者保护四个方面给出具体指引	国家发展和改革委员会办公厅关于印发《政府和社会资本合作（PPP）项目专项债券发行指引》的通知. 2017-04-25. http：//www.ndrc.gov.cn/zwfwzx/xzxknew/201705/20170503_846478.html
2017/6/7	财政部、中国人民银行、证监会	发布《关于规范开展政府和社会资本合作项目资产证券化有关事宜的通知》，优先支持水务、环保等行业开展PPP项目资产证券化	中国证监会．财政部 人民银行 证监会关于规范开展政府和社会资本合作项目资产证券化有关事宜的通知. 2017-06-27. http：//www.csrc.gov.cn/pub/newsite/gszqjgb/gzdtgszj/201706/t20170627_319194.html
2017/7/3	厦门市人民政府	发布《厦门市人民政府办公厅关于印发厦门市加快培育发展农业面源污染治理市场主体实施意见的通知》，提出将建立健全基于环境绩效的付费机制	厦门市人民政府办公厅关于印发厦门市加快培育发展农业面源污染治理市场主体实施意见的通知. 2017-07-06. http：//www.fujian.gov.cn/zc/zxwj/sqswj/xm/201707/20170726_1583697.htm

续表

日期	施行主体	事件描述	信息来源
2017/7/18	财政部、住房和城乡建设部、农业部和环保部	发布《关于政府参与的污水、垃圾处理项目全面实施PPP模式的通知》，从顶层设计角度推进PPP模式在污水、垃圾处理领域的全方位应用	财政部．关于政府参与的污水、垃圾处理项目全面实施PPP模式的通知．2017P7-19. http://www. gov. cn/xinwen/2017-07/19/content_5211736. htm
2017/7/21	国务院法制办、国家发展和改革委员会、财政部	《基础设施和公共服务领域政府和社会资本合作条例（征求意见稿）》从合作项目发起、实施监管、争议解决、法律责任等方面作出了明确规定	新华社．我国拟修订基础设施和公共服务领域政府和社会资本合作条例．2017-07-21. http://www. gov. cn/xinwen/2017-07/21/content_5212467. htm

事件类型 B　市场/基层响应事件

日期	施行主体	事件描述	信息来源
2016/9/30	内蒙古自治区人民政府	印发《内蒙古自治区培育发展绿色基金工作方案》	内蒙古政府信息公布平台．内蒙古自治区培育发展绿色基金工作方案的通知．2016-09-30. http://www. nung. gov. cn/xxgkml/zzqzf/gkml/201610/t20161011_576586. html

续表

日期	施行主体	事件描述	信息来源
2016/11/25	华夏银行湖州分行	设立总规模为 100 亿元的"湖州绿水青山项目专项基金",重点支持大湖流域水环境综合治理、长三角绿色农产品基地建设、特色小镇建设、绿色能源发展、节能环保产业等方面,进一步发挥绿色金融的导向作用,服务于湖州绿色经济发展	湖州日报. 华夏银行设立百亿"绿色"专项基金. 2016- 11-26. http://ehzrb. hz66. com/hzrb/html/2016-11/26/content. 311197. htm
2016/11/29	中国通用咨询投资有限公司,通用投资(北京)基金管理有限公司	共同发起设立"通用绿色发展生态环境基金"	人民网. 探索投融资模式创新通用绿色发展基金在京成立. 2016-11-29. http://money. people. com. cn/n1/2016/1129/c218900-28906700. html
2016/11/29	镇江市人民政府、中信银行	共同发起设立计划总投资 500 亿元的"低碳产业基金",将主要投资于镇江市低碳城市建设、低碳产业投资,并购等领域	新华网. 江苏镇江:发起设立百亿元低碳产业基金. 2016-11-30. http://news. xinhuanet. com/2016-11/30/c_1120020041. htm
2016/12/15	北京环境交易所、深圳中融宝宝成	共同发起成立"节能环保产业基金"	新浪财经. 北京环交所成立绿色基金并发布"电热碳"服务. 2016-12-15. http://finance. sina. com. cn/roll/2016-12-15/doc-ifxytqqn8642029. shtml

续表

日期	施行主体	事件描述	信息来源
2017/1/9	中国华融资产管理股份有限公司、凯迪生态	成立"华融凯迪绿色扶贫产业基金"	湖北省人民政府. 湖北首只扶贫产业基金成立. 2017–01–09. http：//www. hubei. gov. cn/tzhb/touzi/lxhbtzdt/201701/t20170109_937058. shtml
2017/1/9	黄山市财政局会同市信投集团、市环保局与国开证券有限责任公司、国家开发银行安徽分行、中非信银、浦发银行合肥分行	共同创立"新安江绿色发展基金"，主要投向生态治理和环境保护、绿色产业发展和文化旅游三大领域	安徽省环境保护厅. 黄山市正式投放新安江绿色发展基金. 2017–01–09. http：//www. aepb. gov. cn/pages/Aepbl5_ShovrNews. aspx? NType =2&NewsID =156614
2017/1/25	呼和浩特市人民政府、蒙草生态	共同成立"呼和浩特绿色生态发展基金"，投资于呼和浩特市生态治理等 PPP 项目	新华网. 呼和浩特市政府与蒙草生态签署百亿级 PPP 项目. 2017–01–26. http：//www. nmg. xinhuanet. com/xwzx/xxfb/2017–01/26/c_1120385756. htm
2017/2/25	正邦集团	发起设立"生态循环农业基金"，获 50 亿元规模支持，首批落地金额 15 亿元	正邦集团. 发展升级引导基金举行揭牌仪式，正邦发起成立生态循环农业基金获 50 亿元规模支持. 2017–02–27. http：//www. zhengbang. com/newsshow. aspx? id =2407

续表

日期	施行主体	事件描述	信息来源
2017/2/28	亚洲开发银行、绿色动力环保集团股份有限公司	签署协议，将在我国的中小城市合作推广垃圾发电PPP项目	新华网. 亚行与绿色动力环保集团合作推动垃圾发电PPP项目. 2017-02-28. http://news.xinhuanet.com/fortune/2017-02/28/c_1120545547.htm
2017/3/7	中国绿色碳汇基金会、绵阳市人民政府	发起"中国绿色碳汇基金会会绵阳大熊猫碳汇专项基金"	四川省林业厅. 尧斯丹出席"大规模绿化绵州"2017春季行动暨中国绿色碳汇行动大熊猫碳汇专项基金成立仪式. 2017-03-13. http://www.scly.gov.cn/contentFile/201703/14893670082116.html
2017/3/17	菜鸟网络、阿里巴巴公益基金会、中华环境保护基金会	共同发起设立了我国首个"物流环保基金"，该基金旨在研究通过技术改良、流程优化等方式，解决日益严重的物流业污染问题	新华网. 我国首个物流环保公益基金成立. 2017-03-17. http://news.xinhuanet.com/politics/2017-03/17/c_1120647462.htm
2017/4/13	北京协同创新研究院、青域资本	联合发起了我国能效领域首只产业基金——"协同创新青域能效产业基金"	新华网. 能效领域首只产业基金启动：致力于打造绿色城市运营综合服务模式. 2017-04-14. http://news.xinhuanet.com/energy/2017-04/14/c_1120811361.htm
2017/5/3	河北省发展和改革委员会、张家口市人民政府	组织编制《张家口风电供暖实施方案（征求意见稿）》	河北省能源局. 关于征求《张家口风电供暖实施方案（征求意见的函》意见的函. 2017-05-03. http://www.hbdrc.gov.cn/web/web/nyj_xmyc_gzdt/4028818b5bae62el015bd72b9bc75d3f.htm

续表

日期	施行主体	事件描述	信息来源
2017/5/25	浙江省能源集团有限公司	共同组建国内首只绿色能源产业基金"浙江浙能绿色能源股权投资基金"	人民网. 2017-05-25. http://paper.people.com.cn/zgnyb/html/2017-05/29/content_1778726.htm
2017/8/3	贵州贵安新区新兴产业发展基金管理有限公司	设立"贵安新区二期新兴产业发展基金",这是贵州省内成立的首只银行认购优先级的股权基金(基金中的基金),属于搭建的三大基金体系中的FOF基金(基金中的基金),总规模为30亿元	搜狐网. 总规模30亿元贵安新区成立二期新兴产业发展基金推动"三大一新". 2017-08-03. http://www.sohu.com/a/162014589_283740
2018/1/16	中保投资有限责任公司、广东省广业集团有限公司	签署战略合作协议,共同发起设立"广东省广业中保绿色产业发展基金"。基金总规模达200亿元,首期规模50亿元,主要投向广东西两翼和粤北山区的污水处理、垃圾处理等环境综合整治项目	中国保监会广东监管局. 中保投在广东设立首只绿色产业发展基金. 2018-01-28. http://guangdong.circ.gov.cn/web/site15/tab868/info4097316.htm
2018/1/17	玄素投资联合武汉政府平台与多家金融机构	在江西共青城共同设立了"新能源产业基金",基金规模不低于5亿元,以新能源、节能减排、清洁生产为主要投资方向	中华网. 新能源产业基金落地江西共青城. 2018-01-17. http://economy.china.com/jyjk/news/11179727/20180117/25165397.html

领域 6 绿色保险

事件类型 A 政府/顶层推动事件

日期	施行主体	事件描述	信息来源
2016/4/19	德州市人民政府	出台《关于开展第二轮环境污染责任保险试点工作的通知》	山东环境. 山东省环境保护厅中国保险监督管理委员会山东监管局关于开展第二轮环境污染责任保险试点工作的通知. 2016-04-19. http://xxgk.sdein.gov.cn/xxgkml/hjbhgfxwj/201604/t20160428_294131.html
2016/11/15	福建省人民政府	发布《福建省人民政府关于推行环境污染责任保险制度的意见》	中国福建. 福建省人民政府关于推行环境污染责任保险制度的意见. 2016-11-15. http://www.fujian.gov.cn/zc/zxwj/szfwj/201611/201611115_1230375.htm
2016/12/6	江西省保监局、江西环保厅	联合下发《关于在全省全面推行环境污染责任保险工作的意见》，全面推进江西省环境污染责任保险市场化	江西省环境保护厅. 我厅全面推进我省环境污染责任保险工作. 2016-12-06. http://www.jxepb.gov.cn/hjzx/stdt/2016/25107a5481f419780680 5cc0d78403e.htm

228

续表

日期	施行主体	事件描述	信息来源
2017/1/6	浙江省保监局，浙江省安监局，衢州市政府联合人保财险衢州市分公司	率先在衢州试点"安全生产和环境污染综合责任保险"	新华网. 浙江试点"安全生产和环境污染综合责任保险". 2017 – 01 – 06. http：//www. zj. xinhuanet. com/zjnews/20170106/3609588_c. html
2017/1/7	厦门市人民政府	出台《厦门市人民政府关于推行环境污染责任保险制度的意见》	厦门市人民政府. 厦门市人民政府关于推行环境污染责任保险制度的意见. 2017 – 01 – 07. http：//www. xm. gov. cn/zwgk/flfg/sfwj/201701/t20170117_1484662. htm
2017/4/6	漳州市人民政府	下发《关于推行环境污染责任保险制度的贯彻意见》	漳州市人民政府. 漳州市人民政府关于推行环境污染责任保险制度的贯彻意见. 2017 – 04 – 06. http：//www. zhangzhou. gov. cn/cms/html/zzsrmzf/2017 – 04 – 13/227253062. html
2017/4/26	保监会	下发实施《化学原料及化学制品制造业责任保险风险评估指引（JRT 0152—2017）》	中国保监会. 中国保监会关于发布《化学原料及化学制品制造业责任保险风险评估指引（JRT 0152—2017）》行业标准的通知. 2017 – 04 – 26. http：//www. circ. gov. cn/web/site0/tab5168/info4070012. htm

续表

日期	施行主体	事件描述	信息来源
2017/5/2	宁夏回族自治区	调整环境污染责任保险试点方案，扩大试点覆盖面	宁夏回族自治区人民政府. 宁夏调整环境污染责任保险试点方案今年计划将153家企业纳入试点范围. 2017-05-02. http://www.nx.gov.cn/zwxx/zw/zwdt/146553.htm
2017/5/4	广东省环境保护厅	印发《生态环境损害鉴定评估方法》	广东省环境保护厅. 广东省环境保护厅办公室关于印发《生态环境损害鉴定评估方法》的通知. 2017-05-04. http://www.gdep.gov.cn/stbh/201705/t20170505_223154.html
2017/5/5	四川省发展和改革委员会、财政厅，经济和信息化委员会，环保厅	联合发布《关于促进节能环保装备产业发展的政策意见》，提出对符合条件的首台（套）节能环保装备在资金补助、保险补贴等方面予以支持	四川发展和改革委员会. 四川省发展和改革委员会、四川省经济和信息化委员会、四川省财政厅、四川省环境保护厅关于促进节能环保装备产业发展的政策意见（川发改产业〔2017〕1320号）. 2017-05-19. http://www.scdrc.gov.cn/dirl093/181928.htm
2017/5/10	深圳市人居环境委员会	印发《深圳市环境污染强制责任保险工作实施方案（征求意见稿）》	深圳人居环境网. 深圳市环境污染强制责任保险工作实施方案的通知. 2017-05TO. http://www.szhec.gov.cn/xxgk/qt/tzgg/201705/t20170510_676171.htm

续表

日期	施行主体	事件描述	信息来源
2017/5/25	辽宁省林业厅	组织修订《辽宁省森林综合保险条款》	国家林业局. 辽宁省林业厅组织修订《辽宁省森林综合保险条款》. 2017－05－25. http://www.forestry.gov.cn/main/102/content-981526.html
2017/6/5	新疆维吾尔自治区环保厅、新疆保监局	发布《新疆维吾尔自治区环境污染责任保险试点工作实施方案》	新华网. 新疆全面推进环境污染责任保险试点. 2017－06－05. http://news.xinhuanet.com/energy/2017-06/05/c_112108 6913.htm
2017/6/9	环境保护部、保监会	联合研究制定《环境污染强制责任保险管理办法（征求意见稿）》	中国保监会. 对《环境污染强制责任保险管理办法（征求意见稿）》公开征求意见. 2017－06－09. http://www.circ.gov.cn/web/site0/tab6527/info40 71931.htm
2017/6/12	天津市环保局	发布《关于开展环境污染责任保险指导意见》	天津市环保局. 关于开展环境污染责任保险指导意见. 2017－06－12. http://www.tjhb.gov.cn/root16/mechanism/office/201706/t20170615_27844.html
2017/6/21	山东省枣庄市人民政府	出台《市中区病死畜禽无害化处理工作实施方案》，将保险机构纳入了病死畜禽无害化处理程序	山东省枣庄市中区人民政府. 市中区人民政府办公室关于印发市中区病死畜禽无害化处理工作实施方案的通知. 2017－06－21. http://www.zzszq.gov.cn/szq/zwgk/zfwj/n31818.html

231

续表

日期	施行主体	事件描述	信息来源
2017/6/24	陕西省金融办、省财政厅、省农业厅	联合制定《2017年陕西省政策性农业保险试点工作实施方案》，明确试点品种、区域和规模	中华人民共和国中央人民政府.陕西省出台2017年政策性农业保险试点工作实施方案. 2017-06-24. http://www.gov.cn/shuju/2017-06/24/content_5205099.htm
2018/2/11	厦门市金融办、厦门保监局、市财政局、人行厦门市中心支行	联合出台《关于促进厦门市保险行业发展绿色金融的意见》，多举措促进绿色保险发展，这在全国保险行业中尚属首例	中国保监会厦门监管局.厦门出台《关于促进厦门保险行业发展绿色金融的意见》. 2018-02-11. http://www.circ.gov.cn/tabid/2119/InfoID/4099000/frid/2094/Default.aspx

事件类型 B　市场/基层响应事件

日期	施行主体	事件描述	信息来源
2016/6/30	衢州市环保局、浙江省环科院	联合挂牌成立了全省首家环境医院	凤凰网.浙江成立首家"环境医院" 企业遇问题可"挂号问诊". 2016-07-20. http://nb.ifeng.com/a/20160720/4776539_0.shtml

续表

日期	施行主体	事件描述	信息来源
2017/3/16	中国人民保险集团股份有限公司，保尔森基金会	签署绿色建筑保险合作备忘录	中国保险网. 中国人保与保尔森基金会签署绿色建筑保险合作协议. 2017-03-23. http://www.china-insurance.com/news-center/newslist.asp? id=274784
2017/4/6	中国保险学会，中国地震学会	联合发文成立技术支持实验室	中保网. 中国保监会与中国地震局战略合作中国地震风险与保险实验室揭牌. 2017-04-06. http://xw.sinoins.com/2017-04/07/content_227707.htm
2017/4/15	平安产险	业内首发平安产险鹰眼系统（DRS）环境风险地图，可解决环境污染责任险推广中的事前风险防范难题	中国网. 袁勇民. "平安产险鹰眼系统环境风险地图"发布. 2017-04-15. http://www.china.com.cn/opinion/think/2017-04/15/content_40626328.htm
2017/5/12	厦门市民政局，人保财险厦门分公司	签约巨灾保险合同	厦门市民政局. 厦门市建立巨灾保险制度. 2017-05T2. http://www.xmmzj.gov.cn/xxgk/xxgkmzgz/xxgkjzjγ/201705/t20170512_1654352.htm
2017/6/2	江苏省昆山开发区	主导建立环保大数据共享机制，诞生了首单四方共管"环责险"	中国江苏网. 共享大数据昆山诞生首单四方共管"环责险". 2017-06-02. http://jsnews.jschina.com.cn/sz/a/201706/t20170602_590637.shtml

233

续表

日期	施行主体	事件描述	信息来源
2017/6/17	平安产险	发布保险行业内的第一份《绿色化工白皮书》	中国保险报. 保险创新助力化工行业绿色升级. 2017－06－20. http：//xw. sinoins. com/2017－06/20/content_234012. htm
2017/6/22	中再集团	正式成立中国再保险巨灾研究中心、配合保监会推动巨灾保险制度建设	新华网. 聚焦前沿科技引领巨灾保险——中国再保险巨灾研究中心成立. 2017－06－22. http：//news. xin-huanet. com/money/2017－06/22/c_121193915. htm
2017/7/7	瑞士再保险，平安产险	联合推出中国首款手机端台风财产指数保险	中国证券网. 瑞再携手平安推国内首款手机端台风财产指数保险. 2017－07－07. http：//news. cnstock-com/news. jg－201707－4100287. htm

领域 7　环境权益市场

事件类型 A　政府/顶层推动事件

日期	施行主体	事件描述	信息来源
2016/7/28	国家发展和改革委员会	印发《用能权有偿使用和交易制度试点方案》，拟在浙江省、福建省、河南省、四川省开展用能权有偿使用和交易制度试点	国家发展和改革委员会网站. 用能权有偿使用和交易制度试点方案. 2016 - 07 - 28. http://www. ndrc. gov. cn/zcfb/zcfbtz/201609/t20160921_819068. html
2016/8/16	国家发展和改革委员会	国家发展改革委办公厅发布了《新能源汽车碳配额管理办法》征求意见稿，要求相关部委、企业、行业协会等在 8 月 25 日之前反馈书面意见	中财网.《新能源汽车碳配额管理办法》发布. 2016 - 08 - 16. http://www. cfi. net. cn/p201608 16001548. html
2016/9/22	国家发展和改革委员会、环境保护部	印发《关于培育环境治理和生态保护市场主体的意见》，加快建设市场交易体系，提出建立完善排污权、用能权、水权、林权的交易制度，鼓励开发基于环境权益抵（质）押融资产品	国家发展和改革委员会网站. 关于培育环境治理和生态保护市场主体的意见. 2016 - 09 - 22. http://www. ndrc. gov. cn/zcfb/zcfbtz/201609/t20160929_ 820598. html
2016/9/22	福建省人民政府	印发《福建省碳排放权交易管理暂行办法》，提出 2016 年底前福建省将实现碳排放权交易市场正式运行	福建省人民政府办公厅网站. 福建省碳排放权交易管理暂行办法. 2016 - 09 - 22. http://www. fujian. gov. cn/zc/flfg/zdfg/201610/t20161002_1219036. htm

续表

日期	施行主体	事件描述	信息来源
2016/10/26	河北省政府办公厅	印发《河北省用水权交易约束施约束性资源使用权交易的意见》，涉及用能权、用煤权、工业水权、钢铁产能使用权等多项资源使用权的交易管理办法	河北省人民政府网站．河北省人民政府办公厅关于实施约束性资源使用权交易的意见．2016 - 10 - 26. http：//info.hebei.gov.cn/eportal/ui? pageId = 1962 757&articleKey = 6680255&columnId = 329982
2016/10/27	国务院	印发《"十三五"控制温室气体排放工作方案》，提出2017年启动全国碳排放权交易市场，交易活跃，交易制度完善，监管严格，公开透明的全国碳排放权交易市场	中国政府网．"十三五"控制温室气体排放工作方案．2016 - 10 - 27. http：//www.gov.cn/zhengce/content/2016-11/04/content_5128619.htm
2016/11/10	国务院办公厅	印发《控制污染物排放许可制实施方案》，完善控制污染物排放许可制度，排污许可证可按规定在市场交易	中国政府网．控制污染物排放许可制实施方案．2016 - 11 - 10. http：//www.gov.cn/zhengce/content/2016-11/21/content_5135510.htm
2016/11/10	福建省经济和信息化委员会	印发《关于强调福建省履行节能量交易行为的通知》	福建省经济和信息化委员会网站．关于强调福建省履行节能量交易行为的通知．2016 - 11 - 15. http：//www.fjetc.gov.cn/zt/jnhz_info.aspx? id = 105788
2016/11/15	水利部、国土资源部	联合印发《水流产权确权试点方案》	中华人民共和国中央人民政府．两部门联合印发《水流产权确权方案》．2016 - 11 - 15. http：//www.gov.cn/xinwen/2016-11/15/content_5132375.htm

续表

日期	施行主体	事件描述	信息来源
2016/12/7	山东省水利厅	颁布《山东省水权交易管理实施办法（暂行）》	山东省水利厅网站．山东省水权交易管理实施办法（暂行）．2016－12－07．http：//www.sdwr.gov.cn/sdsl/zwgk/xxgkml/201612/t20161221_229491.html
2016/12/17	四川省发展和改革委	宣布碳排放权交易于四川联合环境交易所正式启动，四川省成为非试点地区首个、全国第八个拥有国家备案碳交易机构的省份	四川省发展和改革委网站．四川碳交易市场开市活动圆满举行．2016－12－17．http：//www.scdrc.gov.cn/dir45/181139.htm
2016/12/20	广东省人民政府	颁布《广东省水权交易管理试行办法》	广东省人民政府网站．广东省水权交易管理试行办法．2016－12－20．http：//zwgk.gd.gov.cn/00639748/201612/t20161223_686784.html
2016/12/22	国家发展和改革委员会	印发《绿色发展指标体系》和《生态文明建设考核目标体系》	国家发展和改革委员会网站．国家发展改革委印发《绿色发展指标体系》《生态文明建设考核目标体系》．2016－12－22．http：//www.gov.cn/xinwen/2016－12/22/con-tent5151575.htm

237

续表

日期	施行主体	事件描述	信息来源
2016/12/23	环保部	印发《排污许可证管理暂行规定》	中华人民共和国环境保护部. 关于印发《排污许可证管理暂行规定》的通知. 2016-12-23. http://www.zhb.gov.cn/gkml/hbb/bwj/201701/t20170105_394012.htm
2016/12/27	国家发展和改革委员会、水利部、住房和城乡建设部	印发《水利改革发展"十三五"规划》，推动水权交易制度建设，开展水权交易试点	国家发展和改革委员会网站. 水利改革发展"十三五"规划. 2016-12-27. http://www.ndrc.gov.cn/gzdt/201612/t20161227_832878.html
2016/12/28	环保部	印发《关于开展火电、造纸行业和京津冀试点城市高架源排污许可证管理工作的通知》	中华人民共和国环境保护部. 环境保护部印发《关于开展火电、造纸行业和京津冀试点城市高架源排污许可证管理工作的通知》. 2017-01-05. http://www.zhb.gov.cn/gkml/hbb/qt/201701/t20170106_394017.htm
2017/1/12	陕西省水利厅	颁布《陕西省水权交易管理办法》	陕西省水利厅网站. 陕西省水权交易管理办法. 2017-01T2. http://www.sxmwr.gov.cn/sxmwr-xxgk-dtkj-3-show-77287

续表

日期	施行主体	事件描述	信息来源
2017/2/3	国家发展和改革委员会、财政部、国家能源局	联合发布《关于试行可再生能源绿色电力证书核发及自愿认购交易制度的通知》	中华人民共和国中央人民政府．三部门关于试行可再生能源绿色电力证书核发及自愿认购交易制度的通知. 2017-02-03. http://www.gov.cn/xinwen/2017-02/03/content_5164836.htm
2017/2/14	内蒙古自治区人民政府办公厅	颁布《内蒙古自治区水权交易管理办法》	内蒙古自治区人民政府办公厅网站．内蒙古自治区水权交易管理办法. 2017-02-14. http://www.nmg.gov.cn/xxgkml/zzqzf/gkml/201702/t20170223_599886.html
2017/4/14	广东省发展和改革委员会	颁布《广东省发展改革委关于碳普惠制核证减排量管理的暂行办法》，规范碳普惠制核证减排量管理工作	广东省发展和改革委员会网站．广东省发展改革委关于碳普惠制核证减排量管理的暂行办法. 2017-04-14. http://210.76.72.13:9000/pub/gdsfgw2014/zwgk/tzgg/zxtz/201704/t20170417.391316.ht-ml
2017/12/19	国家发展和改革委员会	正式宣布启动全国统一碳市场，就落实《全国碳排放权交易市场建设方案（发电行业）》，推动全国碳排放权交易市场建设有关工作进行动员部署	中国碳排放交易网．全国碳排放权交易市场建设方案（发电行业）. 2017-12-20. http://www.tanpaifang.com/tangu-wen/2017/1220/61132.html

事件类型 B 市场/基层响应事件

日期	施行主体	事件描述	信息来源
2016/11/22	湖北碳排放权交易中心、平安湖北	全国首单"碳保险"在武汉成功落地，成为湖北绿色金融又一个创新成果	长江日报. 湖北绿色金融又出创新成果全国首单"碳保险"在武汉落地. 2016-11-22. http://greenfinance.xinhua08.com/a/20161122/1671511.shtml
2016/11/23	上能电力集团、北京环境交易所	发布国内首款电碳融合减排创新产品"电碳宝1.0"	经济参考报. 碳市场启动临近各地冲刺备战. 2016-11-23. http://greenfinance.xinhua08.com/a/201611 23/1671601.shtml
2016/11/30	中国水权交易所	内蒙古自治区首批水权试点公开交易签约	中国经济网. 内蒙古首批水权交易试点成功签约. 2016-12-01. http://www.ce.cn/cysc/newmain/yc/jsxw/201612/01/t20161201_18290635.shtml
2016/12/14	山西省排污权交易中心	山西省首只排污权金融产品成功落地	山西日报. 我省首只排污权金融产品落地. 2016-12-20. http://epaper.sxrb.com/shtml/sxrb/20161220/4 97597.shtml
2016/12/23	海峡股权交易中心	福建碳排放权交易在海峡股权交易中心开市，推出了碳排放权抵押融资等碳金融创新产品	福建日报. 福建省碳排放权交易火爆开市. 2016-12-23. http://www.fjdpc.gov.cn/show.aspx? ctlgid=57 2483&id=113546

续表

日期	施行主体	事件描述	信息来源
2017/1/12	上海清算所	上海碳配额远期交易中央对手清算业务上线	上海清算所网站．上海碳配额远期交易中央对手清算业务向市场推出弥补我国绿色金融市场空白．2017-01-13. http://www.shclearing.com/gywm/xwdt/2017 01/t20170112_217230. html
2017/4/18	河南省水权收储转让中心	挂牌成立并成为全国第二家省级水权收储转让平台	人民网．河南开启"用水"新时代全面实施水权交易制度．2017-04-19. http://henan.people.com.cn/n2/2017/0419/c351638-30052927. html
2017/4/26	胶州市环保局排污权交易中心	开展排污权交易，青岛市作为国家级排污权交易试点市，将试点工作放在胶州	大众日报．胶州19家企业"尝鲜"排污权交易．2017-04-26. http://paper.dzwww.com/dzrb/content/2017 0426/Articel17002MT. htm
2017/5/24	新疆产权交易所	举行新疆维吾尔自治区首次排污权竞买交易会	环境保护部网站．新疆举行首次排污权竞买交易会成交总额达776万余元．2017-05-25. http://www.zhb.gov.cn/xxgk/gzdt/201705/t20170525_414725. shtml
2017/5/26	兴业银行厦门分行	发放排污权抵押贷款，标志着厦门首笔排污权抵押贷款成功落地	厦门日报．厦门推进排污权交易制度首笔排污权抵押贷款发放．2017-05-26. http://www.fj.xinhuanet.com/shidian/2017-05/26/c_1121042120. htm

241

续表

日期	施行主体	事件描述	信息来源
2017/6/21	佛山市公共资源交易中心	举行排污权有偿使用和交易启动仪式，佛山市成为广东省首个排污权有偿使用和交易试点城市	广州日报. 佛山市全面启动排污权有偿使用和交易. 2017 – 06 – 21. http://www.citygf.com/fstt/201706/120170621_86001.html
2017/7/19	广东省环境权益交易所	首宗水权交易项目挂牌，标志着广东省乃至华南地区水权交易挂牌项目实现零的突破	南方日报. 粤首宗水权交易项目挂牌. 2017-07-21. http://www.gd.xinhuanet.com/newscenter/2017 – 07/21/c_1121354893.htm
2021/12/2	福建省人民政府	福建省碳市场综合服务平台正式上线运行	福建日报. 福建省碳排放交易火爆开市. 2021-12-23. https://baijiahao.baidu.com/s? id = 171808518909584119&wfr=spider&for=pc

领域 8　国际合作

事件类型 A　政府/顶层推动事件

日期	施行主体	事件描述	信息来源
2016/9/4	G20	二十国集团领导人第十一次峰会在杭州国际博览中心举行。国家主席习近平主持主持会议并致开幕词，提出要落实可持续发展、绿色金融等诸多领域的行动计划	中国政府网. 二十国集团领导人杭州峰会举行习近平主持会议并致开幕词. 2016−09−04. http：//www.gov.cn/xinwen/2016−09/04/content_5105318.htm
2016/9/6	中国人民银行、英格兰银行	共同主持 G20 绿色金融研究小组，重点就银行业、债券市场、机构投资者、风险分析和指标体系五个问题进行了深入研究，并向杭州峰会提交了《G20 绿色金融综合报告》，报告提出了七项发展绿色金融可选措施	中国金融信息网. 《G20 绿色金融综合报告》提出发展绿色金融七项可选措施. 2016−09−06. http：//greenfinance.xinhua08.com/a/20160906/1658373.shtml
2016/10/9	G20 绿色金融研究小组	第五次会议在华盛顿举行。2017 年 G20 主席国德国宣布 2017 年将继续在 G20 财金渠道讨论绿色金融议题，中国人民银行和英格兰银行将继续担任 G20 绿色金融研究小组共同主席	央视网. 2017 德国 G20 将继续绿色金融议题. 2016−10−09. http：//news.cctv.com/2016/10/09/ARTIsRLN5mllzltQnOAN2q5tl61009.shtml

续表

日期	施行主体	事件描述	信息来源
2016/10/12	天津市市场监督管理委员会	按照"统筹谋划、分步推进、急需先定、有序实施"的原则，组织实施了"百项绿色供应链标准工程工作方案"，有效服务APEC（亚太经合组织）绿色供应链合作网络天津示范中心建设，推动绿色供应链管理工作有序开展	中国政府网. 天津市发布实施绿色供应链地方标准. 2016-10-12. http://www.gov.cn/xinwen/2016-10/12/content_5117776.htm
2016/11/10	中国国务院副总理马凯，英国财政大臣菲利普—哈蒙德	于2016年11月10日在伦敦共同主持了第八次中英经济财金对话，双方达成多项金融合作共识	新华社. 第八次中英经济财金对话政策成果. 2016-11-12. http://news.xinhuanet.com/2016-U/12/c_1119899702.htm
2017/1/18		日内瓦时间2017年1月18日，中国国家主席习近平在联合国日内瓦总部出席"共商共筑人类命运共同体"高级别会议，演讲中说道"主张共同推进构建人类命运共同体伟大进程，坚持对话协商、共建共享、合作共赢、交流互鉴、绿色低碳，建设一个持久和平、普遍安全、共同繁荣、开放包容、清洁美丽的世界"	新闻联播网. 习近平出席"共商共筑人类命运共同体"高级别会议并发表主旨演讲. 2017-01-18. http://www.xwlb.tv/10962.html

续表

日期	施行主体	事件描述	信息来源
2017/7/13	G20 绿色金融研究小组	提交汉堡峰会的《2017 年 G20 绿色金融综合报告》由德国正式发布。报告指出 G20 杭州峰会在发展绿色金融、推动绿色债券市场的作用，提出五项可选措施以鼓励金融业开展环境风险分析，强调公共环境数据是重要信息来源	中国人民银行.《2017 年 G20 绿色金融综合报告》发布. 2017-07-13. http://www.pbc.gov.cn/goutongjia-oliu/113456/113469/334423β/index.html
2017/9/4	中国金融学会绿色金融专业委员会、伦敦金融城绿色金融倡议组织、中央财经大学绿色金融国际研究院	联合举办"中英绿色金融论坛"，中国金融学会绿色金融专业委员会主任马骏和伦敦金融城绿色金融倡议组织主席 Roger Gifford 在会上共同发布了《2017 年中英绿色金融工作组中期报告》，报告指出中英和全球绿色金融发展面临的若干挑战，并提出一系列建议	中国金融信息网. 中英绿色金融论坛在京举行中英绿色金融工作组报告发布. 2017-09-04. http://green-finance.xinhua08.com/a/20170904/1724411.shtml
2017/11/9	国家开发银行	发行 10 亿欧元与 5 亿美元的准主权国际绿色债券在中欧国际交易所上市，募集资金主要用于支持"一带一路"建设水清洁交通、可再生能源和水资源保护等绿色产业项目，这是首只中国准主权国际绿色债券	中国金融信息网. 境内主体境外发行绿色债—绿色债券数据库. https://greenfinance.xinhua08.com/zt/database/jnjw.shtml

245

事件类型 B 市场/基层响应事件

日期	施行主体	事件描述	信息来源
2017/3/20	中央财经大学绿色金融国际研究院	主办"中国绿色金融与国际市场对话"高层论坛,与卢森堡证券交易所等机构联合发布了"中财—国证绿色债券指数",国内外同时上线。该指数以适合中国的绿色债券标准为编制依据,选用高级绿色债券作为指数编纂对象,是全球首只实现跨境同步展示的中国绿色债券系列指数	中国金融学会绿色金融专业委员会. "中国绿色金融与国际市场对话"高层论坛召开. 2017–03–21. http://www.greenfinance.org.cn/displaynews.php? id=751
2017/6/14	中国长江三峡集团公司	发行规模 6.5 亿欧元,债券期限为 7 年的绿色欧元债券,在爱尔兰交易所上市,募集资金投向德国稳达海上风电项目以及葡萄牙 ENEOP 陆上风电项目,这是中国实体企业首只绿色欧元债券,亚洲企业规模最大的绿色欧元债券	中国金融信息网. 境内主体境外发行绿债—绿色债券数据库. http://greenfinance.xinhua08.com/zt/database/jnjw. shtml
2017/6/14	中国—东盟(上海合作组织)环境保护合作中心、美国环保协会等 9 家机构	联合发起"一带一路"绿色供应链合作平台,旨在共同推动区域绿色供应链合作,促进区域互联互通与绿色发展	人民网. 九机构联合搭建"一带一路"绿色供应链合作平台. 2017–06–21. http://env.people.com.cn/n1/2017/0621/c1010–29354443. html

续表

日期	施行主体	事件描述	信息来源
2017/6/19	上海证券交易所、中证指数有限公司	于2017年6月19日正式发布"上证绿色公司债指数""上证绿色债券指数"和"中证交易所绿色公司债指数"。"上证绿色公司债指数""上证绿色债券指数"于上海证券交易所和卢森堡交易所官方网站同步展示，以吸引境外投资者关注我国绿色债券市场	搜狐网.卢森堡交易所联合上海证券交易所同步发布中国绿色债券.2017−06−20.http://www.sohu.com/a/150495445_481746
2017/6/20	摩根士丹利资本国际公司（MSCI）	MSCI宣布，从2018年6月开始将中国A股纳入MSCI新兴市场指数和全球基准指数（ACWI），届时被纳入MSCI指数的200多家A股上市公司将接受ESG评测	中证网.MSCI宣布将中国A股纳入其新兴市场指数.2017−06−21.http://www.escom.cn/xwzx/201706/t20170621_5334115.html
2017/9/5	中国金融学会绿色金融专业委员会、联合国环境规划署等7个机构	共同发布《中国对外投资环境风险管理倡议》，旨在鼓励和引导中国金融机构加强对外投资中的环境风险管理，遵循责任投资原则，将绿色发展理念融入"一带一路"建设	中国金融信息网.中国对外投资环境风险管理倡议发布.2017−09−08.http://greenfinance.xinhua08.com/a/20170908/1725146.shtml
2017/9/26	中央财经大学绿色金融国际研究院、卢森堡证券交易所、中证指数有限公司	在"中国—卢森堡绿色金融创新论坛"上共同发布"沪深300绿色领先股票指数"	和讯网.沪深300绿色领先股票指数正式发布.2017−09−27.http://stock.hexun.com/2017−09−27/191028158.html

续表

日期	施行主体	事件描述	信息来源
2017/10/12	中国工商银行卢森堡分行	发行规模约25.1亿美元的"一带一路"绿色气候债券,在卢森堡证券交易所"环保金融交易所"上市,募集资金用于支持工商银行全球范围内已经投放或未来即将投放的可再生能源、低碳及低排放交通、能源效率和可持续水资源管理四类合格绿色信贷项目,这是首只以"一带一路"沿线绿色项目为主题的绿色债券;首只获得气候债券倡议组织(CBI)"气候债券"认证的中资绿色债券;单只发行欧元金额最大的中资绿色金融债券。工行成为首家获得CICERO第二意见的中资银行,迄今唯一获得CICERO"最高评价的中资发行人	中国金融信息网.境内主体境外发行绿债—绿色债券数据库. http://greenfinance.xinhua08.com/zt/database/jnjw.shtml
2017/11/11	中国金融学会绿色金融专业委员会、欧洲投资银行	在第23届联合国气候大会举行地德国波恩联合发布为《探寻绿色金融的共同语言》(The Need for a Common Language in Green Finance)的白皮书,旨在通过对国际多种绿色债券标准进行比较,提升中国与欧盟市场的绿色债券可比性与一致性	中国金融信息网.中国绿金委与欧洲投资银行联合发布白皮书推动国际绿色债券市场标准一致化.2017-11-11. http://greenfinance.xinhua08.com/a/20171111/35122.shtml
2017/11/19	中国银行巴黎分行	发行约合15亿美元的气候债券,在泛欧证券交易所上市,募集资金对接法国和英国的风电项目,以及中国的15个地铁项目	中国金融信息网.境内主体境外发行绿债—绿色债券数据库. http://greenfinance.xinhua08.com/zt/database/jnjw.shtml

续表

日期	施行主体	事件描述	信息来源
2017/12/5	中广核集团公司	发行规模5亿欧元、债券期限为7年的绿色欧元债券，募集资金用于中广核欧洲能源公司投资的主要位于欧洲的绿色可再生能源项目。这是中广核集团在国际债务资本市场金额最大的一次债券发行，也是国际债券投资者参与度最高的一次债券发行	中国金融信息网. 境内主体境外发行绿债—绿色债券数据库. http://greenfinance.xinhua08.com/zt/database/jnjw.shtml

领域 9 风险防范与组织落实

事件类型 A 政府/顶层推动事件

日期	施行主体	事件描述	信息来源
2016/4/26	环境保护部、外交部、国家发展和改革委员会、商务部	联合发布了《关于推进绿色"一带一路"建设的指导意见》，该指导意见共提出 4 项任务，即全面服务"五通"，加强绿色合作平台建设，制定完善政策措施，发挥地方优势	环境保护部. 关于推进绿色"一带一路"建设的指导意见. 2016－05－05. http://greenfinance. xinhua08. com/a/20161205/1674121. shtml
2017/6/12	环境保护部、中国证券监督管理委员会	联合发布《关于共同开展上市公司环境信息披露工作的合作协议》，将合作完善上市公司环境信息披露制度，督促上市公司切实履行信息披露义务，引导上市公司承担环境保护责任	中国证券报－中证网. 环保部、证监会推动建立完善上市公司强制性环境信息披露制度. 2017－06－13. http://www.cs.com.cn/xwzx/201706/t20170613_5320875. html
2017/12/16	中英绿色金融工作组	组织 10 家中英金融机构开展环境信息披露试点	中国金融信息网. 中英十家金融机构启动环境信息披露试点. 2017－12－16. http://greenfinance. xinhua08. com/a/20171216/1741035. shtml

续表

日期	施行主体	事件描述	信息来源
2017/4/19	中央财经大学绿色金融国际研究院	发布中国首个适用于保险资产管理业的"基金与保险资产管理业环境压力测试"方法，为保险业测试并管理其投资组合的环境风险敞口提供了分析工具	搜狐网. 中财绿金院发布国内首个"基金与保险资产管理业环境压力测试"研究成果. 2017－04－19. http://www.sohu.com./a/135023898_618595
2017/7/17	中国工商银行	发布《ESG绿色评级与绿色指数研究报告》和《环保政策变化对商业银行钢铁行业信用风险影响的压力测试分析报告》结果，这是中国银行业在ESG评级与绿色指数、钢铁行业环境压力测试等领域的首次尝试	搜狐网. 周月秋. 工商银行ESG绿色评级与压力测试研究成果. 2017－07－20. http://www.sohu.com/a/158569110_479748
2017/12/14	江西省南昌市科技局	印发《南昌市洪城科贷通风险补偿资金管理办法（试行）》，设立洪城科贷通风险补偿资金，首期金额1000万元，以后每年度新增500万～1000万元，至2020年达到3000万元以上规模	南昌市科技局. 关于印发《南昌市洪城科贷通风险补偿资金管理办法（试行）》的通知. 2017－12T4. http://www.ncinfo.gov.cn/Newsite/content＿detail.asp? id=45036
2017/12/15	贵州省人民政府办公厅	印发《贵州省生态环境损害赔偿磋商办法（试行）》并施行，这是全国首部省级政府制定的生态环境损害赔偿磋商的规范性文件	贵州省人民政府.省政府办公厅印发《贵州省生态环境损害赔偿磋商办法（试行）》. 2017－12－15. http://www.gzgov.gov.cn/xwdt/djfh/201712/t20171215_1085884.html

251

续表

日期	施行主体	事件描述	信息来源
2018/3/21	广州花都区人民政府	创新绿色金融风险补偿机制，对开展绿色信贷、绿色基金、绿色债券、绿色保险等绿色金融业务的金融业各类机构，按其损失金额的20%给予风险补偿，最高100万元	花都区人民政府．区领导接受《人民日报》等媒体采访时表示创新体制机制推动绿色金融改革开花结果．2018-03-23. http: //zwgk.gz.gov.cn/GZ64/3/201803/26040a778c814e8486ac7fd41267bel6.shtml

附录 2　赤道原则

　　赤道原则（Equator Principles，EPs），财务金融术语，是一套非强制的准则，用以决定、衡量以及管理社会及环境风险，以进行专案融资（Projectfinance）或信用紧缩的管理。这个原则出现于 2003 年 6 月，参与制定的银行有花旗集团、荷兰银行、巴克莱银行与西德意志银行（WestL-BAG）等。它们采用世界银行的环境保护标准与国际金融公司的社会责任方针，形成了这套原则。截至 2017 年底，来自 37 个国家的 92 家金融机构采纳了赤道原则，因此它形成了一个实务上（defacto）的准则，协助银行及投资者了解应该如何加入世界上主要的发展计划，对它们进行融资。原则列举了赤道银行（实行赤道原则的金融机构）做出融资决定时需依据的特别条款和条件，共有 10 条。在实践中，赤道原则虽不具备法律条文的效力，但却成为金融机构不得不遵守的行业准则，谁忽视它，就会在国际项目融资市场中步履艰难。赤道原则是参照 IFC 绩效标准建立的一套旨在管理项目融资中环境和社会风险的自愿性金融行业基准。

　　赤道原则的内容和结构比较简单，包括序言、适用范围、原则声明和免责声明四部分。其中，序言部分对赤道原则出台的动因、目的和采用赤道原则的意义作了简要说明。适用范围部分规定赤道原则适用于全球各行业项目资金总成本超过 1000 万美元的所有新项目融资和因扩充、改建对环境或社会造成重大影响的原有项目。原则声明部分是赤道原则的核心，列举了采用赤道原则的金融机构（EPFIs，赤道银行）作出投资决策时需依据的 10 条特别条款和原则，赤道银行承诺仅会为符合条件的项目提供贷款。

　　第一条规定了项目分类标准，即基于国际金融公司的环境和社会筛选准则，根据项目潜在影响和风险程度将项目进行分为 A 类、B 类或 C 类（即分别具有高、中、低级别的环境或社会风险）；

　　第二条规定了对 A 类和 B 类项目要进行社会和环境评估并给出评估报告应包含的主要内容；

第三条规定了适用的社会和环境标准，对位于非 OECD（经济合作与发展组织）国家或非高收入 OECD 国家的项目，除遵守所在国的法律外，必须满足国际金融公司《绩效标准》和按行业细分的《环境、健康和安全指引》；

第四条规定了针对分类时发现的环境和社会问题借款人要制定以减轻和监控环境社会风险为内容的行动计划和环境管理方案；

第五条和第六条规定了借款人应当建立公开征询意见和信息披露制度，并建立投诉机制征求当地受影响的利益相关方的意见；

第七条规定了对 A 类项目和 B 类项目（如适用）有关的环境评估报告等文件，应由独立的社会和环境专家审查；

第八条规定了借款人必须在融资文件中承诺的事项，包括承诺遵守东道国社会和环境方面的所有法律法规、在项目建设和运作周期内遵守行动计划要求以及定期向贷款银行提交项目报告等；

第九条规定了独立监测和报告制度，即贷款期间赤道银行应聘请或要求借款人聘请独立的社会和环境专家来核实项目监测信息；

第十条规定了赤道银行报告制度，应至少每年向公众披露其实施赤道原则的过程和经验。

最后，免责声明部分规定了赤道原则的法律效力，即赤道银行自愿独立采用和实施赤道原则。

附录3 银行业金融机构绿色金融评价方案

为鼓励银行业金融机构积极拓展绿色金融业务，不断加强对高质量发展和绿色低碳发展的金融支持，统筹开展绿色金融评价，制定本方案。

一、总则

（一）本方案所指绿色金融业务是指银行业金融机构（法人，下同）开展的各项符合绿色金融标准及相关规定的业务，包括但不限于绿色贷款、绿色证券、绿色股权投资、绿色租赁、绿色信托、绿色理财等。

（二）绿色金融评价是指中国人民银行及其分支机构对银行业金融机构绿色金融业务开展情况进行综合评价，并依据评价结果对银行业金融机构实行激励约束的制度安排。

（三）绿色金融评价面向银行业金融机构开展，坚持绿色导向、商业可持续、激励约束兼容，按照客观、公平、公正原则稳步推进，依法尊重银行业金融机构合规自主经营。

（四）中国人民银行负责24家主要银行业金融机构绿色金融评价工作。24家主要银行业金融机构包括国家开发银行、中国农业发展银行、中国进出口银行、中国工商银行、中国农业银行、中国银行、中国建设银行、中国邮政储蓄银行、交通银行、中信银行、中国光大银行、华夏银行、广发银行、平安银行、招商银行、浦发银行、兴业银行、中国民生银行、恒丰银行、浙商银行、渤海银行、北京银行、上海银行、江苏银行。中国人民银行上海总部，各分行、营业管理部、省会（首府）城市中心支行负责辖区内银行业金融机构法人的绿色金融评价工作。

（五）中国人民银行将根据绿色金融标准和统计制度体系的完善情况对纳入评价范围的绿色金融业务进行动态调整。当前纳入评价范围的绿色金融业务包括境内绿色贷款和境内绿色债券。后续对纳入评价范围的绿色金融业务的调整将另行通知。

（六）绿色金融评价工作自 2021 年 7 月起实施（即对 2021 年第三季度的绿色金融评价开始适用该方案）。评价工作每季度开展一次。第二季度和第四季度评价结束后，中国人民银行分支机构须向中国人民银行报送半年及全年评价结果及评价情况说明。评价情况说明包含以下内容：

1. 概述：辖区内应纳入评价的被考核机构总数，本期实际考核的机构总数，未参加考核机构的简要情况说明。

2. 评分情况及主要特点。

3. 考核中遇到的问题及其他需要说明的事项。

二、评价指标及方法

（七）绿色金融评价指标包括定量和定性两类。其中，定量指标权重80%，定性指标权重 20%。中国人民银行将根据绿色金融发展的需要，适时调整评价指标及其权重。

（八）绿色金融评价定量指标包括绿色金融业务总额占比、绿色金融业务总额份额占比、绿色金融业务总额同比增速、绿色金融业务风险总额占比等 4 项（定量指标体系、说明和评分方法见附 3.1）。

（九）绿色金融评价定量指标中的境内绿色贷款余额采用中国人民银行调查统计部门提供的统计数据。境内绿色债券持有量采用登记托管机构（包括中央国债登记结算有限责任公司、中国证券登记结算有限责任公司和银行间市场清算所股份有限公司）提供的登记数据，纳入境内绿色债券持有量统计的产品包含绿色金融债、绿色企业债、绿色公司债、绿色债务融资工具、绿色资产证券化、经绿色债券评估认证机构认证为绿色的地方政府专项债券等产品。

（十）绿色金融评价定性得分由中国人民银行结合银行业金融机构日常管理、风险控制等情况并根据定性指标体系确定（定性指标体系、说明和评分方法见附 3.2）。

三、评估结果和运用

（十一）绿色金融评价结果纳入央行金融机构评级等中国人民银行政

策和审慎管理工具。鼓励中国人民银行分支机构、监管机构、各类市场参与者积极探索和依法依规拓展绿色金融评价结果的应用场景。鼓励银行业金融机构主动披露绿色金融评价结果。

（十二）未如实报送评估数据及有关材料的，一经发现，将按照有关规定严肃处理。

四、附则

（十三）本方案由中国人民银行负责解释。

附：3.1　绿色金融评价定量指标体系、说明和评分方法
　　3.2　绿色金融评价定性指标体系、说明和评分方法

3.1　绿色金融评价定量指标体系、说明和评分方法

一、绿色金融评价定量指标体系

指标	评分基准		权重
绿色金融业务总额占比（25%）	纵向：最近三期（指季度，下同）该银行业金融机构绿色金融业务总额占比平均值		10%
	横向：当期全部参评银行业金融机构绿色金融业务总额占比平均值		15%
绿色金融业务总额份额占比（25%）	纵向：最近三期该银行业金融机构绿色金融业务总额份额占比平均值		10%
	横向：当期全部参评银行业金融机构绿色金融业务总额份额占比平均值		15%
绿色金融业务总额同比增速（25%）	纵向：最近三期该银行业金融机构绿色金融业务总额同比增速平均值		10%
	横向：当期全部参评银行业金融机构绿色金融业务总额同比增速平均值		15%
绿色金融业务风险总额占比（25%）	纵向：最近三期该银行业金融机构风险绿色金融业务总额占比平均值		10%
	横向：当期全部参评银行业金融机构风险绿色金融业务总额占比平均值		15%

二、绿色金融评价定量指标说明

　　绿色金融业务总额是指评价期内参评机构各项绿色金融业务余额的加

权总和。绿色金融业务总额 $= \sum_1^n \lambda_i G_i$ 其中 λ_i 代表加权系数，G_i 代表绿色金融业务余额。绿色金融业务余额的计算权重（λ_i）由中国人民银行根据绿色金融业务评价工作需要进行动态管理。

当前，绿色金融业务总额包含以下两项内容：

当前绿色金融业务涵盖范围	计算权重（λ_i）	备注
绿色贷款余额	1	
绿色债券持有量	1	

（一）绿色金融业务总额占比。

绿色金融业务总额占比＝当期末该银行业金融机构境内绿色金融业务总额/当期末该银行业金融机构境内资产总额×100%。

境内资产总额的计算范围与分子中纳入绿色金融业务余额的业务范围保持一致，当前包括银行业金融机构本外币贷款余额和持有的债券余额。本外币贷款余额和持有的债券余额采用中国人民银行调查统计部门提供的统计数据。

1. 纵向基准：最近三期该银行业金融机构绿色金融业务总额占比的算术平均值。

2. 横向基准：当期全部参评银行业金融机构绿色金融业务总额占比的算术平均值。

（二）绿色金融业务总额份额占比。

绿色金融业务总额份额占比＝当期末该银行业金融机构境内绿色金融业务总额/当期末全部参评银行业金融机构境内绿色金融业务总额。

1. 纵向基准：最近三期该银行业金融机构绿色金融业务总额份额占比的算术平均值。

2. 横向基准：当期末全部参评银行业金融机构绿色金融业务总额份额占比的算术平均值。

（三）绿色金融业务总额同比增速。

绿色金融业务总额同比增速＝（当期末该银行业金融机构境内绿色金

融业务总额－上年同期末该银行业金融机构境内绿色金融业务总额）／上年同期末该银行业金融机构境内绿色金融业务总额×100%。

1. 纵向基准：最近三期该银行业金融机构绿色金融业务总额同比增速的算术平均值。

2. 横向基准：当期全部参评银行业金融机构绿色金融业务总额同比增速的算术平均值。

（四）绿色金融业务风险总额占比。

绿色金融业务风险总额是指未按约定交割的绿色金融业务加权总额，例如不良绿色贷款余额、超期未兑付的绿色债券余额（包括持有的绿色债券）等。加权计算方法与绿色金融业务总额加权加总方法一致。

绿色金融业务风险总额占比＝当期末该银行业金融机构境内绿色金融业务风险总额／当期末该银行业金融机构境内绿色金融业务总额。

1. 纵向基准：最近三期该银行业金融机构绿色金融业务风险总额占比的算术平均值。

2. 横向基准：当期末全部参评银行业金融机构绿色金融业务风险总额占比的算术平均值。

三、绿色金融评价定量指标评分方法

（一）计算各项指标实际数据值，即指标值，记作 X。其中，绿色金融业务风险总额占比以"1－实际数据值"为指标值，记作 X，以便各指标变动方向一致，更具可比性。

（二）计算每个指标不同评分基准的基准数据值，即基准值。其中，纵向基准值记作 B_1 横向基准值记作 B_2。

（三）使用总体标准差函数计算每个指标不同评分基准的标准差数据值，即标准差。其中，纵向标准差记作 Std_1，由该银行业金融机构最近三期数据计算得出；横向标准差记作 Std_2，由当期全部银行业金融机构数据计算得出。

（四）各指标值以纵向基准设定基准的，按以下方法计算指标得分（见下图）：

1. 若 $X < B_1 - 2 \times Std_1$，得 20 分。

2. 若 X 落入区间 $[B_1-2\times Std_1, B_1)$，得 $60-(B_1-X)/(2\times Std_1)\times 40$ 分。

3. 若 $X=B_1$，得 60 分。

4. 若 X 落入区间 $(B_1, B_1+2\times Std_1]$，得 $60+(X-B_1)/(2\times Std_1)\times 40$ 分。

5. 若 $X>B_1+2\times Std_1$，得 100 分。

（五）指标值以横向基准设定基准的，按以下方法计算指标得分（见下图）：

1. 若 $X<B_2-2\times Std_2$，得 20 分。

2. 若 X 落入区间 $[B_2-2\times Std_2, B_2)$，得 $60-(B_2-X)/(2\times Std_2)\times 40$ 分。

3. 若 $X=B_2$，得 60 分。

4. 若 X 落入区间 $(B_2, B_2+2\times Std_2]$，得 $60+(X-B_2)/(2\times Std_2)\times 40$ 分。

5. 若 $X>B_2+2\times Std_2$，得 100 分。

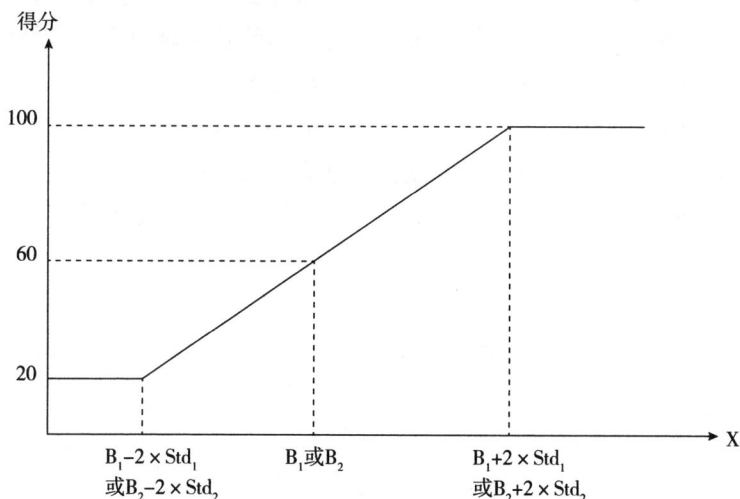

指标得分示意图

（六）按权重加权计算各项指标的指标横向得分与指标纵向得分，得到各项指标得分。各项指标得分加总得到定量指标总分。

（七）2019 年，中国人民银行印发《关于修订绿色贷款专项统计制度的通知》（银发〔2019〕326 号文），修订绿色贷款专项统计制度，同时绿色金融评价新增绿色债券内容，绿色金融业务数据统计口径变化，定量指标数据纵向不可比。定量指标数据纵向不可比的时期为过渡期，过渡期内定量指标的处理采用特殊方法：除"绿色金融业务总额同比增速"外，各指标纵向得分均设置为 60 分，仅计算横向得分；"绿色金融业务总额同比增速"指标横向、纵向得分均设置为 60 分。过渡期结束、各项指标数据可得后，按评分方法正常计算得分。

（八）其他特殊情况处理说明。

特殊定量指标值得分计算方法的优先等级高于常规计算方法。在满足以下条件时，指标得分采用以下方法计算。

1. 若参评银行业金融机构因业务经营范围限制没有开展相关绿色金融业务，无法统计绿色金融业务指标数据，则横向、纵向基准原始得分均为 60 分。对非因业务经营范围限制而没有开展相关绿色金融业务的银行业金融机构，则横向、纵向基准原始得分均为 20 分。

2. 若参评银行业金融机构在评估覆盖期内新开办相关绿色金融业务，并产生绿色金融业务指标统计数据，则纵向基准评估原始得分为 60 分。对于非新开办绿色金融业务且无法取得最近三期绿色金融业务统计数据的参评银行业金融机构，其纵向基准用最近两期数据或上期数据。

3. 若参评银行业金融机构风险绿色金融业务总额为 0 时，"绿色金融业务风险总额占比"指标横向、纵向得分均为 100 分。

4. 其他特殊情况下指标的计算方法由中国人民银行另行确定。

3.2　绿色金融评价定性指标体系、说明和评分方法

指标类别及权重	指标内涵	满分	评分规则
监管部门外部评价（100%）	执行国家及地方绿色金融政策情况	30	综合考虑银行业金融机构绿色金融政策落实情况评定得分
	机构绿色金融制度制定及实施情况	40	参考绿色债务融资工具投资人公示等结果，综合考虑银行业金融机构绿色金融发展战略和规划、治理、气候和环境风险压力测试信息披露、气候和环境风险管控、贷款审批、绩效考核、绿色债券发行与承销情况、产品服务创新、金融科技创新、非绿色金融业务或棕色资产情况、其他绿色金融相关制度的制定、实施、更新等情况评定得分
	金融支持绿色产业发展情况	30	综合考虑银行业金融机构支持境内外绿色产业、项目发展的资金规模、利率、投向、审批程序、尽职调查、放款计划、贷后管理、台账管理等情况评定得分

附录4　福建省绿色金融政策一览表

1	福建省绿色金融改革试验工作领导小组关于推广福建省金融支持城乡建设绿色发展典型经验做法的通知	闽绿色金改〔2021〕3 号	2021-09-03
2	福建省绿色金融改革试验工作领导小组关于转发三明市南平市绿色企业及绿色项目评价认定办法的通知	闽绿色金改〔2021〕2 号	2021-08-25
3	福建省绿色金融改革试验工作领导小组关于推广福建省绿色金融改革试验区首批可复制创新成果的通知	闽绿色金改〔2021〕1 号	2021-07-15
4	关于省政协十二届四次会议20213145号提案的答复	闽金管函〔2021〕90 号	2021-07-15
5	关于省政协十二届四次会议20211019号提案的答复	闽金管函〔2021〕48 号	2021-04-09
6	关于省十三届人大五次会议第1167号建议的协办意见	闽金管函〔2021〕35 号	2021-03-25
7	关于省十三届人大五次会议第1841号建议的协办意见	闽金管函〔2021〕32 号	2021-03-25

附录5　福建省南平市绿色企业及绿色项目
评价认定办法（简版）（绿色企业评价认定部分）

一、术语和定义

本办法所称绿色企业是指其经营活动有利于支持环境改善、适应或减缓气候变化和资源节约高效利用的企业。

二、参评条件

（一）准入条件

1. 企业、机构或组织依法设立且注册地、税务征管关系及统计关系在福建省南平市，证照齐全，存续期满两年，有健全财务制度、具有独立法人资格、实行独立核算；

2. 近三年内无不良信用记录（不良信用记录主要包括信贷/债券等逾期，担保的企业/个人违约）；

3. 符合国家、福建省、南平市产业政策、环保政策和相关行业标准要求；

4. 未使用国家、福建省、南平市明令禁止或淘汰的生产工艺和装备；

5. 申请认定前三年内未发生重大安全、重大质量、重大环境事故或严重环境违法行为。

（二）绿色企业直通车

对于满足准入条件且具有"绿色焦点"的企业，或满足准入条件的"碳汇经济企业"，可直接认证成为深绿企业。具体包括：

1. "绿色焦点"企业。

（1）主营业务符合南平市地方产业政策绿色发展导向，且已获得南平市武夷山水品牌运营管理有限公司授权使用"武夷山水"商标的生产主体；

（2）最近一年合并财务报表中，为"武夷山水""绿色食品"等绿色品牌提供认证服务的营业收入或营业利润或成本占总收入或总营业利润或总成本的比重大于50%（含）的认证服务企业；

（3）围绕林业、竹业生态资源开发领域，由市级及县（市、区）政府主导设立的"生态银行"运营企业；

（4）具有国家工信部或福建省工信厅认证的绿色工厂的企业；

（5）获得国家工信部或福建省工信厅认证的绿色供应链管理企业。

2."碳汇经济"企业。

（1）已经成功开发国际核证碳减排标准（VCS）林业碳汇项目、国家核证减排量（CCER）、福建林业碳汇（FFCER）交易产品的企业；

（2）经国家林草局等四部委评定的全国森林康养基地、中国林学会森林疗养分会认定的森林疗养基地、福建省林业局等五部门评定的福建省森林康养基地的运营企业；

（3）最近一年合并财务报表中碳汇相关产业领域营业收入或营业利润或成本占总收入或总营业利润或总成本的比重大于50%（含）的企业。

三、各方责任

（一）南平市地方金融监督管理局

1.负责监督管理全市的绿色企业评定工作，发布绿色企业评定标准，制定相关管理办法；

2.负责组织辖区内金融机构进行绿色企业申报前的培训；

3.负责聘请独立第三方机构，开展绿色企业的评价认定工作；

4.负责对申报企业评审工作档案进行管理，并受理查询事务；

5.负责及时公布绿色企业评价认定结果；

6.负责绿色企业认定的日常管理工作；

7.其他相关事由。

（二）独立第三方机构

1.协助开展对辖区内金融机构及企业的申报培训；

2. 负责绿色企业评价认定工作，并对评价认定结果负责。

（三）参评企业

1. 按照相关要求，在辖区内金融机构的指导下及时、准确通过"福建省金融服务云平台—南平专区"提交相关资料，并对资料的真实性负责；

2. 接受南平市地方金融监督管理局的指导，对不符合本认定办法的事项及时进行上报。

四、评价认定管理

（一）申报资料

包括但不限于：

1. 南平市绿色企业认定申请表；

2. 无重大事故及无非法违规承诺函；

3. 企业营业执照；

4. 企业上年度审计报告；

5. 安全生产应急预案、生产管理制度（如有）；

6. 建设项目环评报告及批复、环境保护竣工验收报告（如有）；

7. 企业排污许可证及最近一年环境监测数据（如有）；

8. 企业其他相关佐证材料（如有）。

（二）评定程序

1. 名单收集。

（1）符合本办法规定的，可直接通过"福建省金融服务云平台—南平专区"提交相关资料。

（2）各区/县工信、商务、农业农村、文化旅游等行业主管部门分别收集相关领域符合条件的企业名单，推荐给南平市地方金融监督管理局，由南平市地方金融监督管理局通知各企业通过"福建省金融服务云平台—南平专区"提交相关资料。

2. 评价认定。

绿色企业评价认定工作由第三方机构承担，依据企业实际情况及本评价认定办法进行复审。

3. 公示。

南平市地方金融监督管理局及时公布绿色企业评价认定结果，对拟认定绿色企业清单在相关媒体上公示 10 个工作日，公示期间，对评定结果有异议的，可提供证明材料，在 5 个工作日内，南平市地方金融监督管理局对异议作出处理。

4. 入库管理。

（1）纳入"绿色企业库"的绿色企业有效期为三年。入库企业在有效期内，应以年度为单位更新审计报告、环保处罚信息，由第三方认证评价机构根据原申报材料及企业提交更新材料进行核查认证，南平市地方金融监督管理局根据核查认证结果，对不满足评价认定标准的企业予以剔除。

（2）在有效期满后需继续纳入"绿色企业库"的，由第三方认证评价机构根据原申报材料及企业提交补充的材料进行核查认证，南平市地方金融监督管理局根据核查认证结果，审查公示后继续将该企业纳入"绿色企业库"。

（3）入库企业在有效期内发生更名等调整的，企业应在 15 个工作日内及时向南平市地方金融监督管理局报备，企业发生分立、合并等重大重组事项的，新设立的公司和分立后的原企业应在 15 个工作日内重新申请认定；分立后原企业仍保留的，原认定有效，无须重新认定。

南平市绿色企业评价打分表

一级指标	二级指标	指标定义	值	指标要求	分	资料来源
绿色经营（48 分）	产业政策导向	主营业务属于国家产业政策中的鼓励类	8	主营业务属于《产业结构调整指导目录（2019 年本）》中的鼓励类	4	
		主营业务符合南平市地方产业政策绿色发展导向		主营业务符合南平市地方产业政策绿色发展导向，详见附件 1-1《南平市绿色产业界定表》	2	
		科技特派员情况		具有省级、市级科技特派员	2	
				参与碳交易市场的企业	2	
	绿色业务收入或成本占比	最近一年合并财务报表中营业收入或营业总成本或营业利润或成本的比重	40	最近一年合并财务报表中绿色产业收入占总成本占比营业利润或营业总成本的比重大于 95%（含）	38	企业提供详细的各业务板块介绍、收入占比，最近一年的合并财务报表
				最近一年合并财务报表中绿色产业收入占总成本占比营业利润或营业总成本的比重大于 70%（含）但小于 95%	33	
				最近一年合并财务报表中绿色产业收入占总成本占比营业利润或营业总成本的比重大于 50%（含）但小于 70%，或绿色营业收入或营业利润或营业总成本的比重大于 50%，但绿色营业收入和利润均在所有业务中最高，且均占到企业总收入和总利润的 30% 以上	28	

续表

一级指标	二级指标	指标定义	值	指标要求	分	资料来源
绿色品牌（11分）	原料	原料未使用国家、行业明令禁止和淘汰的原辅材料	3	未使用国家、行业明令禁止和淘汰的原辅材料	3	企业提供原材料介绍、使用废弃物的应有相应说明
	产品	产品列入"武夷山水"区域品牌产品目录；或获得部分绿色产品认证；或获得绿色品牌产品目录并获得绿色色属性（如：节能、低碳、节水、环保等）产品认证或取得绿色设计产品标识	6	满足任一一项即可	6	企业需提供产品相关认证标识
	绿色技术研发	绿色低碳技术研发投入	2	有节能减排类等绿色低碳技术的R&D投入	2	企业提供盖章版自证说明
降碳减污（20分）	环境管理制度	建立或实施环境管理的相应制度	2	环境管理制度完善且取得环境管理体系认证证书	1	企业提供环境管理制度，根据制度确认是否归口管理。
				制定环境管理制度	1	

续表

一级指标	二级指标	指标定义	值	指标要求	分	资料来源
	低碳资源利用	实施建筑节能减排采用绿色装备	2	新建绿色建筑，并获得绿色建筑标识或对既有建筑进行节能改造或选用列入国家或地方节能、环保相关节能改造装备推荐目录的绿色装备设备	2	企业提供绿色建筑设计/运营标识或预评价意见或建筑节能改造或装备说明文件相关说明材料
		近三年循环经济项目建设	2	近三年建设的项目进入《福建省节能循环经济项目》清单	2	企业需提供相关政府证明文件
		废弃物资源及水资源循环利用水平	2	有废弃物资源或水资源循环利用情形	2	企业提供相关证明材料
降碳减污（20分）	低碳能源结构	单位产品能耗	3	近三年企业单位产品能耗同比下降	1	企业提供节能评估报告、能源审计报告、产品能耗监督性监测数据、第三方机构出具的节能监测报告、政府文件等材料
				企业开展节能监测	1	
				近三年建设的项目被列入《南平市重点工业投资（含技改）项目》清单	1	
		清洁能源或废弃能源的优先使用	2	使用可再生能源对化石能源进替代	1	企业提供说明文件，如项目可研、批复文件等
				实现废热、余热、余压等能源利用	1	
		电气化率	2	近三年电能消费占能源消费中的比例有提升	2	企业提供企业近三年度电能消费值及近三年度能源消费值的说明文件，包括盖章版的企业近三年度电能消费值

271

续表

一级指标	二级指标	指标定义	值	指标要求	分	资料来源
降碳减污（20分）	污染防治	主要污染物排放检测指标满足国家标准及地方标准	2	主要污染物排放检测指标满足国家标准及地方标准	1	企业提供近一年内监督性监测数据和委托检测报告
				排放浓度低于排放标准30%（含）	1	
		主动通过媒体、官方网站和监管网站等公开渠道披露环境信息	1	企业主动通过媒体、官方网站和监管网站等公开渠道披露环境信息	1	企业提供最近一年的环境信息披露信息及公开查询路径
	清洁生产	清洁生产审核	2	企业开展自愿性清洁生产审核	1	企业提供清洁生产审核报告，和官方网站的公开信息包括清洁审核名单、审核结果等
				清洁生产等级为二级或三级	1	
社会责任（8分）	员工责任与安全生产	制定过职业健康安全管理体系或生产安全事故应急预案	4	已经制定职业健康安全管理体系或已经制定生产安全事故应急预案	4	企业提供职业健康安全管理体系文件或生产安全事故应急预案
	公共关系及信息披露	参与公益慈善活动或定期向社会发布《企业社会责任报告》或ESG报告或《可持续发展报告》	4	参与公益慈善活动或定期向社会发布《企业社会责任报告》或ESG报告或《可持续发展报告》	4	企业提供照片、网址等证明材料

续表

一级指标	二级指标	指标定义	值	指标要求	分	资料来源
	管理制度	建立或实施能源管理制度	2	建立或实施能源管理制度	2	企业提供质量、能源管理制度文件
	低碳战略	制定或实施企业绿色发展相关战略	3	制定或实施企业低碳发展或绿色发展相关战略	3	企业提供低碳发展或绿色发展相关战略文件
公司治理（8分）	购置绿色保险	企业购置环境污染责任保险、安全生产责任保险、食品安全责任保险等传统绿色保险产品或贷款保证保险、工程质量潜在缺陷保险、绿色农业保险、碳排放品置换责任保险、碳排放权益质押贷款等创新型绿色保险产品	3	购置任一绿色保险即可	3	企业提供绿色保险保单
	除上述评价指标外，企业在绿色经营、低碳转型、环境保护、社会责任、公司治理等方面有贡献；或进入"武夷山水"品牌质量链试点的企业				5	企业提供相关说明文件

备注：综合得分根据评分标准对照，即可确认绿色企业，企业主营业务环境改善贡献度非常高，环境绿企和社会表现非常突出：分值≥60，企业为深绿企业，企业主营业务环境改善贡献度很高，环境和社会表现很出色；50≤分值<60，企业为中绿企业，环境和社会表现较高，环境和社会表现较出色；40≤分值<50，企业为浅绿企业，企业主营业务环境改善贡献度较高，环境和社会表现较出色；分值<40，不符合本认证标准。

附录6　福建省南平市绿色企业及绿色项目评价认定办法（简版）（绿色项目评价认定部分）

一、术语和定义

本办法所称绿色项目是指有利于支持环境改善、适应或减缓气候变化和资源节约高效利用的项目。

二、参评条件

（一）参评项目

1. 属于《南平市绿色项目目录》所列项目范围且满足对应评价要求；

2. 项目所在地属于福建省南平市及其受托管理和下辖园区范围内；

3. 国家和福建省制定的产业政策、用地政策、环保政策、节能政策；

4. 须达到地方和相关行业的环保标准。项目所在地区有污染物排放限值的，应满足相应的污染物排放限值，同时还需满足所处行业特征污染物或重点控制污染物的排放标准；

5. 绿色项目认定申报时，应具备项目立项文件；

6. 不在国家、省、市淘汰落后产能以及"两高一剩"产业目录里。

（二）参评项目业主

1. 企业、机构或组织依法设立，证照齐全，存续期满一年，有健全财务制度、具有独立法人资格、实行独立核算，且工商注册地、税务征管关系及统计关系在南平市范围内；

2. 企业、机构或组织无不良信用记录（不良信用记录主要包括信贷/债券等逾期，担保的企业/个人违约）；

3. 申请认定前三年内或成立以来未发生重大安全、环境和质量事故或违反《职业病防治法》的行为，未受安全、环境、质量主管部门处罚（重大安全、环境和质量事故认定标准参考附件 2-3）；

4. 污染物排放或处置、披露等符合国家（地方）法律法规、相关标准要求，并按规定办理相关许可证并缴纳相关费用；

5. 对于个人经营性贷款及个人消费贷款（仅含购置新能源汽车），可由贷款银行作为项目业主进行统一申报。

三、绿色项目目录

本办法规定的绿色项目包括 6 项一级分类、23 项二级分类及 83 项三级分类，本办法以国内外主流绿色金融标准为基础，结合南平市地方产业布局情况制定而成，办法中绿色项目一级分类包括碳汇林（竹）渔、低碳一产、降碳节能、低碳新兴、气候适应城市以及减污增效六类项目。

四、各方责任

（一）南平市地方金融监督管理局

1. 负责监督管理全市的绿色项目评定工作，发布绿色项目评定标准，制定管理办法；

2. 负责组织绿色项目申报前的培训；

3. 负责聘请独立第三方机构，开展绿色项目的评价认定工作；

4. 负责对申报项目评审工作档案进行管理，并受理查询事务；

5. 负责及时公布绿色项目评价认定结果，对拟认定绿色项目清单在相关媒体上公示 10 个工作日。公示期间，对评定结果有异议的，可提供证明材料，5 个工作日内，南平市地方金融监督管理局对异议作出处理；

6. 负责绿色项目认定的日常管理工作；

7. 其他相关事由。

（二）独立第三方机构

1. 协助开展对项目业主的申报培训。

2. 负责绿色项目评价认定工作，并对评价结果负责。

五、入库认定

(一) 申报材料

包括但不限于：

1. 南平市绿色项目认定申请表；

2. 无重大事故及无非法违规承诺函；

3. 企业营业执照；

4. 项目可研及批复等立项文件；

5. 项目土地文件；

6. 建设项目环评报告及批复；

7. 环境保护竣工验收报告（如有）；

8. 其他相关佐证材料（如有）。

(二) 名单收集

1. 符合本办法规定的，可直接通过"福建省金融服务云平台—南平专区"提交相关资料；

2. 各区/县工信、商务、农业农村、文化旅游等行业主管部门分别收集相关领域符合条件的项目名单，推荐给南平市地方金融监督管理局，由南平市地方金融监督管理局通知项目业主通过"南平市绿色认证服务平台"提交相关资料。

(三) 评价认定

绿色项目资格评定工作由第三方机构承担，依据项目实际情况及本评价认定办法进行评价认定。

(四) 公示

南平市地方金融监督管理局及时公布绿色项目评价认定结果，对拟认定绿色项目清单在相关媒体上公示10个工作日，公示期间，对评定结果有异议的，可提供证明材料，5个工作日内，南平市地方金融监督管理局对异议决定处理。

（五）入库有效期

纳入"项目库"的绿色项目有效期为三年。在有效期满后需继续纳入"项目库"的，由第三方认证评估机构根据原申报材料及项目业主提交补充的材料进行核查认证，南平市地方金融监督管理局根据核查认证结果，审查公示后继续将该项目纳入"项目库"。

六、监督管理

南平市地方金融监督管理局负责绿色项目认定的日常管理工作。

被认定为绿色项目，发生以下情形之一的，应自发生日起 5 个工作日内，向南平市地方金融监督管理局进行书面报备：

1. 项目建设主体发生变更；
2. 项目主要建设内容、建设规模变更；
3. 项目建设地点发生变更；
4. 项目重大设备选型和主要生产工艺发生变更；
5. 项目业主受到的安全、环保、质量处罚。

变更项目需重新认定，变更后不符合的将移出"项目库"，并通知相关单位。

绿色项目分类表

一级目录	二级目录	三级目录
1. 碳汇林（竹）渔	1.1 固碳林（竹）业	1.1.1 森林（竹林）、碳汇林（竹）、植树种草及林木（竹）种苗
		1.1.2 森林（竹林）资源培育及林木（竹）资源保护产业
		1.1.3 森林（竹林）游憩和康养产业
	1.2 固碳绿化	1.2.1 以"武夷山"为典型代表的国家公园、世界遗产、国家级风景名胜区、国家森林公园、国家地质公园、国家湿地公园等保护性运营
		1.2.2 园林绿化
	1.3 固碳渔业	1.3.1 低碳渔业
2. 低碳一产	2.1 生态林（竹）业	2.1.1 林（竹）下种植和林（竹）下养殖产业
		2.1.2 林（竹）业废弃物资源化利用
	2.2 低碳农业	2.2.1 生态循环农业、智慧农业
		2.2.2 现代农业种业及动植物种质资源保护
		2.2.3 绿色有机农业、绿色渔业
		2.2.4 农作物种植保护地、保护区建设和运营
		2.2.5 农田水利设施建设项目
		2.2.6 耕地质量建设与保护
		2.2.7 退耕还林（竹）/还草
	2.3 农林（竹）灾害防治	2.3.1 有害生物灾害防治
		2.3.2 农、林（竹）业灾害预警与防治体系
3. 降碳节能	3.1 生产过程能源高效利用	3.1.1 工业设备系统能效提升
		3.1.2 产品（工序）能效提升
		3.1.3 工业余热余压利用
		3.1.4 能源系统高效运行
		3.1.5 绿色照明改造

一级目录	二级目录	三级目录
3. 降碳节能	3.2 产业园区升级改造	3.2.1 园区循环化改造
		3.2.2 园区资源利用高效化改造
	3.3 建筑节能改造	3.3.1 既有建筑绿色改造及可再生能源建筑应用
	3.4 资源节约与循环利用	3.4.1 生产过程节水和水资源高效利用
		3.4.2 工业和建筑固废资源综合利用
		3.4.3 废旧资源再生利用
		3.4.4 汽车零部件及机电产品再制造
4. 低碳新兴	4.1 节能环保装备	4.1.1 高效节能装备制造
		4.1.2 先进环保装备制造
		4.1.3 资源循环利用装备制造
	4.2 清洁能源装备及利用	4.2.1 清洁能源装备制造
		4.2.2 风力发电
		4.2.3 太阳能发电
		4.2.4 生物质能源利用
		4.2.5 水力发电
		4.2.6 地热能利用设施建设和运营
		4.2.7 氢能利用设施建设和运营
		4.2.8 二氧化碳捕集、利用与封存工程建设和运营
	4.3 新能源汽车	4.3.1 整车制造及消费
		4.3.2 关键零部件及配套设施生产制造
	4.4 节能低碳服务	4.4.1 节能环保服务
		4.4.2 节能环保产品认证与推广
		4.4.3 环境权益交易服务
		4.4.4 节水服务

一级目录	二级目录	三级目录
5. 气候适应城市	5.1 城乡综合基础设施	5.1.1 环境监测系统建设和运营
		5.1.2 农村饮水安全工程及城镇供水管网分区计量漏损控制建设和运营
		5.1.3 城镇能源基础设施建设运营和改造
		5.1.4 智慧城市
		5.1.5 海绵城市
		5.1.6 地下综合管廊
	5.2 城镇能源基础设施	5.2.1 智能电网
		5.2.2 分布式能源
		5.2.3 特高压电网
	5.3 绿色交通基础设施	5.3.1 公路运输公共客运
		5.3.2 城市慢行交通
		5.3.3 智能交通体系建设和运营
		5.3.4 新能源汽车配套设施
		5.3.5 共享交通设施建设和运营
		5.3.6 甩挂运输系统建设和运营
		5.3.7 货物运输铁路建设运营和改造
		5.3.8 多式联运体系
		5.3.9 绿色水运基础设施建设和运营
	5.4 绿色建筑	5.4.1 绿色建筑及超低能耗建筑建设
		5.4.2 装配式建筑
		5.4.3 物流绿色仓储
		5.4.4 绿色建材生产与消费
	5.5 城乡应急防控	5.5.1 气候风险和灾害预警系统
		5.5.2 重大基础设施灾害监测预警和应急系统

一级目录	二级目录	三级目录
6. 减污增效	6.1 城乡污染防治	6.1.1 污水处理、再生利用及污泥处理处置设施建设运营
		6.1.2 生活垃圾处理设施建设和运营
		6.1.3 农林（竹）业面源污染防治
	6.2 生产过程污染防治	6.2.1 工业大气污染防治
		6.2.2 工业污水处理
		6.2.3 危废处理处置
		6.2.4 燃煤替代
		6.2.5 无毒无害原料生产与替代使用
	6.3 园区污染防治	6.3.1 园区污染治理集中化改造
		6.3.2 园区重点行业清洁生产改造
	6.4 环境修复	6.4.1 矿山生态环境恢复
		6.4.2 水体生态修复
		6.4.3 土壤修复

参考文献

［1］新华社. 习近平在第七十五届联合国大会一般性辩论上的讲话（全文）［EB/OL］. 2020－09－23. ［2021－11－12］. https：//baijiahao. baidu. com/s？id=1678595656103445127&wfr=spider&for=pc.

［2］新华社. 2017 中国金融学会绿色金融专业委员会年会暨中国绿色金融峰会 ［EB/OL］. 2017－04－15. ［2021－11－12］. https：//news. ruc. edu. cn/archives/166896.

［3］钟正生. "宏观视角下的碳中和"系列专题一：投资视角下的碳中和 ［EB/OL］. 2021－04－11. ［2021－11－12］. https：//www. sohu. com/a/460154685_465450.

［4］中国人民银行研究局课题组. 2020 年中国绿色债券发展概况及特点 ［EB/OL］. 2021－07－27. ［2021－11－12］. https：//www. sohu. com/a/479924547_121123914.

［5］陈娜，郑静俞. 我国绿色债券发展现状及优化路径，河南财政税务高等专科学校学报，2020，34（5）：32－40.

［6］财政部 PPP 中心，全国 PPP 综合信息平台项目管理库 2019 年报 ［EB/OL］. 2020－04－17. ［2021－11－12］. https：//www. sohu. com/a/388840578_120055567

［7］财政部. 关于在公共服务领域深入推进政府和社会资本合作工作的通知 ［EB/OL］. 2016－10－12. ［2021－11－12］. http：//www. gov. cn/xinwen/2016-10/12/content_5118211. htm

［8］金融投资网. 中证兴业证券 ESG 盈利 100 指数正式发布 ［EB/OL］. 2020－08－06. ［2021－11－12］. https：//www. jrtzb. com. cn/358jbkx/202008/57869361. html

［9］福建省人民政府. 绿色金融，助推经济迈向"高素质"［EB/OL］.

2020 - 11 - 08. ［2021 - 11 - 12］. https：//www. fujian. gov. cn/xwdt/fjyw/202011/t20201108_5430570. htm

［10］新浪财经. 绿色保险突进：三年保额高达 45 万亿［EB/OL］. 2021 - 09 - 25.［2021 - 11 - 12］. https：//baijiahao. baidu. com/s？id = 1711829276748455298&wfr=spider&for=pc

［11］中央财经大学绿色金融国际研究院. 全球视角下的创新型绿色保险产品综述［EB/OL］. 2021 - 02 - 23.［2021 - 11 - 12］. http：//iigf. cufe. edu. cn/info/1012/3895. htm.

［12］陈娜, 连楠楠. 价格视角下完善我国碳排放权市场的对策［J］. 上海市经济管理干部学院学报, 2020, 18（1）：28-37.

［13］东南网. 碳市场建设的"福建经验"［EB/OL］. 2021-07-20.［2021 - 11 - 12］. http：//www. fj. chinanews. com. cn/news/fj _ tzyw/2021/2021-07-20/487562. html.

［14］福建日报. 福建：减排增汇, 绿色担当［EB/OL］. 2021-03-08.［2021-11-12］. http：//www. taihainet. com/news/fujian/gcdt/2021-03-08/2485990. html.

［15］福建日报. 全国首个省级碳市场综合服务平台在闽上线［EB/OL］. 2021-12-03.［2021-12-3］. https：//baijiahao. baidu. com/s？id = 1718085189095584119&wfr=spider&for=pc.

［16］陈娜, 吴玉铃. 福建省绿色金融对区域经济生态化发展的影响研究——基于截距维的固定效应模型［J］. 新疆财经大学学报, 2019（4）：13-24.